三网融合产业规制
法律制度研究

陈江华 著

中国科学技术大学出版社

内容简介

三网(电信网、互联网和广电网)融合问题是近年来经济学、法学和政治学等学科研究热点。本书从经济法角度研究中国三网融合进程中存在的法律监管问题，通过借鉴国外三网融合的经验，重构三网融合的监管理论和制度。主要包括三网的融合发展、三网融合产业法律规制的挑战与回应、三网融合产业市场准入制度、三网融合产业规制机构、三网融合的网络和内容规制、三网融合规制的手段和程序、规制三网融合产业规制者等内容。

图书在版编目(CIP)数据

三网融合产业规制法律制度研究/陈江华著. —合肥：中国科学技术大学出版社，2021.7

ISBN 978-7-312-04742-8

Ⅰ.三… Ⅱ.陈… Ⅲ.信息产业—法律—研究—中国 Ⅳ.D922.84

中国版本图书馆 CIP 数据核字(2019)第 138812 号

三网融合产业规制法律制度研究
SAN WANG RONGHE CHANYE GUIZHI FALÜ ZHIDU YANJIU

出版	中国科学技术大学出版社 安徽省合肥市金寨路 96 号，230026 http://press.ustc.edu.cn https://zgkxjsdxcbs.tmall.com
印刷	安徽国文彩印有限公司
发行	中国科学技术大学出版社
经销	全国新华书店
开本	710 mm×1000 mm　1/16
印张	10.75
字数	204 千
版次	2021 年 7 月第 1 版
印次	2021 年 7 月第 1 次印刷
定价	50.00 元

前　言

　　推进三网融合是党中央、国务院做出的一项重大战略决策,是国民经济和社会信息化发展的迫切要求。近年来,三网融合工作得到各级政府部门的大力支持。2015年国务院公布了《关于印发三网融合推广方案的通知》,标志着三网融合工作进入全面推广阶段。2016年国务院发布《关于在全国范围全面推进三网融合工作深入开展的通知》(国协办函〔2016〕1号),各省(自治区、直辖市)积极响应,纷纷制定本省的三网融合推广实施方案,明确将广电、电信业务双向进入范围扩大到全省。三网融合推广工作实施至今,作为培育新经济增长点的重要领域,对于提高国家信息化水平起到了一定的积极作用;作为关乎国计民生的重大举措,是国家经济发展的必然要求。三网融合产业规制改革也体现出国家治理机构改革的逻辑。

　　三网融合问题一直是经济学、法学和政治学等学科研究的热点。目前,中国以广电业和电信(互联网)业的业务双向进入为特征的融合工作推进速度缓慢,规制体制障碍是其中一个重要的原因。从国外三网融合的实践经验和中国三网融合规制体制困境来看,加强规制法律制度的应然性研究以及设计出现实可行的规制制度具有急迫性。目前,学术界从经济学规模经济和竞争的角度研究三网融合的重要性及其模式的论著比较多,而从法学角度系统地研究三网融合规制法律制度论著鲜见。在经济转型升级的大背景下,三网融合工作的不断推进势必会对现有的规制法律理念和具体制度提出新要求。本书从经济法视野探讨三网融合规制法律问题,借鉴国外的经验,试图完善三网融合的产业规制理论和制度。

　　三网融合概念的界定是研究三网融合规制的法律制度的基石。关于三网融合的概念目前还没有一个确切的定义。与三网融合相关的信息,如传输、传媒、电信、电讯、通信等概念在中国学术界和实务界中的使用比较混乱,这在一定程度上增加了给其下一个统一定义的难度。三网融合的实质是因数字技术和传输技术的发展而引起的电信网、互联网和广电网之间的产业融合。三网融合产业的自然垄断性、外部性和公共性的三个特征说明了产业规制的必要性,自然垄断理论和可竞争理论等产业规制理论提供了规制正当性的理论证据。

国外三网融合经验启示,三网融合要取得成功首先必须制定融合的相关法律和建立融合规制机构,整个融合过程要在法律的控制下运行,融合完成后会对产业规制提出更高的要求。中国尚处在社会和经济转轨时期,各种利益和矛盾交织在一起,三网融合更应在规制法律控制下进行。现阶段三网融合选择业务融合这种模式是一个较优选择。网络融合的不断深入需要现有的规制法律理念和具体制度做出适当的回应。

三网融合产业规制的法律理念需要更新,规制法律应以社会为本位,正确处理规制过程中的公正、公平和效率关系。产业规制的目的有很多,就中国三网融合规制来说,主要集中在消费者利益的保护和产业市场的有效竞争上。产业规制的法哲学基础体现在市场自由和秩序关系的基础上,具体的制度设计表现为自由与限制的平衡。规制的合法性理论为三网融合规制合法性提供了重要理论依据。宪法是产业规制法律的渊源和规制权力行使的根本法律依据。

产业规制权力必须要有相应机构来行使,规制机构的设立模式和规制权力的分配构成了规制法律体系。规制权力在全球的兴起和权力配置嬗变,从实然角度证实了规制的必要性和权力配置的科学性。中国三网融合产业规制机构的演进和职权配置的现状,说明其权力配置分散和职权划分不清等问题已经直接影响到三网融合的进程。西方发达国家通过法律形式明确规定三网融合规制机构的职权,并建立形式各异的规制机构模式。规制机构发展的共同特征表现在其统一性和独立性方面。因此,中国的三网融合产业规制机构重构时要考虑产权构成、市场结构、与竞争规制机构关系等因素,保留网络和内容分开规制的做法,成立两个独立机构分别规制融合产业的网络和内容,并成立一个常设的综合性机构协调两个独立规制机构。

市场在资源配置中起决定作用,产业规制的前提是市场失灵。产业规制机构权力范围随着市场发展而不断改变。三网融合产业在完全自然垄断的情况下既不存在竞争又不需要规制。产业市场化是竞争的基础,市场竞争才是产业规制的土壤。本书从三网融合相关产业现有的市场准入制度的合理性角度分析,提出完善中国的三网融合产业的市场准入制度。产业规制重点已由经济性规制向社会性规制过渡。网络规制以经济性规制为主,其规制重点由价格规制、互联互通、质量规制等方面逐步转变为稀缺资源配置、普遍服务等。网络内容规制主要以社会规制为主。三网融合引发信息量暴增,互联网和传统的广播电视内容的安全性、消费者利益保护、未成年人利益保护等问题要求加强社会规制。中国对三网融合产业应采取网络和内容分立规制模式,如广电的有线电视网络或其他的电子信息网络归于统一的网络规制部门来规制,网络内容规制则由一个统一的内容规制部门来规制。

如何行使好规制权力,这会涉及规制的手段和程序。现有三网融合产业的规制手段过于依靠行政手段，尚存在一些不能适应融合市场发展需要的地方，应适时改进规制手段。规制权力行使除使用传统的行政手段外，还要利用一些新的手段。法律程序不仅有工具价值，还有其自身的价值。政府规制权力是公权力，现代社会的政府规制一般采取概况授权的方式，这就要求规制权力应严格受到程序法律的约束。

规制者由于有国家授权作保障，并享有立法权、许可权、处罚权等重要权力，使其在多数情况下相对被规制者（即使是实力雄厚的）处于优势地位，而且规制者天生就有权力扩张的倾向，规制机构总在力图使其拥有准入和许可权的种类和数量。那么，谁来规制规制者？如何限制规制者的权力？对于规制者的再规制问题的解决，首先要限制规制职能，一个规制者不能拥有多个规制职能；其次要有行政程序控制；再次要求人们参与规制活动与增加透明度；最后完善产业规制的司法审查制度，强化追责制度，保证规制者人人都可追责。

目 录

前言 ………………………………………………………………（ⅰ）

第一章　电信网、广播电视网和互联网融合发展 ………………（ 1 ）
第一节　三网融合引发产业边界消融 ………………………（ 1 ）
一、数字技术发展导致媒介融合 ………………………（ 1 ）
二、三网融合产业跨界经营兴起 ………………………（ 5 ）
三、三网产业融合实质和方向 …………………………（ 7 ）
第二节　中国三网融合发展历程 ……………………………（ 10 ）
一、萌芽期（1994～2010 年） …………………………（ 11 ）
二、试点期（2010～2015 年） …………………………（ 14 ）
三、推广期（2015 年至今） ……………………………（ 15 ）
第三节　三网融合成效显著 …………………………………（ 16 ）
一、三网融合市场规模扩大 ……………………………（ 16 ）
二、三网融合业务迅速发展 ……………………………（ 18 ）
三、市场结构形成竞争格局 ……………………………（ 19 ）

第二章　三网融合产业法律规制的挑战与回应 …………………（ 21 ）
第一节　产业规制及产业规制理论 …………………………（ 21 ）
一、产业规制与监管概念辨析 …………………………（ 21 ）
二、产业规制演进过程 …………………………………（ 23 ）
三、产业规制理论 ………………………………………（ 24 ）
第二节　三网融合产业法律规制的必要性 …………………（ 27 ）
一、网络型产业内在属性的客观需求 …………………（ 27 ）
二、促进和规范三网产业融合 …………………………（ 30 ）
三、通讯传媒产业仍需产业法律规制 …………………（ 36 ）
第三节　三网融合产业法律规制面临的挑战 ………………（ 38 ）

一、法律公共产品缺乏 …………………………………（38）
　　二、规制权力配置不合理 ………………………………（39）
　　三、规制法律理念存在局限 ……………………………（40）
　　四、对消费者的利益维护不足 …………………………（41）
　　五、社会组织的功能发挥不够 …………………………（41）
　第四节　三网融合法律规制现实回应 ……………………（42）
　　一、树立正确的三网融合规制理念 ……………………（42）
　　二、明确三网融合法律规制目的 ………………………（47）
　　三、重构三网融合法律规制体系 ………………………（49）

第三章　三网融合产业市场准入制度 ……………………（51）
　第一节　网络型基础产业市场化改革 ……………………（52）
　　一、网络型产业引入竞争机制 …………………………（52）
　　二、电信业市场化 ………………………………………（55）
　　三、广播电视业市场化改革 ……………………………（57）
　　四、三网融合对企业规模和市场结构的影响 …………（59）
　第二节　三网融合产业市场准入制度 ……………………（61）
　　一、电信业市场准入制度 ………………………………（61）
　　二、广播电视业市场准入制度 …………………………（63）
　　三、互联网业市场准入制度 ……………………………（64）
　　四、三网融合市场准入困境 ……………………………（65）
　第三节　三网融合市场准入制度完善 ……………………（67）
　　一、国外市场准入制度的发展 …………………………（67）
　　二、完善中国三网融合市场准入制度 …………………（70）

第四章　三网融合产业规制机构 …………………………（73）
　第一节　国外通信传播规制机构介绍与启示 ……………（74）
　　一、美国通信传播规制机构 ……………………………（74）
　　二、英、德、法三国通信传播规制机构 ………………（77）
　　三、国外规制机构融合的经验和启示 …………………（80）
　第二节　我国三网产业规制机构介绍与评价 ……………（83）
　　一、电信业规制机构 ……………………………………（83）
　　二、广播电视业规制机构 ………………………………（85）

三、互联网业规制机构 …………………………………（87）
　　四、三网产业规制机构的评价 …………………………（88）
第三节　重构中国三网融合规制机构 ………………………（91）
　　一、融合规制机构设立的原则 …………………………（91）
　　二、规制机构与竞争机构权限的界定 …………………（92）
　　三、规制机构具体模式的构建 …………………………（94）

第五章　三网融合的网络和内容规制 ……………………（95）
第一节　三网融合产业规制的嬗变 …………………………（95）
　　一、产业规制的边界 ……………………………………（95）
　　二、由经济性规制向社会性规制转变 …………………（98）
第二节　以经济性规制为主的网络规制 ……………………（100）
　　一、互联互通 ……………………………………………（100）
　　二、普遍服务 ……………………………………………（103）
　　三、稀缺资源规制 ………………………………………（107）
　　四、价格规制 ……………………………………………（108）
第三节　以社会性规制为核心的内容规制 …………………（111）
　　一、表达自由与限制 ……………………………………（111）
　　二、中外内容规制比较 …………………………………（113）
　　三、网络融合对安全和内容新挑战 ……………………（115）
　　四、我国内容规制的制度完善 …………………………（116）
第四节　网络规制与内容规制的协调 ………………………（119）
　　一、分立规制模式 ………………………………………（119）
　　二、构建网络和内容规制机制 …………………………（120）

第六章　三网融合规制的手段和程序 ……………………（121）
第一节　产业规制手段检视和创新 …………………………（122）
　　一、政府规制与自我规制 ………………………………（122）
　　二、政府传统规制手段 …………………………………（124）
　　三、政府规制手段的拓展 ………………………………（133）
第二节　三网融合政府规制的程序 …………………………（135）
　　一、政府规制程序的原则 ………………………………（136）
　　二、三网融合规制程序制度的完善 ……………………（137）

第七章　规制三网融合产业规制者 …………………………（143）
第一节　规制者的再规制是现实回应 ……………………（143）
一、政府规制失灵的表现和原因 ……………………………（143）
二、规制者的再规制的理论 …………………………………（146）
第二节　对规制者再规制的实践 …………………………（148）
一、国外对规制者再规制的实践 ……………………………（148）
二、中国语境下三网融合产业规制权再规制 ………………（151）
第三节　完善三网融合产业再规制机制 …………………（156）
一、确立规制权再规制的原则 ………………………………（156）
二、完善三网融合产业再规制机制 …………………………（157）

后记 …………………………………………………………（161）

第一章 电信网、广播电视网和互联网融合发展

三网融合的目标是对电信网、广播电视网(以下简称广电网)和互联网进行技术改造,使其技术功能趋于一致,业务范围趋于相同,网络互联互通,资源共享,能为用户提供数据、视频和语音等多种服务。中国三网融合经过多年试点后,2015 年 8 月 25 日,国务院办公厅发布《关于印发〈三网融合推广方案〉的通知》,要求加快在全国全面推进三网融合,推动信息网络基础设施互联互通和资源共享,这有利于促进消费升级、产业转型和民生改善。这标志着三网融合业务在全国全面实施。广电和电信业务双向进入,融合业务不断拓展,使原来彼此独立的电信业、广播电视业(以下简称广电业)和互联网业融合形成一个范围更广的全新网络型产业范畴——三网融合产业。

第一节 三网融合引发产业边界消融

电信网、互联网和广电网所传输的内容属于信息的范畴,从某种意义上讲,三网融合产业应归为信息产业。由于技术因素,融合前的三网分别采取不同的技术方式传输信息,从而在客观上形成了电信、互联网和广播电视三大传输网络。信息数字化和网络传输技术的发展为三网融合提供了物质基础和技术保障。信息数字化使文字、图片、声音、视频等信息转化为统一的数字模式成为现实。数字化实现了信息可以在信息发出者和信息接收者之间以不同传递方式、不同协议下顺畅传递的目标,过去因传输方式不同而形成的电信、广电和互联网三个产业的界限逐步模糊。网络传输技术提高了信息传输的质量和速度,使各种传输网络之间的差距缩小,其趋同性为业务融合提供了可能性。

一、数字技术发展导致媒介融合

(一)信息和信息传输

人类社会作为一个群体性的组织,人们之间的信息交流成为其存在和发展

的必要条件,人类利用信息技术进行交流的历史极为悠久。虽然"信息"这一概念被广泛使用,但给其下一个准确的定义比较难。《高级汉语词典》对"信息"的解释是:一是指音信消息;另一个是指有目的地标记在通信系统或计算机的输入上面的信号,如电话号码上的一个数字。综合各种对信息的定义,它包含两个含义:第一个含义表明信息就是消息,是指以声音、语言、文学、图像、动画和气味等方式所表示的客观世界的实际内容;第二个含义表明信息主要是指电子信息。从信息的范围来看,一般将信息分为广义和狭义两个概念,从广义上来说,信息是指客观世界各种事物特征和变化的反映。信息的范围极其广泛,任何运动的物质都存储着信息。从狭义上来说,信息"是指人类社会活动所产生的对人类生产、生活有益的资讯和消息"[①]。

信息本身不是物质,它的传输需要依靠物质、能量、场所作载体。"含有信息的载体成为信号,信息蕴含于信号之中并依靠信号传输。一般来说,获取信息需要三个基本要素,即信源、信道、信宿。信源是以信号的形式发送信息的主体或观测、考察的对象。信道是指传输、存储和处理信号的媒介。信宿是信息传送的对象。"[②]三网融合主要涉及信道这部分内容,即信息传输的路径和方式。

信息概念最早应用于通信理论,该理论采用的是信息的狭义概念。美国贝尔电话研究所数学家申农(C. Shannon)于1948年创立狭义信息论,该理论是研究在通信系统中普遍存在的信息传递以及如何提高信息传输系统有效性和可靠性的一门通信理论。申农开创性地定义了"信息",他所定义的信息与语义无关,而是反映了将"信息"编码成由简单的0和1表示的语言的能力,由此整个通信过程可表示成以下的过程:从一个信源发出的消息,经过编码后通过一个信道传输给接受者,接受者通过译码器将收到的信号复原成信息发出的原信息。

信息广泛存在,其传播形式也多种多样。信息需要通过一定的媒介进行传输,电信网、广电网和互联网都具有通过各自的网络进行传输信息的功能。这三个网络共同的特征都是通过电磁传播信息,即广义上的电信。目前,在国内论述三网传输信息问题时,常常将电信上的信息传输和传递两个概念相混淆。其实,它们是两个相关但是不相同的概念,有必要加以厘清。所谓传递是指信号通过整个电信网络全程的过程。电信网络全程是由传输系统、复用设备和交换设备串接形成的。可见,传递是指信号通过传输系统、复用设备和交换设备的全过程。所谓传输是指信号通过传输系统的过程。在电信定义中,由电磁系统完成信号传递过程。因此,电磁系统是指传输系统、复用设备和交换设备串

[①] 肖岳峰,蒋琼. 信息产业法律环境研究[M]. 北京:电子工业出版社,2010.
[②] 孙玉. 电信网络总体概念讨论[M]. 北京:人民邮电出版社,2007.

接。在电信界,"电磁系统"和"传输系统"被视为同义词①,这样导致了传输和传递的交叉使用。本书为了论述方便,按照通常的使用惯例,对电信传递和传输不做严格区分。

(二) 广电网与电信定义的牵扯

电信网是否包括广电传输网,中国理论界和实务界对此一直都在争论。广电网与电信网都是通过电磁来传输信息,是同一性质的网络。《中华人民共和国电信条例》(以下简称《电信条例》)第二条规定广电传输网属于电信范畴,从法律上确定了广电网的归属问题。但是,到目前为止国内关于广电网是不是电信范畴这个简单问题尚有争议,这也成为三网融合推进中的一个难点。出现争议的原因是电信业和广电业对于电信网络概念的理解不同。

按照国际电信联盟(ITU)(I.112(2005))中的定义,通信是按照一致同意的约定传递信息。根据此定义,通信就是按照约定传递信息的一种方式。目前,在国内,通信和电信这两个概念经常被混用,从而导致定义混乱。有些专家已经注意到通信和电信混用的情况不利于正确理解电信的含义,所以用"通讯"或"电讯"以便区别于"通信"。其实这样做不仅无助于澄清电信和通信的概念,反而使电信的概念更加混乱,以致在中国有人将"电信"当成"通信"。在学术研究中,人们首先要厘清"通信"和"电信"的含义,要正确使用电信的概念。在三网融合进程中,这种概念使用混乱的现象依然存在。比如,有学者建议将正在起草的我国《电信法》改成《通信法》,并从多方面论证电信法和通信法两者的区别,这些研究使电信和通信的概念更加混乱。② 国际电信联盟(ITU)明确区分了通信和电信的概念,电信是利用电磁系统传输、发送或者接受代表承载情报的媒体的信号。简单地说,通信是按照约定传递信息,电信是利用电磁系统传递代表媒体的信号。由此,通信的范围要比电信的广,也就是说通信包括电信,电信包含于通信之中。中国学者已经注意到ITU(I.112(2005))中"电信"定义的不当之处,并指出"符号、书写件、影像不是情报,而是承载情报的媒体",并给电信下了个较为准确的定义。"电信是利用有线、无线、光或其他电磁系统,传输、发送或接受代表符号、书写件、影像和声音或其他任何承载情报的媒体的信号。"③

广电网传播方式与电信网络传播方式相同,因为广电网传输与电信传输信号是一样的,无论是有线网络还是无线网络,都是通过利用电磁系统传递信号,其网络传输物理属性相同。广电网通过电缆、光缆、平流层大气、电流层大气等传输媒体,这与电信网络相同,只是因为原有技术问题导致传输的方式不同。

---

① 孙玉.电信网络总体概念讨论[M].北京:人民邮电出版社,2007.
② 林琳,曾剑秋."电信法"更名为"通信法"更合适[N].通信信息报,2008-11-05.
③ 孙玉.电信网络总体概念讨论[M].北京:人民邮电出版社,2007.

从广义上讲,广电网属于广义的电信网。我国《电信条例》中的电信概念采用了国际电信联盟的定义,将广电网视为广义的电信网,所以,在《电信条例》里将广电网放在电信范畴内统一管理,这与我国通常使用的电信概念是不一致的。事实上,由于电信和广播电视部门的理解不同,我国《电信条例》中的此项条例没有真正实施。现在广电网与电信网是分开的,仍然由广播电视主管部门管理。有专家认为,《电信条例》是电信管理部门起草的,反映电信部门利益诉求,没有体现广播电视部门的利益,从而对上述条款的正当性提出质疑。其实,这种观点是不能成立的。如果从技术角度和国外的实践来看,广电网属于广义的电信网是不容置疑的。这样的规定并不是电信部门利益的诉求,反而体现了广电网的物理属性和产业业态。在三网融合进程中,我国应在更高位阶的法律中明确电信的定义,让广电网回归电信范畴。随着数字技术和传播技术的发展,广电网和电信网之间具有的网络替代性更加证实了不管是在技术层面还是应用层面去区分这两个网络都是没有必要的。

(三)数字技术模糊了媒介界限

信息必须依赖一定的媒体来传播。在电信传输系统中,媒体是指承载电磁波传播的物质,例如电缆、光缆、平流层大气、电流层大气等传输媒体。近年来,在电信网络中出现了承载信息的媒体概念,例如,符号、书写件、影像、声音或其他承载信息的媒体。可见,媒体的概念有两个完全不同的含义:一个是承载电磁波传播的媒体;另一个是承载信息传递的媒体。媒体的概念在使用过程中容易发生混淆。目前,第二个含义使用相对要多一些。这里所谈论的"数字技术模糊了媒介界限"就是从媒介概念的第二个含义来讲的,主要是指承载信息传递的媒体之间的界限不断突破和融合。传统广播电视业务大量利用模拟技术,主要利用无线电波,后期以电缆作为载具,一般归类为广播电视等传播业务的范畴。传统数据资讯业务主要通过电脑网络与电话网络进行,属于传统数字科技的发展领域,一般将之视为电信业务的一环。

"20世纪90年代,电子产品开始走向融合。20世纪七八十年代,在计算机技术发展的同时,基于晶体管的电话和基于电子管的无线电和电视技术也得到发展。20世纪50年代,同轴电缆的推出起到了关键性的作用,因为它提供了另一种方法将电视信号传送到电视接收器。"[1]新数字科技的发明,模糊了传统意义上泾渭分明的两个领域,数字技术将话音、数据和图像信号都编码成"0""1"符号,成为电信网、互联网、广电网之间进行传输和交换的共同语言。这样,一方面,数据通讯不仅可利用电波(如无线网络、卫星网络)进行传递,还可以通过

---

[1] 钱德勒,科塔达.信息改变了美国:驱动国家转型的力量[M].万岩,邱艳娟,译.上海:上海远东出版社,2011.

有线电视网来传递。例如,一般家庭通过有线电视网与互联网连接,可以使用互联网电视而不需要使用电脑,直接利用电视机上互联网,为用户提供另一个利用网际网路的便利管道。另一方面,广播电视节目可以通过电信网络传输。数字科技的发展使得从网络上传送声音与影像成为可能,因此,广播电视也跳脱了过去依赖模拟科技的格局。应用最新的数字科技的成果,广播电视可以利用快速扩张中的网际网路作为载具,在网际网路上提供广播电视播送服务,使得所有在网际网路连接的电脑,都可在适当软件的辅助下接收广播电视的内容。

不同领域的多种产品通过数字技术集中到一种信息基础设施上,人们称之为"数字融合"。"我们把融合定义为功能的统一,即采用数字技术使早先不同的产品现在变得类似。例如,电话和计算机同样使用数字技术,但在历史上它们的功能截然不同,服务的市场也截然不同。数字融合的过程暗示着计算机开始集成有通信设备的功能,电话同样也开始具备计算机的功能。"[1]换句话说,这种数字融合使得相同的基础设施可以操作并传输语音、图像和数据等信息。从媒体的角度看,以前网络仅限于单媒体传播,现在同一媒体在几个网络都可以传播。近年来,新终端设备和移动技术发展促进媒介融合的速度加快,尤其是移动终端集中提供通信媒介业务。

二、三网融合产业跨界经营兴起

伴随着数字科技的进步,"信息传递"的概念发生了革命性的变革。三网融合产业分业经营的格局在新技术发展和新服务出现的过程中不断瓦解。传统的数据资讯业务主要是通过电脑网络与电话网络进行,属于传统数字科技的发展领域,一般将之视为电信服务的一环;视讯、音讯等服务则是通过有线或无线的电视、广播系统予以传输。数字科技的发展使不同的信息,如文字、音视频、图片等,均可通过同一载具同步传输到客户端。这使得目前电信与传播业界等使用不同载具的经营者,甚至电信、广电网和互联网之外的经营者对于介入三网融合跨界经营产生极大的兴趣。

(一) 广电和电信业分业经营传统

从信息网络的发展历程可以看到,电话网的出现早于广电网。电话网的发展经历了一个从模拟到数字,从无线到移动的演进过程。在 100 多年的发展过程中,虽然电话网在不同的发展阶段采用不同的技术,但一直提供的是比较单纯的电话业务,只是服务质量会随着技术发展而不断提高。广电网的发展初期

---

[1] YOFFIE D B. Competing in the Age of Digital Convergence[M]. Boston: Harvard Business School Press,1997.

是比较单一的,电视业务是单向的点对多的广播式业务,观众只能收看而不能进行双向互动。广电网包括有线电视、卫星电视和地面电视网等三种类型。电视网经过了从模拟到数字、从标清到高清,再到互动的发展历程。传统广播电视业务大量利用模拟技术,主要利用无线电波和电缆作为载具,传输声音和图像。由于传统的广电业务采取点到多的方式传播,不能进行点到点的信息交换活动,所以广电业不能从事传统的数据资讯业务。这样,电信业与广电业经营范围明显不同,电话和数据传输依赖电信网,广播和电视信号的传输依靠广电网,从而形成两个不同模式的网络和产业。电信网是双向点对点传输,广电网采取单向点对多传输,因两者传输方式不同,形成了电信业和广电业分业经营的格局。

(二) 传输技术进步扩大网络规模

早期由于传输技术的制约导致传递信息量小以及材料成本较高,影响了网络规模的发展。随着信息传输技术的硬件和软件的发展,网络传输的规模不断扩大。新材料的发明和运用,尤其是光通信技术的发展提高了传输的宽带技术,为传送各种业务信息提供了必要的技术保障。从技术的角度看,光通信技术利用波分复用技术在单一光纤上传输系统,使得传输的速度和容量迅速提高。现在,光通信技术已在三网中得到广泛的商用。光通信技术本身还在不断发展,其发展速度和前景还难以估量。光通信的快速发展使得传输成本大幅下降,单位距离的运输线路成本大幅降低。以往长途传输网线成本高制约线路长度的局面已不存在。因此,网线传转距离增长,网络的规模随之扩大。巨大的可持续发展容量的光纤传输网是未来信息高速公路的主要物理载体。光通信技术的发展为三网融合各类传输业务提供了必要的带宽传输。

网络传输的软件技术与硬件技术一样的重要。软件技术可以使不同的硬件传输网络联系起来。三网之间由于传输的模式不同,各网线之间不能相互兼容。若想使信息在三大网络之间能够相互传输必须依靠软件技术。目前电信网、互联网和有线电视网普遍接受 TCP/IP 协议[①],该协议成为网络互联互通中占主导地位的通信软件。它使得各种以 IP 为基础的业务都能在不同的网络实现互通,这样使不同类型的网络之间可以轻松自然地传递各种信息内容。三大网络都可以通过从用户驻地网到接入网再到核心网,使得整个网络实现 IP 协议的统一。各种各样的通信传播终端最终都能通过网络实现连接。以 IP 为基础的网络是一种可运营可管理的网络,不仅能满足现有的通信传播业务的需要,还为信息传播技术的未来发展提供空间。总之,IP 技术从软件技术上为三

---

① TCP/IP 协议是保证数据完整传输的两个基本协议。实际上是一个协议簇(由一些相关协议组成的有等级的集合),该协议包括 100 多个相互关联的协议。

网融合奠定了最坚实的基础。

(三) 三网融合新业务兴起和发展

电信网、广电网和互联网的融合是一个随着技术进步不断演进的过程。"数字技术、宽带技术、软件技术、IP 技术的发展促使电信网、互联网、广电网三网融合成为技术发展的必然"。[①] 近年来,互联网视频、数字高清技术的发展尤为迅猛,电信运营商纷纷开始进入视频领域。可以说,融合业务已经成为运营商以及互联网企业发展的趋势。在广播电视领域,IPTV 的发展势头较好。运营商在三网融合中,主要通过网络由浅至深的加强薄弱环节的内容编辑、制作、运营,同时 IPTV 也成为电信运营商、固网宽带和 3G、4G 运营商发展的重要业务。运营商主要通过数据、语音、IPTV 等捆绑的营销方式巩固其用户群和市场份额。

当前,信息通信技术正朝着宽带化、移动化、综合化和个性化方向迅猛发展,原有的分业经营的格局已经不适应当前的现实需要。互联网、通信和广电三产业的技术在不断地进步、演化、融合,涌现出移动互联网网络、视频、IPTV、广播、手机电视等越来越多的新媒体形态。下一代网络的融合与发展已成为趋势,三网融合将为人们展示美好的数字生活前景。

三、三网产业融合实质和方向

(一) 三网融合实质是产业边界消融

三网融合是指在信息传输技术发展的基础上,电信网、互联网和广电网传输信息的功能趋同且业务相互进入的过程。该定义包含两个含义:一是业务融合导致产业边界消融,最终产业之间发生融合;二是三网融合不是一蹴而就,而是一个不断发展的过程。早期人们对于三网融合的性质没有认识清楚,误认为三网融合是三网物理合一,最终形成一个网络。三网融合实质上是传统的电信网、互联网和广电网三网的业务融合。三网融合最直观的影响是消融了传媒产业、信息技术产业和电子通信产业的边界,形成了一个"媒信通融合大产业"。[②]

三网融合是不断演进的产业融合的过程。1978 年,美国科学家尼古拉斯·尼葛洛庞帝(N. Negroponte)用三个重叠的圆圈描述了计算机业、出版印刷业和广电业三个产业间的边界重合现象,并指出三网重叠部分是发展最快、最有前景的领域,这是关于三网融合最早的表述。但他所提到的三网融合不包括电信网,与当前学术界所提到三网融合的含义是不同的。全球电信网、广电网和互联网的融合发展进程,大体上可以分为三个阶段:第一阶段为 20 世纪 80 年

---

① 肖弦弈,杨成. 手机电视:产业融合的移动革命[M]. 北京:人民邮电出版社,2008:21.
② 谷虹,黄升民. 融合产业没有王者只有盟主:互联网平台运行机制的四个基本向度[J]. 现代传播,2012(4):84-88.

代的电信网、广电网和计算机网融合;第二阶段为20世纪90年代的电信网、广电网和互联网融合;第三阶段是自21世纪以来的电信网、传媒网和互联网融合。

目前,西方发达国家基本完成了三网融合。美国是世界上最先实行三网融合的国家。1996年,美国国会参、众两院修改了《通信法》,打破了电话、有线电视、互联网公司不得兼营的禁令,允许跨产业经营,产业互相渗透,业务也可在同一市场展开竞争。随后,电信、有线电视、互联网跨产业间的联合、兼并浪潮日益高涨。例如,"美国在线"(AOL)与传统媒体"时代华纳"(Time Warner)两大巨头合并,发挥各自在通信和媒体方面的优势,试图扩大在未来通信、网络和电视市场的份额。"美国在线"具有先进的网络技术和众多的网络用户,"时代华纳"则有广阔的有线电视网和丰富的电视节目内容。英国也是非常重视三网融合发展的国家。在新媒体、新技术、新业务迅猛发展的背景下,英国颁布了《2003年通信法》。这是英国历史上第一部完全实现广播、电视、电信业统一规制的法律,在各产业原有政策法规的基础上,进一步以"公平、开放、竞争、融合"为目标进行了产业的调整和融合。德国、韩国、日本等国也先后制定三网融合相关法律,促进各国三网融合的发展,产业的界限越来越模糊。

中国三网融合始发于企业的自发行为,政府积极推动三网融合试点工作尚未超过10年。三网融合业务的开展在20世纪末就出现了。早期,电视节目传输除电视发射塔、广电网外,也借助电信网络和卫星传播系统,虽然当时只是租借通信线路,与后来的三网融合不同,但也是早期它们之间合作的事实。为了适应三网产业融合的发展,一些地方大胆尝试各种三网融合模式,如"上海文广模式""杭州模式"和"深圳模式",等等。① 2010年1月,国务院常务会议决定开展三网融合试点工作。2010年6月底,首批12个试点城市名单正式公布,标志着三网融合进入试点阶段。2012年1月,颁布了第二批42个试点城市名单。在2013年的"两会"报告中虽没有明确提及"三网融合",但试点工作进入全面推广阶段。2015年后,我国进入全面推进电信网、广电网、互联网三网融合新阶段。

(二) 三网融合未来发展方向

1. 网络结构技术设计方向

从世界网络产业发展的大趋势看,西方发达国家的三网融合工作已经完成。美国三网融合发端于20世纪90年代初,经过多年的努力,到21世纪初已基本实现网络之间的业务融合。如今三网融合不仅是简单的网络融合,而且还延伸到网络终端。融合范围包括有线与无线的融合,计算机、手机与电视机的

---

① 这三种主要模式为以后三网融合的试点的开展进行了有益的探索,并积累了技术、监管上的经验。

三机融合以及网络平台、手机平台与视频平台的融合。简单地说,三网融合已进入了新媒体时代。具体体现在 Google、Facebook 和 Youtube 等网站的出现和迅速扩展上。随着 Web2.0 革命的基本成功,引发了多媒体、多平台、多服务的新媒体革命。新媒体的个人化、个性化、智能化满足了人们对信息服务的更高需求。

发达国家要清醒地认识到融合还停留在应用层面,只是通过软件和硬件的改变使各种传输网络和终端的功能混用,从而达到业务融合,所以其融合虽取得了良好的成效但仍有很大的发展潜力。在三网融合中,一个网络兼容其他网络业务并非易事,虽然三网融合成为现实,但是各网经营其他网络业务的质量和效益与原有网络还有明显的差距,这一问题日益被人们重视。许多国家开始把未来网络的设计当成三网融合的重点之一,不惜花费巨资来研究未来的网络发展,希望从源头上解决网络兼容问题。三个网可以说各有优势,设计未来新网的一个原则就是扬长避短。三网融合目前最现实的做法就是把工作重点放在互联网业务的发展方面。通过发挥互联网的高速传输优势,克服其在高速移动中切换性能较差的缺点,吸纳电信网的移动性和安全性、广播网的视频的优势,充分发挥三个网络的功能和优点。未来互联网的总目标和趋势首先是拓宽通信范围。现在人与人之间的联系方式已经发展到读、听、看等立体型多媒体完善的阶段,以后通信领域要扩大延伸至人与资源、机械与机械、人与机械的通信,还有虚拟现实和对于人与人通信实现(5W),即实现任何人、任何时间、在任何地方,以任何形式实现任何种类的信息交互。[①] 总之,预测三网融合发展方向应系统地从网络设计本身的角度来思考。人工智能、大数据、机器人等产业的高速发展也为未来网络发展提供技术支持。

2. 中国三网融合模式选择

中国国土面积大,地区发展不平衡,信息产业发展差距明显,所以要根据各地的实际情况选择不同的融合模式。目前,有以下几种比较典型的融合模式:

(1)业务融合型。

这种融合类型主要存在于业务层面的融合,也就是电信业与广电业在技术上、业务上、市场上融而不合。业务融合包括对称市场进入模式和非对称市场进入模式。对称市场进入模式是指允许电视业与电信业平等地进入对方市场,经营各种业务;非对称市场进入模式是指两个产业在相互市场进入的时间上和基本权利上不对称,在相互开放的业务和地理范围上不对称。中国在三网融合的试点阶段,广电业在与电信业的竞争中处于劣势地位,所以选择非对称市场

---

① 张思东.下一代互联网发展趋势研究[M].北京:科学出版社,2010.

进入模式,广电业开放的业务范围小于电信业开放的业务范围。我国发达地区的一些城市的广电网发展成熟,也可以先试行对称市场进入模式。

(2) 产权融合型。

通过购买对方股权和资产来控制对方业务或相互参股形成业务融合。电信网络可以出资购买某一有线电视网络全部或部分资产或股权,将其收购成自己业务的一部分,这样现有的电信网和广电网之间的竞争纠葛将会消解。同样,广电网经营者也可以通过同样的方式取得电信业务。还有一种方式就是电信与广电之间经营者相互持股形成业务融合。实施产权融合的前提必须符合法律规定,对目前电信和广电有关经营者投资的限制性规定要进行修改和完善。

(3) 全业务融合性。

在三网产业交叉领域成立新的融合性经营者,能够经营三网产业所有的业务而形成经营全业务的公司。这种模式相对符合三网产业融合不断发展的阶段,它们不是相互排斥,而是在相当一段时间内可能共存。

在试点阶段,中国三网融合采取电信业和广电业以非对称市场进入模式相互进入的对方市场。2015年,自三网融合全面推进以来,双方相互对称进入的强度提高,但也看到目前尚存在一些法律障碍,后两种模式的开展迟缓,但在有条件的地区可以先行一步。

总之,不管选择何种融合模式,都要适应中国的国情。电信和广播电视分业经营不适应产业和技术的发展已经得到证实,但也要认识到两者不是单纯的合二为一。在相当长的时间内,不同的融合模式可以同时存在,相互竞争,这为三网融合经营者提供了不同的路径选择可能。针对当地的经济和社会发展的条件,三网融合经营者可以根据自己业务规模和优势选择融合模式。随着三网融合实践的不断推进,经营者可以适时调整经营模式。

第二节　中国三网融合发展历程

三网融合一般是指电信网、广电网和互联网相互融合,从技术角度来看,三网同属于信息传输领域;从实践层面上讲,互联网与电信网密不可分,目前主要是电信网与广电网的融合。三网融合开始试点时,得到了社会上的广泛支持,广播电视产业和电信产业内部同样引起强烈的反应,他们各自站在自己的立场上提出网络融合的路径和方法,力图扩大各自在网络市场的规模和业务。就在电信网与广电网在业务融合的过程中纠葛不断,导致融合发展进展低于预期之时,互联网行业迅速崛起,得到快速发展。因此,本书将中国三网融合的进程简单归纳为:萌芽期、试点期和推广期。

一、萌芽期(1994～2010年)

(一)初衷:打破垄断

我国电信产业为了深化改革,特别是应对加入WTO后新的市场环境,促进产业可持续发展,一直尝试着如何打破电信产业的自然垄断现象。1994年7月19日,中国联通公司的成立标志着电信产业开放和竞争的改革开始。中国联通公司是由当时的电子工业部联合铁道部、电力工业部以及广播电影电视部一起新成立的电信公司,主要经营业务是寻呼业务,与当时中国电信的业务不可比拟。1998年3月,国务院机构改革,邮电部和电子工业部合并成立信息产业部,信息产业部承担电信业的规制职能。同时,广播电影电视部改为广播电影电视总局,继续承担广电业的规制职能。广播电影电视总局内定机构的通知中重申了《电信管理条例》的有关规定,"将原广播电影电视部的广播电视传送网(包括无线和有线电视网)的统筹规划与行业管理、组织制订广播电视传送网络的技术体制与标准的职能交给信息产业部"。[①] 但遗憾的是,这条规定并没有执行,广播电视传输网络的规制权一直保留在广电总局,信息产业部只能规制电信网络。如果当时这一规定得到执行,那么后来的三网融合试点和推进工作势必要顺利多了。

20世纪,最先将"三网融合"的基本概念引介的是联合国经济与社会事务部原高级顾问周宏仁主任。他在1997年《计算机世界报》中全面论述了"迎接电脑、电视与电话合一的新时代"。1997年4月,国务院全国信息化工作会议讨论通过了《国家信息化总体规划》,"三网"的概念首次被提出。规划中的"三网"是指电信网、广电网和计算机网。当时中国互联网发展还处在初期阶段,会议规划建立一个平台即指互联互通的平台,还没有提出互联网的概念。所以,三网中没有互联网,只有计算机网,这说明政府部门在决策时正处于计算机网发展阶段,忽略了互联网的发展趋势。

(二)争论:"合一"还是"融合"

"三网融合"概念提出以后,我国学术界就三网如何优化、如何使资源配置更为有效,进行了有益的争论。争论的焦点是三网是"合一"还是"融合"。20世纪90年代,王小强博士在《中国电讯产业的发展战略》研究报告中首次提出"三

---

① 1998年6月25日,国务院发布《印发国家广播电影电视总局职能配置内设机构和人员编制规定的通知》(国办发〔1998〕92号)。

网融合"的概念。此报告在中国引发了一场关于电信、广播电视和互联网融合现象是"三网合一"还是"三网融合"的大辩论。1998年的三篇研究报告最为有影响力。[①] 代表电信业立场的学者主张,为了达到节约投资、提高资源的利用效率和方便消费者使用的目的,电信网和互联网不能分开,并与有线电视网合并组成一个国家基础传输网络。代表广电业立场的学者主张,开放电信的垄断经营的业务,保持电信与广电两网并存,三网融合以有线电视网为主导,建议对有线电视网络光纤进行改造和扩容,以及电信增值服务业务对广播电视企业开放。中立的学者认为,应采取"三网复合,数网竞争"的思路,根据客观条件逐步放开网络,相互进入对方业务。这场究竟是"三网合一"还是"三网融合"的论战,实质上是电信网和广电网是否可以双向进入和三网融合由谁来主导的两个问题。这场论战是电信业与广电业关于三网融合的初次交锋,双方对于上述的两个核心问题没有达成一致。争论的结果出乎人们的意料,在学术界和实务界对三网融合充满期待之时,1999年,《国务院办公厅转发信息产业部、国家广播电影电视总局关于加强广播电视有线网络建设管理意见的通知》(国办发〔1999〕82号)规定"电信部门不得从事广电业务,广电部门不得从事通信业务",并认为"广播电视及其传输网络,已成为国家信息化的重要组成部分"。这一文件的出台为后来的三网融合工作的推进带来阻碍,如果电信企业和广电企业不能经营对方的业务,那么网络融合业务将无法进行。不久之后,国务院文件对此内容进行修正,但要清醒地认识到在后来的三网融合过程中,市场进入的难题始终难以绕开。这场论战在当时具有积极的意义,人们初步地了解了三网融合的概念,开始关注国外三网融合政策和实践,并不断思考中国三网融合的模式。

(三) 探索:政府主导

2000年后,国务院及相关部门就三网融合如何发展出台了一系列政策。2001年3月,"十五"规划纲要提出"促进电信、电视、计算机三网融合"。[②] 由于

---

① 1998年3月,以原国家经济体制改革委员会中国经济体制改革研究所副所长、时任粤海企业集团经济顾问王小强博士《中国电讯产业的发展战略》研究报告主张:传输与电信业务不能分离,数据互联网不能从中国电信固网分离,电信、电视与计算机"三网合一"。1998年6月,原国家广播电影电视总局信息网络中心方宏一博士发表了《再论中国信息产业的发展战略》一文,该文章反驳了3月份发展报告中"电信本位"的论点,强烈要求开放电信的竞争性经营,保持电信与广电两网并存,最终达到三网结合的目的。1998年9月~11月,北京大学中国经济中心周其仁教授撰写的《三网复合数网竞争》发表,他系统论述了"中国电信的高社会垄断成本"的严重后果,提出了"三网复合,数网竞争"的思路。同时,网络上也有观点强调,电信开放必然是有一个渐进的过程,在国家的保护下,如何增强竞争力是一个需要多方进一步讨论的问题。

② 2001年3月,《国民经济和社会发展的第十个五年规划纲要》(2001~2005)。

严禁电信和广电企业经营对方业务,三网融合业务难以开展。由于电信业经过市场化改革和新业务的发展,相对于广电业来说,其发展要快,所以两者的差距不断拉大。为了发展数字电视产业,2004年年底,国家发展改革委(以下简称发改委)首次提出,"条件成熟时,推动电信和广播电视市场相互开放、业务交叉竞争"。[①] 当时这一设想没有得到其他部委的响应。2008年,为应对金融危机,国务院办公厅转发了发展改革委员会等部门关于鼓励数字电视产业发展若干政策的通知(国发办〔2008〕1号),其主要内容是:发布了数字电视产业的相关政策,允许广电和电信行业互相进入,推进"三网融合"。国家发改委对于三网融合的态度日趋积极,从最初的在条件成熟的前提下来推动电信和广电市场开放和业务竞争,到允许两个产业互相进入来推动三网融合。虽然,国家发改委的文件在实际中没有得到很好的实施,三网融合的相互进入在当时的条件下难以推进,但是,可以看出政府部门对于三网融合的态度转变和政策支持。"十一五"规划纲要提出"积极推进三网融合""加强宽带通信网、数字电视网和下一代互联网等信息基础设施建议"。[②] 这是从国家层面提出积极推动三网融合,与"十五"规划纲要相比,其态度更加积极和明朗,特别提出数字化产业发展在三网融合产业发展中的作用,以及信息基础设施建设。此时,已经明确提出互联网的概念,而不是5年前的计算机网。

为了落实国办发〔2008〕1号文件精神,三网融合产业的规制机构制定了相应的政策和措施。2008年5月,工业和信息化部(以下简称"工信部")提出要"以业务融合为切入点,积极推进三网融合,鼓励业务交叉竞争,鼓励中国电信收购中国联通CDMA网(包括资产和用户),中国联通与中国网通合并,中国卫通的基础电信业务并入中国电信,中国铁通并入中国移动"。[③] 工信部希望电信企业与广电企业通过融合业务作为切入点来推动三网融合的开展,因为传统业务进入受到太多的限制,相对来讲新的融合业务更容易一些。工信部主导电信企业之间的重组来鼓励电信业的发展,解决电信业的垄断问题,为三网融合创造条件。2008年12月4日,科技部和广电总局共同签署了合作协议书,主要目标是"以有线电视数字化和移动多媒体广播(CMMB)的成果为基础,以自主创新的'高性能宽带信息网'核心技术为支撑,开发适合我国国情的、三网融合的、有线无线相结合的、全程全网的中国下一代广电网技术体系"。[④] 两者利用各自

---

① 2004年,《鼓励数字电视产业发展的若干政策》(征求意见稿)。
② 2006年3月,《国民经济和社会发展第十一个五年规划纲要》(2006~2010)。
③ 2008年5月,《关于深化电信体制改革的通告》。
④ 2008年12月4日,科技部和广电总局共同签署《国家高性能宽带信息网暨中国下一代广播电视网自主创新合作协议书》。

的技术和市场进行合作,准备用10年左右的时间建成中国下一代广播电视网(NGB)。广电总局的合作动机更多的是考虑如何尽快投资建设新一代满足现代数字媒体和信息服务的广电网,这样可以与电信网相抗衡。从三网融合的路径来看,广电总局选择的是再建一个网络,企图与电信网公平竞争,而不是选择业务融合,可能是考虑到广电网的基础设施条件与电信网差距太大,认为在现有条件下业务融合对广播电视企业不利。

2009年4月15日,国务院应对国际金融危机的影响,为实现稳定发展和加快结构调整,制定了促进电子信息产业发展政策。产业政策中提出了"落实数字电视产业政策,推进三网融合"的要求。① 2009年5月25日,国务院要求"落实国家相关规定,实现广电和电信企业的双向进入,推动'三网融合'取得实质性进展"。② 虽然这个文件的主题是深化经济体制改革,但第一次提出了要"实现广电和电信企业的双向进入",并明确由四个部委(局)负责实施。文件把实现广电和电信企业的双向进入作为经济体制改革的措施之一。之后,广电总局要求"加快广播电视有线网络发展,对推动我国广播影视改革和发展、推进三网融合、促进国家信息化建设,具有十分重要的意义"。③ 广电总局为了落实上述国务院文件精神,提出了推进三网融合,但其落脚点是加快广播电视有线网络发展,而不是业务融合,其中一个重要的举措就是鼓励和支持省级有线网络公司的组建和发展。

10多年期间,三网融合的概念不断明晰,也越来越受到更多人的关注。学术界和产业界不断介绍三网融合概念和国外三网融合的进展,且提出多种中国三网融合的模式。后来,政府开始关注和实施了一系列政策来推动三网融合的发展,力求为三网融合创造良好的政策环境。

二、试点期(2010~2015年)

2010年1月13日,国务院常务会议决定加快推进电信网、广电网和互联网三网融合。融合的核心还是双向进入问题,这次会议没有重申《国务院办公厅关于2019年深化经济体制改革工作的意见》(国发〔2009〕26号)中关于"实现广电和电信企业的双向进入"的规定,而是确定了有限的双向进入的原则。广电产业进入电信产业业务是必须要有规定的,没有规定的是不能进入的;同样,电信产业进入一些广电业也是有规定的,并且限制为国有企业,其他类型的电信

---

① 2009年4月15日,国务院发布《电子信息产业调整和振兴规划》。
② 2009年5月25日,国务院(国发〔2009〕26号)批准发展改革委《关于2009年深化经济体制改革工作意见的通知》。
③ 2009年7月29日,广电总局发布《关于加快广播电视有线网络发展的若干意见》。

企业不允许进入。这次会议的亮点是提出了推进三网融合的阶段性目标,明确了三网融合的时间表,规定2010~2012年,重点开展广电和电信业务双向进入试点,探索形成保障三网融合规范有序开展的政策体系和体制机制;2013~2015年,总结推广试点经验,全面实现三网融合发展,普及应用融合业务,基本形成适度竞争的网络产业格局。

2010年6月底,国务院办公厅公布首批12个三网融合试点城市名单和试点方案,标志着三网融合试点工作正式启动。试点工作成效显示,到2011年,中国三网融合产业规模为1671.38亿元,同比增长32.2%。2011年12月30日,三网融合第二批42个试点城市公布,加速了三网融合的发展速度、扩大了发展范围。两批共有54个三网融合试点城市参与其中,基本包括了全国省会城市和符合条件的城市。试点城市非常重视三网融合工作,认真贯彻落实有关工作部署,制定当地的试点方案。根据各地经济社会发展条件,加快网络升级改造,尤其是宽带网络建设。业务融合的模式比较多,合作方式各种各样,有的是电信企业主导、有的是广电企业主导、有点由其他产业企业为主导等。试点期间新兴融合业务发展迅速,开展IPTV、手机电视、有线电视网互联网接入、国内IP电话等双向进入业务,为下一步推广工作积累了有益经验。当然,需要注意的是这些试点是在地方局部层面开展,各地差异性比较大,所以需要总结分析试点的经验,找出适合中国实际情况的三网融合模式加以推广。

2013年,国务院在印发《关于促进信息消费扩大内需的若干意见》中明确提出,全面推进三网融合,确定2013~2015年为三网融合的全面、快速推广期。目前,从我国三网融合的空间分布现状和特征来看,主要集中在长三角、环渤海、珠三角等经济比较发达的沿海热点区域,北京、上海、深圳、武汉、杭州、大连等热点城市,这些成为三网融合集聚区域,率先实现了三网融合产业的空间布局,为三网融合再次换挡提速打下基础。①

三、推广期(2015年至今)

经过六年的试点探索后,2015年,三网融合进入了全面推广阶段,其标志为2015年8月25日国务院办公厅印发《三网融合推广方案》(以下简称《推广方案》)。《推广方案》提出了四项主要任务:一是在全国范围内推动广电、电信业务双向进入;二是加快宽带网络建设改造和统筹规划;三是强化网络信息安全和文化安全规制;四是切实推动相关产业发展。②《推广方案》的颁发,各省(直

---

① 姜风红.三网融合快速推进,监管思维继续转变[J].决策与信息,2016(11):99-100.
② 2015年8月25日,国务院办公厅印发《三网融合推广方案》(国办〔2015〕65号)。

辖市)政府陆续制定结合本地情况的三网融合实施方案,明确将广电、电信业务双向进入范围扩大到全省。当年,河北省、江西省、辽宁、安徽等省出台了《三网融合实施方案》。2016年,山西、广东、湖南、贵州、湖北、浙江、甘肃、吉林、福建、青海、云南、重庆等省(直辖市)也相继出台了《三网融合实施方案》。2017年,山东省公布了《三网融合实施方案》。从各地推广方案总体来讲,主要任务虽然有差异,但相同点集中在双向进入业务、宽带网络统筹规划和建设、网络信息和文化安全规制、三网融合相关产业发展等方面。这个推广方案的一个亮点在于将电信和广电业务双向进入的审核发证权下放给省级行政部门,凡具备条件的各市、县广电网络公司、电信公司就能自行开展双向业务,这似乎意味着各市、县广电、电信业务的双向进入。这次改变过去强调行政管理部门在三网融合的作用,错误地认为电信网和广电网融合是在全国范围内整体融合的做法。2014年5月,国务院专门批准成立了中国广播电视网络有限公司,对中国有线网进行重组,从实际效果来看,该公司的建立和运行没有达到预期设想,与后来国家强调建立县级媒体中心的做法不相协调。三网融合更多的是企业经营层面的事情,政府主要提供政策支持和法律保障,电信产业和广电产业可以依法跨界经营。各地电信企业、广电企业不断尝试各种融合的模式,推动三网融合的发展。

第三节 三网融合成效显著

三网融合在争议中不断前行。任何一个成熟的产业都由相关主体集群构成,其中生产经营一定产品的企业和消费者是不可缺少的。对于"三网"领域来说,其产品主要是服务性的,包括基础服务、增值服务、应用服务等,市场相关主体包括服务提供者和消费者。近年来,三网融合产业无论是技术层面,还是经营业务层面都发展迅速,市场经营主体和消费主体不断发展和集聚。

一、三网融合市场规模扩大

三网融合产业消费者规模总体不断扩大。2017年年底,三网融合产业消费者总数为31.07亿户,当年新增用户为2.9984亿户,新增长率为10.7%。从表1.1中消费者的人数分布来看,与三网融合有关的新业务、融合业务的户数增加较快,而传统的业务用户数量呈现出下降的趋势。使用IPTV、移动电话、移动宽带的用户增加较快,而使用固定电话、有线电视的用户在减少。2017年,IPTV用户数比上一年增长41%,在三网融合产业中成长性最强,其中,净增用户占光纤接入净增用户总数的53.5%,也就是说IPTV净增用户中光纤接入的比例高,反映了宽带业务和IPTV业务双增长;移动宽带用户比上一年年净增1.91亿户。2017年,全国电话用户比上年增长5.4%。移动电话和固定电话出现"两重天"的现象,移动电话用户比上一年增加了7.2%,而固定电话用户比上一年下降6.2%,反映出传统的固话业务和有线电视业务缺乏市场竞争力。与固定电话一样,有线电视用户数也呈下降趋势。2017年有线电视用户全年同比减少781.7万户,比上一年下降了3.1%,而有线实际缴费用户数下降的幅度更大,达到5.7%。

表1.1 2017年三网融合产业各类消费者户数

序号	用户类别		户数(亿户)		净增(亿户)		比上年净增比例	
1	IPTV		1.22		0.3545		41%	
2	电话	移动电话	16.1	14.2	0.8269	0.9555	5.4%	7.2%
		固定电话		1.94		-0.1286		-6.2%
3	移动宽带		11.3		1.9100		20.3%	
4	有线电视	有线电视缴费	2.45	1.53	-0.0782	-0.0930	-3.1%	-5.7%
		/		/		/		/

资料来源:中华人民共和国工业和信息化部网站。

电信业务总量大幅提高,其业务收入有所提高。从表1.2中可以发现,2017年电信业务总量和业务收入分别达到27557亿元、12620亿元,出现了双增长的局面。尤其是电信业务增长的幅度加大,比上一年增长76.4%,增幅同比提高42.5个百分点。电信收入比上一年增长6.4%,增速同比提高1个百分点。分析电信业务总量和业务收入两组数据,可以看出电信总量增长快,但电信业务收入增长与之不匹配,说明电信业务竞争加剧,盈利整体呈下降趋势。再细分电信业务,全年固定通信业务收入和移动通信业务比上一年分别增长8.4%和5.7%,移动业务在电信业务收入中占比较上一年有所下降,这说明数据及互联网业务稳定增长,传统业务竞争乏力,"宽带中国"战略促进数据及互联网业务发展,2017年,固定通信业务比移动业务增长较快。固定数据及互联网业务拉动电信业务收入增长1.4个百分点,受益于光纤接入速率大幅提升,家庭智能网关、视频通话、IPTV等融合服务加快发展。2017年,IPTV业务收入121亿元,比上一年增长32.1%。移动数据及互联网业务收入在移动通信业务中占比从上一年的38.1%提高到43.5%。由此可以看出,移动数据及互联网业务收入在固定电话和移动电话业务中的比重都有所增。随着高速互联网接入服务发展和移动数据流量消费快速上升,语音业务和移动短信业务继续下降,比上一年分别下降33.5%和0.4%。对电信业务收入贡献较大的业务主要集中在数据业务、移动业务和IPTV业务上。

表 1.2　2017 年三网融合产业的业务及收入情况表

序号	业务类型		业务量(亿万)		净增比例	
1	电信业务量		27557		76.4%	
2	电话电信业务收入		12620		6.4%	
3	固定通信业务	固定数据及互联网	3549	1971	8.4%	9.5%
4	移动通信业务	移动数据及互联网	9071	5489	5.7%	26.7%
5	IPTV 业务收入		121		32.1%	
6	语音业务收入		2212		−33.5%	
7	移动短信收入		358		−2.6%	

资料来源：中华人民共和国工业和信息化部网站。

互联网宽带的速度不断提高，为三网融合提供平台支持。2017 年，中国三家基础电信企业的固定互联网宽带 50 Mbps 及以上接入速率的用户总数达 2.44 亿户，占总用户数的 70%，占比较上一年提高 27.4 个百分点；100 Mbps 及以上接入速率的接入用户总数达 1.35 亿户，占总用户数的 38.9%，占比较上一年提高 22.4 个百分点。三网融合发展趋势不可阻挡，其在社会经济发展中的价值凸显，推进三网融合的工作提升到国家信息发展战略高度。

二、三网融合业务迅速发展

互联网、大数据和人工智能技术发展，促进了三网融合业务发展。中国政府实施"互联网+"行动计划，电信企业和广电企业纷纷向"互联网化"转型，出现了广电产业"去广电化"和电信产业"去电信化"的现象，它们大力发展宽带和移动业务，利用互联网来发展信息通信传播产业。从 2017 年广电业和电信业的发展数据可以看出，移动通信业务中移动数据及互联网业务收入比上一年增长 26.7%，IPTV 业务收入增长 32.1%，在经济下行压力不断加大的大环境下，这样的高增长率实属不易。在三网融合进程中一直被广电业和电信业孜孜以求政策保护的传统业务，出现了业务量和收入双下降的局面，而这种趋势还无法改变。比如，2017 年固定电话、语音业务和有线电视业务都出现了负增长。从目前的发展情形看，三网融合参与方不应该也不必要在双向进入的利益方面过于纠结了，即使放开市场竞争也没有多大的盈利和发展空间，双方都需要站在"互联网化"的维度来看待和落实三网融合这项工作。

传统的业务继续萎缩，三网融合产业融合业务从简单向复杂、从单项向综合业务、从产业范围内向外围扩张不断发展。早期的三网融合业务中出现的手机电视模式是单一的把电视节目在手机上播放,使移动通信网络与电视业务融合。在试点过程中,由于数字信息技术的广泛运用和迅速发展,出现了广电业和电信业多种合作的模式,双方都要对方的支持才能发展移动互联网业务,比如出现了"广电＋移动运营商""移动运营商＋SP"等模式。在传统的电信和广播电视发展乏力之时,新兴的通信和媒体融合领域异军突起,成为信息产业发展最活跃的领域。目前,中国移动互联网的主要业务有移动多媒体服务、移动音乐门户网站、手机游戏、移动购物、手机银行、移动搜索和移动社区等。融合业务还向物联网、智能电网等业务拓展。2017年,中国物联网业务收入比上一年增长86%。互联网在三网融合中得到很快的发展,截至2017年12月,"我国网民规模达7.72亿,全年共计新增网民4074万人,互联网普及率为55.8%,较2016年年底提升2.6个百分点"。① 目前,在三网融合产业中融合度高且有发展潜力的业务应该是IPTV业务。

电信网日益呈现"通信的传媒属性",广电网也日益呈现"传媒的通信属性"。在两者业务融合趋势日益明显和用户消费模式不断改变的情况下,电信和广电应大力发展融合业务,重点发展互联网业务。IPTV是目前唯一覆盖通信网、互联网和广电网的融合业务新媒介。从国外的经验来看,让各国制定政策这一办法能在一定程度上促进以IPTV为代表的新业务发展。早在2008年,韩国、印度和美国等国对IPTV融合型新业务准入就改变了态度,例如,"韩国的IPTV服务法案开始实施;2008年1月,印度TRAL发布《IPTV业务发展建议》,放松对IPTV准入条件的管理;2008年7月初,美国巡回法庭裁决FCC拥有批准新的视频特许规则的权利。这些旨在为电信运营企业消除IPTV服务准入障碍的政策推动了以IPTV为代表的融合业务迅速发展"。② 2015年以来,运营商共同大力推动IPTV发展,使得用户数量大增。2016年中国IPTV用户近1亿,2017年有1.22亿,IPTV成为中国电视收视的重要渠道已经毋庸置疑。随着IPTV业务的快速增长,IPTV企业的盈利水平也在提高。比如,华数传媒公布2017年度业绩快报,公司实现营业收入318967.54万元,同比增长3.52%;归属于上市公司股东的净利润63893.55万元,同比增长6.1%。面对日益激烈的市场竞争,2017年华数传媒大力推动各项业务发展,保持经营业绩稳健增长。

三、市场结构形成竞争格局

三网融合在全国全面推进,因为市场内在需求和政府政策的支持,原来分

---

① 2018年1月31日,中国互联网络信息中心(CNNIC)发布第41次《中国互联网络发展状况统计报告》。

② 石军.全球电信监管政策适度调整 保护市场有序发展[J].世界电信,2009(5):48-50.

属三个产业的市场主体初步形成了竞争格局。在传统的语音业务、互联网接入业务、视频业务等方面,在位的运营商都面临其他经营者进入和竞争的问题。具体来说,在语音通话和互联网接入方面,电信运营商一直是在位运营者,随着电信业务市场开放和市场准入,广电运营者及其他产业的运营者依照规定也可以进入,开展业务竞争。在视频内容方面,广电运营商一直是在位经营者,现在却受到电信运营者及其他运营商的挑战。尤其在交互式网络电视(IPTV)、互联网电视(OTT TV)、网络视频等业务的竞争中,广电企业虽然有内容和牌照的优势,但电信企业有资金和互联网关口控制的优势,互联网企业有灵活性和技术性等优势,所以竞争尤其激烈。在三网融合原有的三个产业内部的竞争也不断加剧,比如,电信产业内部在宽带业务方面,中国电信在宽带业务方面一直处于优势地位,但近年来中国移动增加宽带网络的投资,在移动宽带领域中已经赶超中国电信。广电企业也在内部加强企业重组,力图组成一个国家广电网络。"一省一网""各自为战"的总体行业结构仍未得到根本性的改变。同时,地方广电企业为了开展三网融合业务,也开始与电信企业和互联网企业之间开展多层次和多模式的合作。总之,三网融合产业已形成竞争格局的市场机构。与广电产业、电信产业不同,中国互联网产业从它诞生之初就属于"体制之外"。正是因为它在体制之外,所以互联网一开始受到的政府的规制就相对较弱。互联网企业大多是一个由资本市场和技术所驱动的民营企业。互联网是一个虚拟网,它寄生在电信网之上,与电信网有千丝万缕的联系,一般在论述时简单地归入电信网。随着互联网发展成一个无所不在也无所不包的网络,人们的关注度和政府的规制也在不断增加。互联网不断消解传媒业和电信业封闭的产业链条,在融合的业务中最为活跃。

"互联网宽带接入的市场结构属于高寡占型,视频内容则属于低寡占型,都处于寡头垄断的阶段。在互联网宽带接入市场中,中国电视广播电视网络有限公司和互联网企业作为后入者,由于产品质量和核心资质不及基础电信企业,难以与基础电信企业争夺市场,宽带接入市场的垄断格局仍将持续。在视频内容市场中,IPTV、OTT TV 与有线电视形成了较为接近的同质化竞争,网络视频由于受内容、用户和场景的水平差异影响反而形成了差异化壁垒,少数几家互联网企业依靠持续的高额投入,在网络视频领域快速发展并形成了小范围垄断,但促进了视频内容市场的竞争"。[①] 互联网产业发展使得跨平台服务和产品融合成为可能,有利于市场竞争形成,市场结构不断优化。总之,三网融合产业在融合进程中已初步形成竞争格局,但市场结构需要进一步优化,市场开放力度还要加大。三网融合产业的市场化和产业改革不能停止。

---

① 朱海波.三网融合产业市场结构实证分析[J].广播电视信息,2018(2):43-47.

第二章 三网融合产业法律规制的挑战与回应

社会科学研究者重视研究产业规制这一重要的经济现象。在经济学、法学和政治学领域,规制受到广泛的研究。① 经济学从市场失灵角度研究为什么要进行产业规制以及评估实施产业规制所产生实际效果;政治学主要研究产业规制体制、规制政策的形成和执行的问题;法学重点研究产业规制的规则、执法以及规制程序等问题。

第一节 产业规制及产业规制理论

一、产业规制与监管概念辨析

产业规制(sector regulation 或 industry regulation)泛指以纠正市场运行的内在缺陷、维护和实现公共利益为目的,针对局部经济领域制定和实施法律与政策的行为。② "规制"是经济学领域广泛使用的概念,在法学中以及我国的法规中使用"监管"较为普遍,当然也有不少法学学者使用规制一词。在法学语境下,规制(监管)与经济学规制既有重合之处,也有不一样的内涵,应该说,"监管首先是一个法学问题,而不是一个经济学问题"③。对于监管与规制的含义理论

---

① 史普博.管制与市场[M].余晖,等译.上海:格致出版社,上海三联书店,上海人民出版社,2008.
② 产业规制这一术语中的"产业"二字,译自 sector 或 industry,其本义是指经济体系中的一部分可以按照不同的标准进行划定。例如,根据生产链条的顺序,可以分为初级产业、次级产业和第三产业;按照所有制的区别,可以分为公有产业、私有产业;按照产品种类,可以分为农业产业、工业产业、服务产业等。
③ 正如丹尼尔·F.史普博所认为的那样,"对管制的经济研究的一个重大影响来源于行政法关于产业管制的探讨。现实行为和管制制度的特性为经济学家企图解释某些特殊管制的存在理由提出了许多重要课题。但是,经济学分析没有必要受制于现存的制度和法学的概念框架。更进一步,有效制度和程序设计也在经济学的兴趣之内"。参见:史普博.管制与市场[M].余晖,等译.上海:格致出版社,上海三联书店,上海人民出版社,2008.

上有两种不同的理解:一种认为监管与规制同义;另一种认为两者含义不同,根据两者的范围和权力大小可归纳为:① 范围角度来看,一般认为规制范围包含产业竞争,监管范围则不包含产业竞争。产业规制的范围包含狭义的产业监管和竞争监管。② 从是否拥有制定法律和行政法规的权力来看,规制拥有制定法律和行政法规的权力和规制权力,而监管则没有,其只有监管权,当然也可以在法律范围内制定相关规章。

规制与监管的界限有时会发生冲突以及内容相互移植的问题。"新设或已有的产业监管机构正在越来越多地承担起促进竞争的职责,有时还负责针对特定或不特定的产业领域实施竞争法;而在少数国家,以往由政府部门扮演的企业所有人和产业监管机构角色,也出现了由竞争执法机构承担的情况"。① 规制与监管的使用不像以前那么严格区分而出现混用的现象,正好体现两者的趋同性的客观境况。在我国法律中,规制含义与监管常常混用。比如,在法律条文中用监管的字样,但实际上监管权力包含有竞争规制权,与前述的规制概念同义;又比如,在我国《电信条例》中明确规定了电信监管机构有破除垄断、鼓励竞争的权力,在这里监管机构和规制机构难以分开。② 法学语境下产业监管有广义和狭义之分,广义的产业监管与经济学中规制的含义基本相同,包含产业监管和竞争监管,而狭义的监管则不包含竞争监管。本书产业规制取法学中广义含义,对产业监管与产业规制不进行刻意区分,但论述的重点在狭义的产业法律规制(监管)。

产业规制是市场资源配置作用的补充和辅助,它存在的目的就是维护产业发展的良好秩序。美国经济学家卡恩在其经典教科书《规制经济学:原理和制度》中指出,规制是对产业结构及其经济绩效的直接的政府规定,如进入控制、价格规定、服务条件及质量的规定以及在合理条件下服务所有客户时应尽义务的规定。法学家对规制的研究主要集中在"规制者的判断对商业或市场判断的决然取得"方面。③ 日本学者植草益认为,规制是指依据一定的规则对构成特定社会的个人和经济活动主体的活动进行限制的行为。规制一般是指"微观规制",主要对应经济法中市场规制法的部分内容,不同于"宏观调控"。宏观调控是政府通过调整财政支出、货币供应等经济总量,来影响经济运行过程。宏观调控由经济法中的宏观调控法来规制。一般来讲,在我国法律语境下,产业规制是政府直接对私人经济活动做出限制性规定。"作为一种法规,规制是产业所

---

① 韩龙.规制与监管:美国金融改革方案对金融法品性的再证明[J].河北法学,2009(11):13-23.
② 我国《电信条例》第 4 条规定:"电信监督理遵循政企分开、破除垄断、鼓励竞争、促进发展和公开、公平、公正的原则。"
③ 陈富良.政府对商业企业规制研究[M].北京:经济管理出版社,1995.

需要的并为其利益所设计的和主要操作的"。① 行政机关及法律授权部门对产业规制目的是保证被规制的产业健康发展,以及保护消费者的利益。所以,作为被规制产业的经营者来讲,他们既是被规制者,又是规制行为的得益者。

二、产业规制演进过程

产业规制是在技术进步和社会化大生产发展而导致一系列的经济和社会问题后出现的。在自由资本主义阶段,国家对社会经济采取或基本采取了自由放任态度和政策。早期资本主义经典作家普遍认为市场可以自行调节各种资源的合理利用和配置。这只"看不见的手"发挥功能的前提就是让市场经营主体自由竞争,反对政府干预企业之间开展的自由竞争,当然产业规制也就没有存在的空间。19世纪中后期,技术进步和生产规模的扩大使得自由竞争市场的缺陷暴露无遗,在"市场失灵"导致垄断、经济危机等一列经济问题的同时,在政治和社会上出现收入分配不公、贫富差别悬殊、失业率高、社会秩序动荡、人们思想混乱、社会矛盾加剧、政局不稳等各种严重问题。严峻的现实问题迫使人们反思传统的自由放任经济思想,权衡反对政府干预经济的得失,并开始寻找解决的路径。

政府对经济的规制制度发轫于美国。美国联邦和州政府早期无干预经济的权力,19世纪六七十年代在美国中西部地区爆发了一场农民反对当时垄断经营、收取高额的谷物运价的铁路公司掠夺农民收成的格兰其运动(Granger Movement,农业保护社运动)。伊利诺伊州成功地通过了标志着公共事业规制开端的格兰其法案,即制定了对铁路的货运和客运收费进行规制的法律。1877年,以穆恩诉伊利诺伊州案(Munn v. Illinois)为标志,美国联邦最高法院认为,伊利诺伊州及其规制机构在该州管辖权范围之内享有规制谷物存储设施的权力,这意味着,美国各州规制私人企业的法律具有合宪性这一原则的正式确立。之后,美国联邦政府制定了一系列产业规制法律,并成立了相关的独立规制机构。由于自由主义经济中的市场自动调节作用的局限性,经济的稳定和发展需要国家公权力的介入,对经济发挥人为的、政策性的作用,以便有目的地进行补充、修改或变更经济活动的动向。一些经济学家开始质疑传统的自由放任经济思想,主张要通过某种公共权力介入经济社会生活,特别是对经济进行某种干预、调节。西方主要市场经济国家也逐步改变自由放任传统,加强对市场的规制。之后,西方国家的规制制度经历了加强规制、放松规制、再规制的不断反复过程。2008年,世界范围内的金融危机的出现,使得对产业规制的探讨再次成为热门话题。

---

① 施蒂格勒 G J. 产业组织和政府管制[M]. 潘振民,译. 上海:上海三联书店,1996.

产业规制需要依法设立规制机构,依照法律规定,在自己的职权范围内,按照法定的程序,对产业主体和市场运行进行监督和管理。产业正常有序发展的环境遭到破坏,市场资源配置功能不能完全正常发挥效用,这时需要成立规制机构来修复市场竞争环境。一般意义上规制涉及的是对私人经济主体行为的一种限制,美国与其他国家不同之处是美国成立了有别于一般行政机构的独立规制机构来负责产业规制。这符合美国高度自由的竞争市场,也是在规制实践中不断发展的结果。与美国当时情况不同,在日本、英国等国家有大量国有企业,所以,其规制政策要面向整个产业的经营者,包括国有企业与非国有企业。中国受日本学者影响大,在早期的规制研究中探讨的多为政府与自然垄断产业之间的关系。从规制的历史来看,美国电信产业和广电产业同归美国联邦通信委员会规制。该独立规制机构成立于1934年,主要职责是规制无线电广播、电视、电信、卫星和电缆等业务。中国电信业和广电业的发展比西方国家要晚,政府从一开始就重视对这两个产业的规制。互联网产业出现在20世纪末,21世纪以来发展迅速,其一开始就被放在信息产业当中,产业规制相对比较宽松,但近年来对于互联网产业规制比以前要严格得多。

三、产业规制理论

(一) 不同学科产业规制理论

制度的产生有深刻的经济、政治和社会根源。规制源于市场失灵,同时又弥补市场的缺陷。产业规制主体主要是政府或法律授权的部门,论述产业规制理论实际上也就是政府规制理论。政府规制理论很多,经济学解释政府规制的主要理论包括:市场失灵理论、自然垄断理论、信息不对称理论、外部性理论和社会利益理论。政府规制理论是以市场失灵作为逻辑起点展开论述,其他的规制理论都离不开市场失灵理论,其他理论虽可以自成体系,但常常用来作为市场失灵理论的表现形式和原因。法学界相对于经济学和行政学界对政府规制的研究相对滞后。美国对行政法的研究最早起源于对行政独立管制机构的研究。美国《布鲁克斯法学辞典》对行政法下的定义是,"认为行政法是规范和控制独立管制机构的行为和权力的法律"。美国行政法学教科书的主要内容是行政授权、行为、程序、司法审查等。法学界对于政府规制的问题很少关注。直到20世纪七八十年代美国政府规制改革,才引起法学界对政府规制的研究,一些崭新的法学研究领域被开拓出来。[①] 随着中国垄断产业市场化改革,一些从事宪法学、行政法学和经济法学的研究学者开始重视政府规制的法学研究。

---

① 茅铭晨.政府管制理论研究综述[J].管理世界,2007(2):137-150.

规制学者对其研究目标并没有达成一致意见。规制的经济学分析倾向于遵从经济思维,明确划分规制和市场的界限。国家为市场经济的健康发展提供基本法律制度保障,只有在因自然垄断、信息不对称或外部性等出现市场失灵时,产业规制才会被提上日程。哈耶克将市场描述为一种"自发秩序",并通过法律规制的调整不断完善,但是特定的干预或命令也会打破市场秩序的平衡。规制者永远不可能完全了解市场是如何运作的,从而进行有效干预。政治学分析往往沿着经济分析的路径,对市场和规制进行明确区分。社会学分析则倾向于分析权力的多样性,从而否定了对市场和规制的明确区分,认为规制是塑造市场行为的核心要素,是市场的组成部分。西方法学出现了"后规制国理论",关键特征在于淡化国家和市场、公共与私人之间的区分。"后规制国理论"中三个核心假设是:规制本质上是工具;国家必然是规制治理的核心;国家法律是规制治理的核心。规制国的治理形式涉及对公共治理的一系列复杂变革,包括在某些政策领域将运营与规制分离、公共服务购买者与提供者分离、政府部门内运营与政策任务相分离以及执行机构的设立。"后规制国理论"包含法律自创性理论、治理性和回应性规制理论。此理论强调规范多样性、控制机制的多样性、控制者多样性和被控制者多样性。①

(二) 公共利益理论与公共选择理论

1. 公共利益理论

规制公共利益理论是基于市场失灵而产生的。垄断、外部性、不完全信息等的存在使市场失灵,为政府规制提供了理由。规制的目标是提高社会福利、纠正资源配置的无效率。规制公共利益理论强调,政府应基于公共利益的需要对市场失灵进行规制,促使市场有效运行。从历史发展角度分析,公共利益应当是规制理论发展的逻辑起点,也是人们对规制动机的传统认识。政府常常被认为是公共利益的代言人。因此,政府规制作为纠正市场失灵的手段,具有潜在合理性。规制公共利益理论本来是一个规范性的理论,即它阐明在什么情况下应该进行政府规制,但是公共利益理论分析推导出一个实证理论,该理论被称为实证理论的规范分析。规制公共利益理论首先说明了在市场失灵时应当进行规制,同时也表明,在市场失灵的时候,公众会有要求政府进行规制的需求,因为只有这样才能纠正市场的低绩效,提高公共福利,这样就推导出规制何时产生的实证理论。

2. 公共选择理论

公共选择理论基于这样一个假设,即公共领域的行为在实质上与市场中的行为没有分别,个体在两个语境中的行为都是为了理性地最大化其效用。布坎

---

① 斯科特. 规制、治理与法律:前沿问题研究[M]. 安永康,译. 北京:清华大学出版社,2018.

南的政府理论,就是公共选择理论根据"经济人"的分析模式来说明在市场经济条件下政府干预行为的局限性或政府失败问题。所谓政府失灵,是指个人对公共物品的有效需求在现代民主政治中得不到很好的匹配,公共部门在提供公共物品时趋向于浪费和滥用资源,政府的活动并不总像理论上所说的那样"有效"和"经济"。规制实际上体现了企业对规制的需求,是那些追求垄断利润的企业推动了政府实施规制,在规制中,政府逐渐被企业所控制,导致政府被"俘获",所以政府规制最终维护的不是公共利益,而是企业的高额利润。

纵观政府规制理论与实践,不难发现:加强规制与放松规制的趋势同样强烈且引人关注,正如市场不是万能的一样,政府规制也不是没有缺陷。在微观经济领域,政府与市场的演变关系表现为规制与放松规制。随着政府规制实践的不断推进,一些新的理论将产生,规制理论也会得到不断的发展和完善。

关于规制的理论较多,本书将选择两个具有代表性的理论来说明市场失灵和政府失灵。从规制理论上来讲,更多关注规制的原因,试图回答为什么要规制的问题。无论是公共利益理论还是公共选择理论,都是从市场出发立足于个人利益角度分析,没有从法律的公共利益立场解释如何进行规制。"当下盛行的各种公共利益概念之所以被视为苍白无力,是因为它们几乎仅仅反映了经济的考量,并由此缺乏足够的对重要的民主期望的考量"。[①] 这句话严重地质疑了那些在用公共利益观点回答规制时完全或主要参考经济学观点的主张的有效性。公共选择理论的基础是相信私人选择的行为会最终为总体福利服务。公共选择理论是对那些强调、拥护、追求与行使私权利益的决策进行分析并试图将其合法化的一种理论进路。公共利益和公共选择两种理论在侧重点或要旨上存在重要差异,前者指的是寻找直接确定并体现集体利益的诸多不同进路中的一种或几种,后者则完全建立在追求私人利益的结果之上,并且有学者称这种结果最终会反映为总体福利的利益最优。[②] 笔者认为,我国的政府规制理论应强调公共利益保护,不应沉迷于西方规制理论中的私人利益和数字比例计算,以保证政治民主和经济民主的实现。

[①②] 费恩塔克.规制中的公共利益[M].戴昕,译.北京:中国人民大学出版社,2014.

第二节 三网融合产业法律规制的必要性

一、网络型产业内在属性的客观需求

产业规制制度出现于19世纪中后期,其在不同时期的规制形态和强弱有所不同。电信产业和广播电视产业较早出现在规制领域,两个产业的规制是不断完善和发展的。产业规制是对三网融合产业发展客观需要的回应。电信网、互联网和广电网具有共同的产业特征,即规模效应、公共性和外部性。我国互联网主要依赖电信网络传输,在三网融合进程中,当然也可能通过广电网传输,形成互联网通过电信网和广电网传输的"人"形结构,但总体来讲,互联网与电信网可以归入一个网络,电信网、互联网和广电网三网的共同特征实质上是电信网和广电网的共同特征。

(一) 自然垄断性

自然垄断是指由于市场的自然条件而产生的垄断,如果允许这些产业(或部门)进行竞争,则可能导致社会资源的浪费或市场秩序的混乱。政府对自然垄断产业进行规制,一方面出于交易成本和效率的考虑,以许可方式允许某些企业垄断经营并限制其他经营者的市场进入,另一方面要对取得垄断经营的企业提供的产品和服务的价格和质量进行规制。这些产业和产品是否属于自然垄断,不是一成不变的;对同一企业内部某项业务是否具有自然垄断性,更要慎重区别对待。

我国电信业和广电业同属于网络型公用基础产业,具有公用型和网络型两大特征。公用型网络企业,主要包括交通运输、电力、邮政、电信、供水和供气等。公用型产业在国民经济中发挥重要作用,是国家经济中的基础产业,与其他产业发展具有直接或间接的关联性,其发展会影响到其他产业的发展。网络型产业包括实体网络和虚拟网络两种类型,这里只讨论实体网络。实体网络是需要固体物理网络来传输其产品和服务的基础设施产业。电信网和广电网都需要建设各自的实体网络来传输信息。实体网络具有建设投资量大、网络设施专用性强、固定成本占总成本的比重较大、沉淀资本较高且不可转移等技术经济特征。一般市场经营主体不太愿意投资这种网络型基础产业。这种盈利周期长和资金量大的项目只得由公用性质的企业来投资和经营。网络型产业由于其网络规模受制于网络节点和方向,只有当网络节点增加,并和网络方向结合在一起,才能发挥网络功效,实现盈利的目标。由多个节点和连接构成的网

状系统,依赖节点、连接方式和连接线路等要素才能发挥功能。节点越多,连接线路越长,则网络的规模也越大,其规模效应才会显现出来。网络可以分为单向网络和双向网络。电信网络是点对点的双向传输,广电网是点对多的单向传递。互联网与完全实体网络和完全虚拟网络都不同,其在发展中形成了既依靠实体网络又超越实体网络的特定信息网络。

  网络型公用企业的任何一个地理区域的运营商传递信息都需要其他运营商全程配合,进而形成了全程全网。比如,一个电信企业完成一项语音传递任务,不可能独自完成,需要与其他电信企业网络互联互通。用户终端与电信区域网、远程网等网络之间互联互通。互联网络越多则规模效应越大。若从横向全程全网运营规模效率来看,电信网络由一个企业独家经营的效率最高,因为多个企业经营会发生企业间的互联问题。由一个企业统一经营网络并提供服务,这样就避免了企业间互联问题,网络连接只是企业内部经营行为,所以比任何多个主体经营效率都高。由多家企业分割经营会使任何一种连接都产生连接成本。从历史发展来看,各国在电信建设初期一般选择全程全网的模式,这也是网络的自然垄断特点最明显的时期。电信网络除了横向全程全网外,还存在一种"纵向技术关联"。电信运营商从纵向上划分为网络基础设施建设和运营。网络基础设施建设与网络服务运营之间的纵向技术关联度高,从而形成内部纵向一体化组织结构。一个运营商同时经营网络基础设施业务和运营服务业务,在企业内部因技术原因导致各部门之间有强烈的协作需求,从效率角度上讲更有效率,但这样不利于单纯从事运营业务的经营者。所以,一般来说,电信网络建设者同时也是服务提供者。"异质替代性"是指运营商采用不同的通信传播技术或技术组合可以完成统一的通信传播功能。随着数字技术和传输技术发展,新的通信方式可以替代老的通信方式,新的广播电视方式可以替代老的广播电视方式,通信方式与广播电视方式间也可以相互替代。比如,移动通信技术的发展使得移动电话代替固定电话得到广泛使用。广电网的规模效应同样决定其自然垄断性。广电网存在横向全程全网、纵向技术关联和替代性的特点。广电网横向全程连接是由于运营者多数会出现互联问题及成本,若由一个企业经营则效率最高,所以早期广播电视产业倾向于垄断经营或国有化。从纵向技术关联来看,一个广播电视运营者既经营网络又提供服务业务,这样与多个运营者共同经营相比,则会减少连接环节及费用,所以垄断经营在经济角度来看为最优。当然,广电网也存在"异质替代性",由于技术组合以及未来新技术的发展,会导致新的传播媒体出现,如 IPTV。总之,三网融合产业的自然垄断属性尚未完全改变。

(二) 外部性

  外部性是指一个人或一群人的行动和决策使另一个人或一群人受损或受

益的情况。三网融合产业运营者在经济活动中也会对他人产生一种有利或不利的影响,运营者与其行为产生的收益和损失无关。电信网络的外部性存在着正外部性和负外部性特点。正外部性是指消费者通过别人加入电信网络使其能与更多的人进行通讯所带来的效益增加。通俗地说就是,每个用户从使用某产品中得到的效用与用户的总数量有关。如果网络上只有一个用户,那么这个网络是没有价值的,因为电信传递信息的功能无法发挥,整个网络形同虚设。当现有某个网站每增加一个用户,那么连接的节点增加,通信范围就扩大,这样不仅不会影响到其他用户使用,反而还会提高整个网络的效用。网络中的人数增加与网络的价值成正比。网络规模扩大会带来消费者沟通便利和通话成本降低的好处。网络质量提高和消费者付费降低都是电信网络正外部性的体现。电信网络负外部性是指用户人数增加达到网络通道的承载量的极限时,若再增加用户则会使单个网络服务的质量下降。电信网络的承载能力是有限的,如果超过承载的临界点再增加用户,则会使通信通道堵塞,直接影响通话的质量。只有通过增加电信网络通道的承载能力,或者控制用户的增加来解决上述问题,否则通话的质量将会持续降低。中国的互联网依靠电信主干网络传递信息,其外部性与电信网相同。互联网承载范围内用户增加,会产生正外部性;一旦超过用户的承载能力,则会影响网速而产生负外部性。这也是消费者对互联网流量的速度慢诉病较多的原因。有线电视网络同样具有外部性。有线电视网络的规模扩大以及通过互联互通扩大范围、有线电视网络的用户增加、电视收费以及广告费用收入的增加,这样可能因网络的正外部效应,从而降低用户的缴费。如果有线电视用户少,达不到规模经济,用户支付的费用则会变多;另外,一旦用户超过有线网络的承载量,电视传输的质量就会有影响,这些都是负外部性的体现。

(三) 公共性

电信服务具有较强的公共性,电信产品是公众所需要的基本服务,因此普遍服务原则成为国际电信联盟(ITU)对各国电信服务的基本要求和推进方向。目前,我国电信普遍服务的重点是全面推进农村通信发展,有些地方还作为扶贫工作的一项内容。因为农村偏远地区的通信落后,影响当地经济发展,不利于保障基本人权和基层社会稳定。根据工信部以及国网数据显示:"2017 年末,电信业完成 3.2 万个行政村通光纤的电信普遍服务任务部署。全国农村宽带用户达到 9377 万户,全年净增用户 1923 万户,比上年增长 25.8%。"[1]在我国,广播电视长期以来都被视为"党和政府的喉舌""舆论宣传的重要阵地"等,因

---

[1] 工信部运行检测协调局. 我国通信业为国民经济和社会发展提供有力支持 2017 年通信业统计公报 [J]. 通信企业管理,2018(2):6-11.

此,广播电视产业具有政治敏锐性、垄断性、松散性和脆弱性等特征。敏感性主要是指长期以来广播电视作为舆论宣传的重要阵地,其政治属性被高度强化,管理者和工作人员十分注重事业单位的职能和社会效益,相对忽视了其产业功能和经济效益。文化产业改革和发展的推进,产业化并没有改变广电业的公共性。互联网的人文特征,也叫做社会特征,是指互联网由于和人存在某种关系而产生一种类似社会的特征,尤其是在Web2.0时代,互联网中心趋势日益明显,每个人都以不同的身份平等地出现在互联网上,使得互联网产业的社会属性更加明显。人们是能主动进入这样的环境之中的,例如,每一个博客用户背后都有一个现实存在的个体,在个体基础上可以进一步形成社区,这样就具备了人类社会的某些特征。互联网行业面对的不再是面容模糊的"大众",而是一个又一个将网络作为一种生意工具的商业组织,比如,"携程网"自我定义为一家旅游公司,而不是网络公司。在自媒体时代,互联网的公共性越来越受到各国政府的关注,对互联网的规制各国的政策普遍有加强的趋势。

二、促进和规范三网产业融合

(一) 三网融合利益冲突影响政策推进

中国已经完全具备三网融合的技术条件、网络基础和市场空间。三网融合是生产力和经济性高度统一的产业融合,在中国得到了产业界、政府、学术界和消费者各方的肯定和支持,但在融合进程中存在部门利益妨碍融合政策的制定和执行的现象,从而尚未到达预期效果。三网融合进展缓慢已经让我国在经济和社会方面付出了沉重的代价。比如,三网领域的信息费用过高,从而提高了个人消费成本和企业的生产成本。2010年1月13日,国务院常务会议决定加快推进三网融合,这个决定激发了人们对三网融合的热情和期待。我国的三网融合不同于其他国家,极具自己的特色,更依赖于政府出台政策来引导两大产业融合。三网融合松动了广电与电信业相互隔离的外部关系,但双方各自独立的内在特性依然存在。所以,制定三网融合政策要从实际出发,充分考虑到广电和电信的产业属性差异。广电产业具有鲜明的二元价值目标,即经济价值和文化价值,这与电信产业有明显差异。这样要求对经营广电业务和经营电信业务需要分别规定不同的政策。

统一的规制机构和允许相互进入政策是三网融合顺利推进的关键因素。从国外三网融合的经验来看,制度和体制是推进三网融合的必要条件和基本保障。三网融合的主要规制部门是工信部与广电总局,在他们分别主管的电信领域和广电领域中,多年来有一个相互"彼此禁入"的"玻璃门"。三网融合提出"双向进入"概念,是因为若双方从各自产业立场出发来理解则很难找到统一的话语。2010年4月2日,国务院下发《推进三网融合的总体方案》,这个从一稿

"26处异议的各说各话"到二稿"意见简单相加",再到三稿"最后一个分歧"的试点方案,工信部与广电总局看似进入统一话语平台,实际并非如此。经过国务院办公厅协调,凝聚了广电总局和工信部无数"智慧"而制定的三网融合试点方案终于获得通过,业内为这一方案等待了12年之久。两大部委五度被打回的方案文本,淋漓尽致地显出三网融合因规制机构分立而难以达成一致的境况。更让人们遗憾的是,最终达成的结果并非人们一般理解和期待的结果,实际上三网融合只是部分领域的融合。在双方进入领域方面,广电总局独占电信运营商梦寐以求的互联网电视(IPTV)集成播控平台的独家建设和管理权,广电企业拿到了通过有线电视网开展完整的互联网接入、数据传递和IP电话等传统电话业务。从电信业来讲,符合条件的国有电信企业可以从事除时政类节目之外的广播电视节目生产制作、互联网视听节目信号传输、转播时政类新闻视听节目服务以及除广播电台、电视台形态以外的互联网音视频节目服务和IPTV传输服务手机电视分发业务。工信部则在关键业务上保住了电信运营商独享的电话号码分配权。三网融合的新业务IPTV、IPVOL、移动手机电视等没有实现真正的融合。比如,IPTV集成播控平台的独家建设和管理权仍属于广电企业,电信企业只有具体的传输业务,很难说此业务已经融合,甚至给以前市场自发融合的IPTV业务带来经营上的一些障碍。广电业要进入电信经营就会遇到网间费用结算这个难以解决的问题。

中国三网融合产业采取分业规制的体制问题一直没有改变,因而政府规制部门在执行融合方案时很容易形成"点头不算摇头算"的尴尬局面,怎样协调两个不同属性的产业规制机构的尽职目标和利益诉求,需要发挥较高的政府决策和执行能力。三网融合是国家发展战略性信息产业和文化产业的重大举措,任何部门都不应该纠缠眼前的局部利益。目前,电信业主要由工信部规制,广电业务主要由新闻出版广电部门规制,这种"分业规制"的模式,可能导致拥有法律规制权的政府部门更多关注其管辖范围和部门利益所在,而不是从全局和功能上行使规制权力。三网融合新业务如IPTV、IPVOL、移动手机电视等的规制的问题一直没有得到很好解决。

自2015年三网融合进入了全面推广阶段以来,三网融合和媒介融合不断得到高度重视,但部门间"空对空"的博弈局面没有彻底改变。电信专家、中国信息经济研究会理事长杨培芳教授认为,"三网融合中,有关部门不能因利益障目,致使重大机会流失,因小失大"。融合的真谛就是优势互补、共建共享,而不是各自去铺一套光缆、放一组卫星、建互联网网站,甚至各自搞一套光纤入户。

(二)国外三网融合规制的经验借鉴

在世界范围内,三网融合已经取得了很大进展,西方发达国家已经基本完成。美国是世界上最早推行三网融合的国家。1996年美国颁布的《电信法》从法律上解除了对三网融合的禁令,促成电信和广电行业相互进入。英国在发布《竞争与选择:20世纪90年代的电信政策》的白皮书之后,全面开放了国内长途和本地电信业务。英国和美国是采取由单向准入逐步过渡到双向准入模式的典型国家。随着经济和技术发展,加拿大、新加坡、日本、德国和印度等国实行直接允许电信和广电行业互相进入的融合政策。比如,1999年,加拿大《新媒体豁免令》规定利用因特网传播广播电视可以免予申请许可证;2002年,日本《电信业务广播法》允许利用电信宽带网络承载电视节目。2001年,欧盟"规制框架建构规制程序",该规制程序将所有的信息通信网络纳入调整的范围,不再区分电信网络和广电网络,统称信息通信网络,这样为三网融合提供了统一的规制政策。根据欧盟的法律指令,德国、法国、西班牙等国修改了本国的法律,在原有开放电信市场给广电企业的基础上,同意双向视频服务业务向电信公司开放,这就真正实现了双向对等进入对方市场竞争。欧盟大多国家设立分立的三网融合产业规制机构,但2001年英国重组现行通信和广播两个分立的规制机构,成立了统一的规制机构通信规制局(FCOM)。澳大利亚作为英联邦国家,随后与美英一样也成立了统一的规制机构——通信、信息技术和艺术部,其规制范围除电信、广播电视之外,还包括信息技术、信息与通信工业的发展、电子政务、艺术等。[①]

综观国外三网融合发展过程,可以得到以下的经验:

(1) 各国适时立法。

在三网融合前,电信业和广电业普遍所采取的分业规制的法律制度阻碍了融合的进程。为了推动三网融合开展,各国通过立法的形式确立了不同产业之间的市场可以相互进入,以此促进混业经营的发展。美国为了三网融合的需要,修改《电信法》中的分业经营条款,允许电信和广电混业经营。2003年,英国《通信法》明确规定准许传统广电和电信双向进入,并依据该法成立了统一的规制机构英国通信管理局。无论是美国还是英国,在制定法律时都充分注意到了电信和广电业务的共性和特殊性,并不是无差异的在推动三网融合,而是根据各国国情制定相关的产业规制法律。因此,三网融合顺利推进的前提是必须要立法先行。依靠模糊不清的政策或强硬的行政手段,不可能保障三网融合一定会顺利推进。只有在制定符合三网融合客观实际的法律基础上,建立适当的规制机构,统一广电业和电信业的规制理念,才能达到三网融合的预期目标。否则,各种政策措施效应就会减损,导致社会资源浪费,最终使三网融合的进程举步维艰。

---

① 鲁明月.三网融合的经济学分析[J].新闻知识,2008(7):73-74.

(2) 设立各种形式的融合性产业规制机构。

各国根据各自国情在原有的产业规制机构的基础上建立融合型的规制机构。一是将所有的机构集中到一起,建立统一的规制机构。譬如,英国依据新《通信法》将原有的电信管理局、无线电通信管理局、独立电视委员会、无线电管理局和播放标准委员会5个机构合并为一个融合性的规制机构——英国通信管理局,来负责规制通信传媒产业。二是设立两个融合规制机构分别规制网络产业和内容产业,比如,德国就采取这种模式。三是在一个机构下面设立相对独立规制机构,比如,日本制定了《广电经营电信业务法》《促进开发通信广电融合技术法》,规定总务省作为通信与广电的统一规制机构,下设信息通信政策局和综合通信基础局分业规制。

(3) 规制改革的重要目标是建立有效竞争机制。

各国三网融合法律规制的目的主要是对自然垄断企业进行市场化改革,打破垄断,促进产业有序竞争,提高服务质量,保护消费者的利益。

(4) 协调反垄断法、规制法及反垄断执法主体与规制主体之间的关系。

美国对于电信产业采取反托拉斯法与行业规制法并用的做法,并倾向于主要依靠产业规制法对电信企业垄断行为进行规制,反托拉斯法只有在电信企业的垄断行为未被反垄断法规定为豁免情形时才得以适用,并在相关立法中明确了两个法律之间的适用关系,明确了反托拉斯局与产业规制机构之间在规制公用企业垄断时各自的分工与合作方式。在权力分工方面,反垄断执法机构主要负责电信企业垄断行为的调查、受理与审理工作,并有权对违反法律规定的电信企业进行行政制裁,追究其一定的民事责任。电信产业规制机构则享有特许审批权、企业资金分配监控权、产品与服务质量监控权以及企业违法行为惩处权等权力。

(三) 中国三网融合应在法律轨道上运行

三网融合不能单靠市场力量自发完成,它离不开政府的规制和支持。三网融合过程中涉及众多主体,且利益相关者诉求不一,整个融合过程也不是一蹴而就,这些都需要法律的规范和保障。

经济法和宪法同样起调整政府与市场关系的作用,两者具有经济性和规范性的特征。"'经济宪法'[1]为经济法的发展提供了重要的宪法基础,发展经济法既是宪法规范的要求,又是实施宪法的需要。"[2]这些经济性的宪法规范涉及经济体制、所有制、分配制度等多种基本的经济制度,构成了各国的"经济宪法",

---

[1] "经济宪法"是经济法的重要基础,德国著名经济法学家伯姆(Bohm)等较早地关注了"经济宪法",并同欧肯等共同推进了"经济宪法"的研究;布坎南在其开创的宪政经济学研究中,也涉及大量经济法制度的问题,因此,研究经济法的发展问题,应当注意上述相关制度和理论之间的紧密关联。

[2] 张守文.论经济法与宪法的协调发展[J].现代法学,2013(4):3-9.

奠定了经济法发展的重要宪法基础。产业规制法属于经济法中的市场规制法，产业规制立法、执法和司法同样需要坚实的宪法基础。当代各国重视产业规制法，规制国家的出现以及推进实质意义的产业规制法的制定和实施，绝对不是立法机关的经济规制偏好，而恰恰是基于产业规制在维护市场有效竞争和促进经济与社会发展方面举足轻重的地位，恰恰是为了更好地体现宪法规范中市场规制权规范的要求。宪法是经济法的基础主要表现在两个方面：一是体现在宪法条文的具体规定；二是体现在宪法的原则和精神上。依据法律位阶理论，宪法具有根本法、基本法的位阶，是其他法律的基础，产业规制法的发展应符合宪法的要求。

从宪法条文的要求来看，各国宪法涉及经济的条文多数都有市场规制权的有关规定，这些规范成为产业规制法的宪法依据。有些国家的宪法文本没有明文规定市场规制权，但从宪法规定的原则和精神中可以体现出来或者通过宪法法院的判决确定下来，如1803年美国的马伯里诉麦迪逊案。美国尽管在一般法律意义上享有"国家干预权"，但法院对待"宏观调控权"与"市场规制权"的司法审查的态度迥异。国家从未在宪法意义上获得"宏观调控权"这种权力。虽然从宪法上讲总统是国家的一个至关重要的权力机关，但是罗斯福"新政"的一系列法律措施都受到了违宪审查。"1935年5月27日，美国最高法院裁决《工业复兴法》违宪可见，国家不但没有这种宪法性权力，而且一般法律意义上的'国家干预权'也必须受到严格的违宪审查。"[①]与宏观调控权不同，市场规制权受到司法审查的阻碍要少得多。在新政期间，美国成立的专业的独立规制机构并不存在宪法的障碍。规制法律也不再仅仅涉及公用垄断行业以及网络型基础设施等领域，而是逐渐成为了经济法律的一般模式。[②] 从宪法角度来看，规制法律也已经不能再被视为行政体系外的异类，而应被认为是权力制衡的独立表现形式，是现代行政国家不可或缺的组织模式。不论是从三权分立以及立法上的代议制等国家组织法的角度来看，还是从基本权利的角度而言，均无法质疑规制机构的发展。最终规制成为了行政的同义词。[③] 国家行使干预市场经济权应在法律限度内，以充分保护和尊重市场主体权利为目标，不得侵犯市场主体的正当权利，否则需要承担一定的法律后果。

我国《宪法》对国家干预经济权力的规范也经历了从无到有和逐步发展的

---

① Panama Refining Co. v. Ryan, 293 U. S. 388(1935)一案宣布《国家工业复兴法案》中的总统授权条款违宪；Schechter Poultry Corp. v. United States, 295 U. S. 495(1935)一案中《国家工业复兴法案》被宣布根本违宪；

② 李升. 美国独立监管制度的演进：兼论德国监管行政法对其的继受与分野[C]//经济法论丛. 武汉：武汉大学出版社，2011：309-310.

③ HALL K L. The Oxford Companion to American Law[M]. New York：Oxford University Press，2002.

过程。20世纪80年代初,中国还处于社会主义经济改革的起步阶段,当时改革的重点是农村改革,启动大规模城市改革是在1984年以后,为破除计划经济的束缚,解决市场产品短缺问题,1982年《宪法》对国家干预市场经济权没有提及。1992年中共十四大正式确立了社会主义市场经济建设目标。中国从计划经济体制向市场经济体制转变,政府对于市场宏观调控和微观规制的任务更加艰巨,市场可能存在计划体制惯性和市场失灵问题并存的现象。当时学术界和实务界对于国家加强对市场经济的干预的意见比较一致。经济法、宪法、行政法学界对于国家对市场经济的干预权非常关注。在1993年有关国家干预市场经济权的宪法规范首次出现。[①] 我国《宪法》第15条规定了国家对市场经济的宏观调控权,对于微观市场规制没有涉及,只是笼统的规定经济秩序的维护,这里经济秩序当然包含宏观经济秩序和微观经济秩序。"社会主义市场经济"入宪不能说是借鉴资本主义市场经济,而是完全接纳了20世纪著名的西方经济学家阿尔勒德·韦伯的"社会主义市场经济"观点,即"只有社会主义能够拯救德国,而这种社会主义必须建立在市场经济基础之上。"[②]1999年,第三次《宪法修正案》确立了坚持按劳分配为主体、多种分配方式并存的分配制度。[③] 2004年,《宪法修正案》涉及国家规制权的主要是个体经济、私营经济等非公有制经济发展、社会保障制度等。[④] 宪法原则和条文为三网融合产业规制提供了宪法基础。宪法是产业规制法律的最根本依据。由于宪法的条文比较笼统,难以在实际的规制案件中直接适用,所以作为下位法的产业规制法在制定和实施过程中,要严格遵守宪法规定,不得违反宪法。

目前我国政府主要是依靠政策来推动三网融合,相关产业市场准入和产业竞争规制法律缺少,这样会出现规制机构在执法过程中缺乏法律依据的问题。从各国三网融合的经验来看,制定或修改相关的法律法规来保障三网融合的顺利开展,是取得成功的重要因素之一。在国外的三网融合进程中,产业规制受法律约束和支持产业跨界经营和竞争,解决各种利益的冲突,平衡市场主体之间的权利和义务,保障社会整体利益。单从网络角度看,我国电信网、互联网和广电网融合统属于信息产业,其融合目的是为了促进信息产业发展和满足用户服务的需求。一个产业要想健康和可持续发展,其产业法

[①] 1999年《宪法修正案》第7条规定.国家实行社会主义市场经济。国家加强经济立法,完善宏观调控。国家依法禁止任何组织或者个人扰乱社会经济秩序。

[②] 沈越.德国社会市场经济评析[M].北京:中国劳动社会保障出版社,2002.

[③] 1999年《宪法修正案》第14条规定,国家在社会主义初级阶段,坚持按劳分配为主体、多种分配方式并存的分配制度。

[④] 2004年《宪法修正案》第21条规定,国家保护个体经济、私营经济等非公有制经济的合法的权利和利益。国家鼓励、支持和引导非公有制经济的发展,并对非公有制经济依法实行监督和管理。第23条规定,国家建立健全同经济发展水平相适应的社会保障制度。

律的约束和保障是必不可少的。从内容角度来看,我国三网融合涉及的方面更加复杂,尤其是意识形态问题,需要尽快制定规制媒介融合和互联网发展的法律。事实上,任何事情只要涉及利益就会有矛盾、冲突,关键在于如何通过法律途径化解矛盾、冲突。为了进一步加快融合进程,迫切需要制定三网融合产业法律来规范和促进融合后的产业发展,维护市场的秩序。这些法律将在产业融合过程中起到两方面的作用:一是规范作用,因为三网融合涉及的面广和主体多,法律要规制三网融合的各方参与人的权利和义务,保证其行为必须合法合规;二是促进作用,因为三网融合的目的之一是促进市场有效竞争,在融合的市场上,参与者的市场地位不同,除了依靠市场自由竞争,还要采取"非对称进入"等措施来促进竞争的开展。在重视融合业务的立法基础上,政府更要重视相关法律的实施,法律的目的要在实际的执行中得到体现。政府及其部门在规制三网融合的过程中,必须取得法律的授权,并在法律授权范围内,按照合法程序履行自己法律规制的职责。

三、通讯传媒产业仍需产业法律规制

中国台湾地区把三网融合完成后的产业统称为通讯传媒产业。这个名称很好地反映了通讯和传媒两个产业的特点,为了表述方便,本书在论述中将会使用这一概念。

(一)通讯传媒产业网络特征依存

通讯传媒产业并未改变原来产业的网络属性,网络型产业所具有的特征仍然存在,所以不能取消原有的产业法律规制,只是规制的领域重点和方式与以前有所不同。通信传媒产业是电信和广电两种业务模式的融合和发展,尽管来源于不同的服务提供商并且所基于的技术平台也不尽相同,但提供的服务内容几乎是一致的。由于消费者的消费习惯、现有相关产业的设备以及网络的原因,已完成三网融合的国家的传统业务仍然保留,形成新业务和传统业务并存的局面。技术的发展、市场的变化为规制带来了新的挑战,原有的广电和电信规制政策必须进行相应的调整。过去由于两个产业在业务上不存在交叉,因此无需建立统一的规制体制。然而,随着技术趋同的发展,这种情况发生了改变。一方面,技术发展促使电信企业提供IPTV等类型的内容传播业务,另一方面,广电企业将业务扩展到宽带互联网和语音通信方面。这种发展趋势要求将现有分立的规制方式进行融合,进而构建更为协调有效的规制体制。规制可分为经济规制和社会规制,原有的规制在电信和广电产业中的侧重点不同。经济规制可以通过市场进入规制(核发许可执照、指定发射功率和覆盖率、控制企业在一定地域或产业各个环节的进入)、所有权规制(包括对单一媒体所有权的控制、媒体交叉所有权的份额控制和对国外资本投资的比例)、价格与费率规制(对产品/服务价格等的规制)来实现。社会规制主要通过事前限制(通过审查制度对信息产品加以筛查)、事后惩罚(政府不直接限制信息内容,但若有内容违反有关法规和政令,则对信息传输机构进行相应的追惩)和强制发布(政府强制发布某些特定的信息内容)来实现对信息内容与广告进行监控。电信领域传统的规制重点是对网络等基础设施进行经济性规制;广电规制则集中于对广播内容的规制,注重规制的社会、文化职能。在西方国家,广播电视规制集中在思想多元化、本地意识、消费者保护、青少年保护以及个人隐私保护等方面。我国的广电规制更重视意识形态、内容安全等方面。互联网业快速发展,加速了三网融合的进程,通讯传媒产业的规制在客观现实上需要建立一个统一的规制体系。

(二) 中国通讯传媒产业的特殊性

中国通讯传媒产业与西方发达国家不同,它既是信息产业,又是文化产业。三网融合可以提升一个国家的竞争力。国家竞争力是一个国家利用国内外市场和资源创造财富,使经济永续发展、国民生活质量持续提高的能力。我国的三网融合是国家信息化战略的重要组成部分。三网融合已经成为信息服务业市场拓展的重要方向。我国整体上正处于由工业化社会向信息化社会过渡的加速转型期。从微观角度来看,三网融合是老百姓全面进入信息时代的保证;从宏观角度来看,三网融合将是推动我国国民经济发展和传统产业升级的重要动力。三网融合的实施将推进国内信息化基础设施实现一次根本性的升级换代,同时推动我国国民经济发展和传统产业升级。另外,实施三网融合既可以有效地满足消费者日益多元化的需求,提高居民对于信息的消费水平,推动经济发展,又可以有效地降低用户的消费成本,实现资源有效配置,更是技术进步的助推器。随着下一代信息技术的兴起,实施三网融合对提高国家竞争力有着不可估量的作用。

传媒产业在我国承担着重要的宣传和教育功能,我国一直重视意识形态工作。近年来,我国加强广播电视和互联网的信息安全管理。互联网发展使电信和广电业的终端功能趋同发展,广播视频信息可以通过各种网络向外传播,及时性音像视频控制的难度更大。随着大数据技术不断优化,并在互联网企业及新闻生产中广泛使用,这样不仅没有解决好原有的音频播放和传递问题,而且增加了大数据带来的隐私和安全问题。互联网的开放和自由促使它快速发展,网络安全又要求必须加强规制,这样就出现一个"悖论"。如何在自由与限制中平衡,是规制机构急需解决的一个问题。健康的网络空间有利于三网融合产业的发展,目前各国重视维护网络空间的秩序,制定一些法律和强化规制机构来治理互联网的发展中问题。我国政府一直重视网络环境建设,要求必须正面宣传网络安全,旗帜鲜明坚持正确社会主义政治方向、舆论导向、价值取向,重视社会主义核心价值观教育。互联网不能成为传播有害信息、造谣生事的平台。对于信息安全管理问题,政府规制部门要加强舆论监督和管理,强化互联网企业承担主体责任,发挥互联网行业协会作用,调动专家和网民参与积极性,形成一个强大的治理合力。总之,我国对于内容规制越来越重视,除加强对广电业传统业务规制外,还逐渐加强了互联网业的规制力度。

第三节 三网融合产业法律规制面临的挑战

近年来,我国三网融合产业规制制度在不断建立和完善。相比较而言,电信产业规制建立较早,内容也比较完善;广电产业规制建立相对晚一些且更多依赖于政策;互联网规制制度总体上尚在探索之中。目前,中国电信网已实现政企分离,市场化程度较高,产业法律规制体系已经基本建立。有线电视网与电视台之间台网分离改革尚在进行中,政企分离还没有完全实现,广电业规制法律体系尚在完善的过程中。互联网的产业规制目前是世界各国的一个难题,我国虽然制定了若干管理办法,许多规制政策还在摸索中,但政府对于互联网法律规制越来越重视。自三网融合全面推进以来,相关企业在市场规模、市场结构、增长速度等方面取得成效显著,这些给产业规制法律和政策带来了更大的压力和挑战。

一、法律公共产品缺乏

三网融合产业规制高位阶法律的缺位问题严重,相关配套法规体系也不完善,导致产业规制法律依据不足。《电信法》被列入 2006 年全国人大立法计划,但因种种原因至今没有出台。全国人大对于广播电视产业和互联网产业立法尚未列入立法日程。现有的《电信条例》和《广播电视条例》虽然是国务院颁布的行政法规,但因其首先由产业规制部门起草,再提交国务院审议和通过,所以条例内容中明显有反映产业规制部门利益的痕迹。互联网的规制目前主要依赖于政策和部门规章。三网融合产业规制主要依赖于众多通知、暂行与试行之类的部门规章组成。这些部门规章由拥有三网融合产业规制权的部门根据自己的规制范围和权限制定,大多局限于部门利益和传统认识,不能全面地反映产业融合发展的客观实际的需要。这些规章具有明显的产业部门系统内部保护特色,缺乏公信力。相关部门制定法律时相互协调不足,法律出台后发生冲突,甚至有的法规虽然出台,但并没有实施。三网融合新业务层出不穷,及时制定和完善相关法律,废除阻碍三网融合的现行法规,成为立法部门的迫切任务。

在制定《电信条例》和《广播电视条例》时，电信产业和广播电视产业处于发展水平较低的阶段，当时法律关系主体、客体和内容都发生了很大的变化。例如，《广播电视条例》中政府规制的客体是传统广播电视媒介，而新兴的手机电视、IPTV等互联网广播媒介在条例中并没有体现。所以，要加快对现有条例的修改或者制定更高位次的法律，从而将新兴的互联网广播媒介纳入其规制范围。《电信条例》也存在这样的问题，当时法律规制的重点是固定电话网络，没有涉及移动电话网络，而现在移动电话已成主流、固定电话日益萎缩，甚至在宽带领域以固话业务为主的中国电信的优势也已丧失。如果按照《电信条例》的规定来规制移动通信和宽带业务一定会产生不适宜的效果。对于三网融合的业务，依据上述两个条例来规制同样难以取得好的成果。现有的三网融合规制法律的公共产品出现严重不足的问题。随着我国三网融合的不断深入，规制法律的困境还将日益突出，这一问题要尽快解决。中国除了要尽快制定《电信法》和《广播电视法》等法律外，还要制定相应的规制的程序法律。

二、规制权力配置不合理

规制权力配置涉及横向的规制机构权力分配和纵向的中央与地方行政分层权力分配。在传统产业分立的情况下，三网融合产业规制由不同的规制机构负责实施，在内容和方式方面有不同的特点。在多重规制框架下，规制权力分散且执行乏力。电信业和互联网业规制权力主要属于工信部，工信部负责市场准入、互联互通、频率资源的规划分发，以及电信服务质量的规制。工信部不能独自规制电信的价格，国家发改委拥有电信价格规制权，现实中还发生工商部门对电信"按分计费"收费方式进行规制而引发规制权之争的案例。有线电视网同时接受中宣部、新闻出版广电总局、信息产业部等党政机构的规制。至于互联网规制的机构，除工信部外，还有新闻出版广电总局、国务院新闻办、文化部等机构。在三网产业分立发展时，各个网络传送业务类型和范围有明显界限，规制部门根据职权在各自的产业内行使规制权一般不会发生冲突。随着新兴融合业务的发展，传统的产业界限已经不明显。以IPTV业务为例，其包含了信息传输和内容制播两个业务，而按照传统的规制职权划分，网络信息传输业务规制权归于工信部，内容制播规制权归于新闻出版广电总局，也就是说，IPTV业务的规制由两个规制部门来行使，这就引出了规制的新问题，即两个机构如何协调规制权？

规制者的多重角色有时会发生冲突。三网融合现有规制机构同时具有产业规制机构和产业主管部门的双重身份，有的还具有国有资产管理者的身份。这样的制度安排使得规制者在国有垄断企业和消费者之间很难保持公平、中立的立场。另外，规制权在中央与地方的分权问题上也需要梳理。以广电业为例,有线电视网归属存在国家、省(自治区、直辖市)、地(市)、县四级政府所有的情形,这要求在法律层面对此进行确定。2014年,由财政部出资成立中国广播电视网络有限公司,由广电总局负责组建和代管,注册资本45亿元。中国广播电视网络有限公司代表着中国广电产业发展,成为继中国电信、中国联通、中国移动之后的第四大运营商。但在此后的发展过程中,中国广播电视网络有限公司对于全国的有线电视网的整合不尽如人意。总之,融合的业务对于目前的规制体制提出新的要求,需要对规制权力配置进行重组和整合。

三、规制法律理念存在局限

产业规制是一种运用法律对相关产业市场进行有效管理和维护的手段。产业规制的法律理念,是指产业规制的立法精神、思想(包括目标和原则),也是规制者开展规制工作的目的、要求和行动指南。我国产业规制法脱胎于计划经济时期的行业行政管理制度。电信产业规制法律是以产业管理为主。广电管理条例也不例外,它是由原广电总局起草的,有明显的反映产业利益的烙印。上述两个条例均突出反映部门利益,具体表现为:立法的主要目的是为了本产业的发展,维护本产业的利益,很少反映用户和消费者的利益,管理方式是以行政手段为主。部门立法的弊端一直被我国的舆论界所诟病。部门利益和集体利益在立法中得到体现,严重影响法律的权威性和可执行性,一些行业成为众矢之的。比如,在一个由某市检察院组织的涉嫌盗窃电信费用的论证会,案情为一个犯罪嫌疑人在网上购买几十万条拨号上网账号及密码,通过筛选找出一些可以上网的账号和密码,这些账号和密码的正常用户发现上网流量过大,于是报案,后经公安机关侦查破案。在论证过程中,对于是否构成盗窃罪有不同意见,但所有专家一致对于电信企业的上网计价收费有意见,并大都有过被电信公司恶意收费的经历。参加论证会的电信公司代理人解释其是按照法律规定收费的,而这些收费规定在消费者眼里是不合理的。

在三网融合试点过程中,电信和广电产业的规制部门都会利用自己的权力"依法"维护各自产业的利益,甚至规制部门下属的报纸也加入了争论当中,比如,当电信与广电之间就双方业务相互进入问题发生争执时,中央电视台与人民邮电报之间分别站在各自立场上,就电信宽带垄断问题公开发生争辩。执法过程中,规制部门如果没有正确理解法律理念,就可能发生执法缺位、错位,甚至不到位的现象。从公开的规制部门的年度总结报告中可普遍看到一个现象:当年所规制的产业发展规模和速度在报告占了重要的位置,似乎规制的目的只是为了产业的发展,其本职的规制工作反而不重要了,这多少有点"不务正业"。一些法学论文中常引用的一个案例:原信息产业部部长把当年的电信和移动上市作为部门工作的业绩,受到法学界普遍质疑,企业上市与部长规制职责缠绕一起,暗含了规制法律理念不清。

我国电信业和广电业立法、执法和司法的实际效果与消费者的期望还存在着一定的距离。现有的规制法律以产业为本位的思想比较严重,规制者对产业发展因素考虑过多导致规制发生错位。中国电信业和广电业规制一直以行政为主,规制理念存在局限性,与三网融合业务发展态势的客观需求难以吻合。在三网融合试点过程中,规制理念不明确,在各种法律利益冲突时,不能从社会整体利益考虑,势必会阻碍试点工作的进行。为了克服现有的规制理念存在的问题,明确三网融合规制法律理念应以社会整体利益为本位。

四、对消费者的利益维护不足

三网融合的最终目的是满足消费者在通讯传媒方面的需要。消费者是否满意是衡量三网融合的实施路径和方法是否适当的重要标准。在三网融合过程中,消费者对融合业务未来发展对于哪一个融合参与方更为有利并不关心,他们最关心的在于真正对消费者有利的方面,即有利于增进人们的消费权益和生活福祉。据调查发现,消费者对于三网融合关注的焦点集中在消费选择权增加、消费价格、成本变得更加低廉等问题上。目前,针对三网融合讨论时,更多的是从在电信业与广电业的角度分析三网融合会给相关企业带来的现实利弊,以及对其今后发展的影响。他们对一些在位主导地位的大企业过度关注,对新进入企业和消费者保护问题很少涉及。目前三网融合相关产业中尚存在侵害消费者利益的行为,例如,2012年1月30日,黑龙江省哈尔滨市工商局召开2012惠民维权行动发布会,其中一项是查处电信不合理的以分为计费单位的收费方法。电信公司及其规制部门工信部下属的人民邮电报认为工商局越权执法,按照电信条例规定,电信业由通信管理局来规制,工商局无权"叫停"电信收费。工商部门坚持执法的依据是《消费者权益保护法》。消费者一边倒的支持工商部门的意见。从这个简单案例来看,消费者和规制市场竞争的政府部门工商局对于电信"以分计费"的方法非常不满。同样,司法实践中的案例也不能令消费者满意。2011年,中华全国律师协会行政法专业委员会副主任谢惠定代理了北京张女士以北京移动每次按分钟收费没有合法依据为由起诉北京移动的案件,该案结果是一审驳回了张女士的诉讼请求,二审维持了一审的判决。此案争议的焦点是作为公用事业的电信行业收费必须有法律依据或者合同依据。张女士面临的问题和全国所有的移动用户面临的问题是相同的,此案实际上是一个公益诉讼案件。总之,若要充分保护消费者的利益,还有很长的路要走。

五、社会组织的功能发挥不够

三网融合产业规制以政府规制为主,未能很好发挥社会组织在产业规制中的作用。行业协会在规制中可以承担辅助政府对市场规制的职责,并且是处在市场的一线规制。这类团体、机构的规制权来源于其成员的共同约定和普遍认可,实施规制也是其履行法定的自律义务的体现。因为政府规制受到体制、机制、编制等方面的限制,需要社会组织加以补充。尤其在内容规制方面,由于内容是否违法或违规很难把握,需要借助专业人员甄别;内容的海量以及传输速度快和传播面广,需要全社会力量参与规制活动。充分发挥行业协会在规制方面的专业性和有效性,这在内容规制方面尤为重要。广电规制部门对于影视作品的内容规制,常常出现两难的境况,如果政府不主动规制,观众和社会会提出批评,认为规制部门不作为或者执法不力;如果主动进行规制,也可能带来观众和社会的指责,认为规制权力滥用等。有时广电规制部门宣布的一些限制性的规定,在实际执行中效果不是很好。这些说明对于通讯传媒产业的规制,需要充分发挥社会组织的力量参与。中国三网融合产业社会组织发展还不充分,自我规制功能发挥存在着很大潜力。

第四节 三网融合法律规制现实回应

社会的不断变动和发展,需要法律的更多支持。法律的开放性与完整性之间的张力,构成了法律发展的一个主要问题。压制型法、自治型法和回应型法可以理解为对完整性和开放性的两难抉择的三种回答。回应型法力图缓和完整性和开放性的关系,"回应不是开放或适应的,以一种负责任的、因而是有区别、有选择的适应的能力"。[①] 法律把社会压力理解为认识的来源和自我矫正的机会。好的产业规制法应该提供的不仅仅是程序正义。它应该既有效又公平,应该有助于界定公众利益并致力于达到实体正义。三网融合产业规制法应对融合业务带来的挑战应做出及时回应。

一、树立正确的三网融合规制理念

(一) 法律规制理念

哲学意义上的"理念"一词源自古希腊文"eidos",原意是指见到的东西,即形象,属于感性的范畴。柏拉图提出理念中的感性色彩,认为理念是理解到的东西。"事物,可见不可知;理念,可知不可见。"[②] 它是独立于具体可感事物

[①] 诺内特,赛尔兹尼克.转变中的法律与社会:迈向回应型法[M].张志铭,译.北京:中国政法大学出版社,2004.

[②] 柏拉图.柏拉图全集[M].王晓朝,译.北京:人民出版社,2003.

之外的客观实在。亚里士多德认为客观的理念存在于具体事物之中并不分离。圣·托马斯·阿奎那发展了亚里士多德的理论,认为理念是在事物之前作为神心中创造世界的蓝图存在、作为事物的本质存在于事物之中、作为人心中的主观方面的思想。在康德哲学中,"理念指理性所产生的概念,是理性应当追求的东西,但是永远不能实现的理想,是不能达到彼岸世界的自在之物"。[①] 黑格尔将理念看作世界的本质,是理性构成世界的元素。在自然哲学中,理念为自然界的本质,自然界发展到人的出现,而人是具有精神活动的,理念再复归为精神,上升为自在自为的理念。黑格尔认为人类的法律、政治、宗教、艺术、哲学均为理念的表现。理念是一种先验的存在,是客观地、无人身的思想、理性或精神。理念经过"存在""本质""概念"三个阶段的发展而成为"绝对理念"。[②] 黑格尔虽然是从唯心主义角度来论述"理念",但他那种融普遍性和直接现实性于一体的"理念"包含着很多的合理成分。康德在《纯粹理性批判》一书的"泛论理念"一节中专门论述了"理念"对"制定宪法及法律"的作用。[③] 黑格尔将法与理念结合起来,首次提出了"法律理念"这一专门概念,并下了一个简短的定义:"法的理念,即法的概念及其现代化""法的理念是自由"。[④] 德国的新康德主义法学家鲁道夫·施塔姆勒将法律概念同法律理念作了区分,即法律理念乃是正义的实现。[⑤] 另一位新康德主义法学家拉德布鲁赫则指出:"法律是一个有意识服务于法律价值与法律理念的现实。因此,法律概念直接指向法律理念。""除了正义之外,法律理念不可能是其他理念。"[⑥]随后,英国的法学家丹尼斯·罗伊德作了更深入的研究,"告诉人们如何运用缜密的思想、分析法律的理念,达到至美至善之境"。虽然他没有对"法律理念"下过定义,但他明确指出:"法律理念过去曾对人类文明有过不可磨灭的贡献。"[⑦]

以上观点是从哲学意义上来讨论法律理念,认为法律理念是绝对的、永恒的存在。"无论把法的理念理解成正义、公平,还是自由,都表达了法律的根本价值指向,具有明显的自然法学的偏向。他们需要表达的是符合这些根本价值指向的法律才是法律,否则就不成为法律。于是,这些根本的价值指向就成了法律的理念或'共相'。在这种意义上来理解法律理念自然就会得出法律理念不可改变或转型的结论。"[⑧]中国法学界也有学者从哲学的角度论述法律理念。

[①] 康德.纯粹理性批判[M].邓晓芒,译.北京:人民出版社,2004.
[②] 黑格尔.小逻辑[M].何麟,译.北京:商务印书馆,1980.
[③] 康德.纯粹理性批判[M].北京:商务印书馆,1980.
[④] 黑格尔.法哲学原理[M].北京:商务印书馆,1961.
[⑤] 博登海默.法理学:法哲学及其方法[M].邓正来,姬敬武,译.北京:华夏出版社,1987.
[⑥] 拉德布鲁赫.法哲学[M].北京:法律出版社,2005.
[⑦] 罗伊德:法律的理念[M].张茂柏,译.北京:新星出版社,2006.
[⑧] 罗伊德:法律的理念[M].张茂柏,译.北京:新星出版社,2006.

例如,姚建宗认为:"法理念就是公正(公平与正义)。法之存在与运行、法之意义与价值,都导源于公正这一法理念;法之实然、法之应然、法之实然与应然的统一,即法的真、善、美的统一,都可以从法的理念即公正中找到最终的根源。"①台湾法学家史尚宽先生认为:"法律制定及运用之最高原理,谓之法律之理念。"②并进一步论述法律的概念是"法律为何者",法律理念是"法律应如何"。法律理念为根本原则,为一无内容无色透明的不变之原则,基于理念作成理想状态,具体的实现理念之状态为理想。由于"幸福""自由""博爱""平等"均带有感性色彩且动摇不定,均"不得为法律之理念",只有"正义"为法之真理念。③

在中国法学中,尤其是在部门法学中,存在一个与哲学意义上的理念相对立的具有相对性、主观性和可变性的一般意义上的理念。这种观念正是从法律现象等客观存在出发,并对这些客观法律现象进行反思而构建的一种"法律理念"。"法律理念是高于法律观念、法律表象和法律意识的理性认知形态,是对法律的本质及其发展规律的一种宏观的、整体性把握和建构。"④它不仅具有认知论功能,而且具有方法论功能,有助于人类认识隐藏在其所使用的法律工具背后的思想和精神,正确地运用周延的态度来审察法律问题,科学地指导立法、司法、执法和守法等各环节的工作。这样的法律理念很显然带有较强的主观性,并且会随着外在法律现象的变化而变化。也就是说,这样的"法律理念"不可能是绝对的、永恒的。这样理论的哲学基础是辩证唯物主义,即物质生活条件决定上层建筑和意识形态。在法学中具体表现为,法律现象决定法律理念,法律理念影响或反作用于法律现象。例如,李昌麒等人在论述经济法理念时指出,"所谓经济法理念,它是现代国家在依法适度干预经济的过程中,人们通过理性认识能力所能把握的这种国家干预经济的基本法律形式——经济法的内在精神和普遍范型。"⑤这一概念强调了"国家依法适度干预经济",突出了人的"理性认识能力",这样就把经济法理念推向了主观世界对客观世界的把握。经济法理念也会发生变化。其他部门法对其理念进行阐述时,基本也是利用上述思维模式。例如,宪法理念⑥。杨紫烜教授认为:"理念,是指人们关于追求的目标及其实现途径的基本观念。理念属于意识形态的范畴。它不仅包括关于人们追求的目标的基本观念,而且包括关于人们追求的目标的实现途径的基本观念。"⑦这就把理念从西方哲学意义上的概念拉回到了现实生活中。我国有些学

---

① 姚建宗.法哲学批评与批评的法哲学[J].吉林大学社会科学学报,1998(1):20-31.
② 史尚宽.法律之理念与经验主义法学之综合[M].台北:汉林出版社,1984.
③ 刘作翔.法律的理想与法律理论[M].西安:西北大学出版社,1995.
④ 李双元,蒋新苗,蒋茂凝.中国法律理念的现代化[J].法学研究,18(3):45-64.
⑤ 李昌麒.经济法理念研究[M].北京:法律出版社,2009.
⑥ 杜承铭.社会转型与中国宪法理念的重构[J].法学评论,2000(3):19.
⑦ 杨紫烜.国家协调论[M].北京:北京大学出版社,2009:338.

者在论述法律理念时,一般从哲学意义的理念入手,但这样到论述法律理念时常常滑向一般意义的含义,出现前后矛盾的情况。本书在论述法律理念时,在充分理解其哲学含义的基础上,采用一般意义的含义来分析三网融合产业规制的理念,这样既能奠定法律理念核心正义理论,又能符合中国的法学语境。

(二) 三网融合产业规制以实质正义为理念

产业规制法是经济法的重要组成部分。经济法产生的背景和原因与产业规制法律相同,且经济法首先在产业规制领域出现。经济法的产生并不是凭空想象的,而是由市场缺陷产生市场失灵,从而引发了干预需求,干预需求必然产生干预供应,而干预供应的法律形式就是经济法。市场经济实际上就是法治经济,它一方面需要有调整平等主体间财产流转关系的民事法律规范;另一方面,市场失灵的存在又需要法律对任何违背市场经济秩序的、不为市场本身能够解决的行为进行适当干预。经济法首先是通过市场机制优化资源配置,充分发挥人和物的积极作用,形成社会公平机制的基础和向导;其次是通过国家干预手段,旨在保障社会成员的生存权和维护实质公平。美国是产业规制制度建立最早的国家,其规制法最早出现在铁路运输中的价格干预,由于铁路垄断经营严重损害了美国中部地区农民的利益,生产粮食的利润被垄断经营的铁路公司过高的运价所剥夺,引发了农民强烈反对,于是州法律和后来的联邦法律改变过去对市场价格自由放任的做法。也就是说,经济法首先出现于产业规制领域。经济法内容包含了产业规制法律。尽管中国经济法学界对经济法的调整对象有不同观点,但是在市场秩序规制法属于经济法这一点上已达成普遍共识。产业规制法属于市场秩序法的范畴,故经济法包含产业规制法内容。学者们敏锐地看到经济法不同领域法律在目前社会中所起的作用有差异,中国经济法学界曾发生"经济法龙头"之争。其实这样的争论没有意义,其根源在于没有看到经济法在不同的时期和不同的境况下发生的作用是不同的,若从历史角度分析则一目了然,早期的经济法在市场规制和竞争方面发挥的作用要大,而现在的境况则有所变迁。产业规制法的功能与经济法相契合。产业规制法的功能表现在以下几点:第一,保护消费者的利益不受侵犯;第二,对社会财富进行再分配,促进公平竞争;第三,使政府的意图可以有效传达。

经济法以社会整体利益为本位。本位既指基础、根源、出发点和逻辑起点。法律本位是指法律的立法指导思想、基点、基本原则、宗旨和精神的集中与综合体现。"法的本位是指法的逻辑起点和立法取向,是一个价值判断。"经济法的首要法律目标是社会公共利益。产业规制法属于经济法的范畴,其应以社会为本位。法律在总体和发展趋向方面注重社会公共利益。传统的民商法以个人为本位,经济法以社会为本位。法律由个人本位向社会本位的转变,说明法律部门的利益保护结构不同。经济法以社会为本位是对社会和经济发展的现实回应,能够更好地调整国家、社会和个人的利益关系。产业规制法属于经济法的范畴,理应以社会为本位。

三网融合产业规制法以实质正义为理念。法律理念是法理解释的核心,它承载着从法律观念和法律精神向法律原则和法律规范过渡的重任。新自然法学的前驱——德国的拉德布鲁赫对法律价值颇有研究,他认为,"法律理念即价值,首先在于正义,正义的实质在于平等,即对平等的平等对待,不平等的不平等对待。"[1]法律的追求是正义。正如博登海默所言:"正义有着一张普洛秀斯似的脸变幻无常,随时可呈不同形状,并具有极不相同的面貌。当我们仔细查看这张脸并试图解开隐藏其表面背后的秘密时,我们往往会深感迷惑。"[2]"以美国罗尔斯为代表的现代伦理哲学所主张的公平正义观可以合理地解释经济法所倡导的实质正义理念。罗尔斯认为,人类社会是一个相互合作的整体,每个人都必须从社会合作所产生的经济利益中受惠,如果在社会合作中那些基于偶然出生而具有较高社会地位和自然禀赋者受惠最多,而较低社会地位和自然禀赋者受惠较少,那么,一种健全而持久的社会基本制度必须包含某种补偿性安排。"[3]罗尔斯在其正义论中提出了所谓的"差别原则",要求在政治领域平等自由的前提下,在确保创造财富和收入的机会平等的前提下,对社会中的"受惠较少者"实行一定的"差别待遇",在经济利益和机会方面给予一些倾斜性的保护。经济法作为一种对近现代法律形式正义反思的产物,所坚持的实质正义和社会本位理念正契合罗尔斯的差别原则。由此,我们可以得出实质正义的基本内涵是:在社会经济领域,主张实质而非形式的机会公平;关注具体而非抽象的人格平等;强调全局性而非局部性的社会利益;并通过"利益倾斜性配置"来调节和消除基于财富累加而形成的"交易优势"。[4] 许多世纪以来,思想家和法学家们提出了种种不同的正义观,表达了他们对正义的不同看法,但纷繁之中还是能凸现出一定轨迹的,那就是公平、自由、安全、效率诸价值一直是人们的追求,只不过偏激者执其一端,温和者均衡其地位罢了。

产业规制法理念应以社会为本位,促进社会福利整体提高。政府规制不能囿于本部门的利益,以行政管理方式管理市场。政府要把规制重点转移到引导、规范和服务上来,培养市场竞争环境,充分发挥竞争的效能。在三网融合政策制定过程中,能够通过市场调节的可竞争领域引入新的竞争者开展竞争,尽可能发挥市场调节作用。法律理念要保持公平与效率的平衡,三网融合规制需要处理好公平与效率的关系。法律理念主导产业规制法律调整,决定着产业规

---

[1] 卓泽渊. 法的价值论[M]. 北京:法律出版社,1999.
[2] 博登海默. 法理学:法律哲学与法律方法[M]. 邓正来,译,北京:中国政法大学出版社,1999.
[3] 廖申白. 正义论对古典自由主义的修正[J]. 中国社会科学,2003(5):126-137.
[4] 罗尔斯. 作为公平的正义[M]. 姚大志,译. 上海:上海三联书店,2003.

制的方式、倾向性和实际作用。

二、明确三网融合法律规制目的

产业规制法实质是政府公权力介入市场运行,通过法定化手段,实现对市场主体资格、行为以及状态有效规制的法律机制。规制是通过制定和实施规则而实现对经济生活的调整和管理,是国家对经济进行管理的方式,在法律上构成国家管理经济的制度。规制是政府机构对规制对象及其活动是否合规所进行的监察、督促、组织、协调、控制等一系列行为的总称,以此来实现法律和政策旨在实现的目标和秩序。① 西方国家三网融合规制的目的是:"促进竞争以降低服务价格和提高服务质量;对频谱资源进行有效配置以鼓励投资和创新;提高信息传播产业对经济增长的贡献;促进内容多样化和观点的多元化的表达。"② 我国规制的目的是维护公平竞争、有效利用公共资源、保护消费者的合法权益、满足社会公益需要以及改善人类生存环境等。

中国三网融合法律规制的目的在不同语境中出现不同,主要集中在以下两个方面:

(一) 保护消费者合法权益

从经济法的人文特征看,消费者理应被优先保护。在消费者看来,三网融合产业是否有发展的空间并不重要,重要的是其必须真正有利于增进消费者的消费权益。这就要求,一方面,消费者应该由此获得更多的消费便利——上网、打电话、看电视的机会和渠道能够变得更多样、更丰富;另一方面,消费价格、成本也能由此变得更低廉,即无论是上网、打电话,还是看电视,比以往都更便宜。简单地说,就是消费者获得便利服务和支付低廉价格。

消费者利益问题主要集中在服务质量和资费两个方面。电信业已经进入多运营商、多业务竞争的市场格局,市场竞争激烈。电信企业竞争不像以前集中在资费打折方面,而集中到提高服务质量方面。随着消费者权利意识的提高,规制机构的职责也要集中到服务质量的规制方面。当然,这并不意味着电信资费问题已经解决,主导运营商在基础服务领域的资费问题由规制机构制定价格限制,现在问题主要集中在电信增值业务上。目前,中国有近两万家增值运营商,如果有一些运营商有不规范行为将会给消费者带来现实的危害。另外,有学者对于有人通过电信增值业务进行诈骗的行为,认为基础运营商有默许合谋之嫌。总之,电信增值业务将是今后规制机构规制工作的重点。广电业的电视广播台竞争激烈,内容竞争日益受到重视,但地方有线电视网络具有垄

---

① 韩龙.金融法为何是规制与监管之法[J].甘肃政法学院学报,2008(3):1-8.
② 肖叶飞.媒介融合语境下西方国家广播电视规制的变革[J].国际新闻界,2011(4):60-65.

断性,竞争未有效开展会影响到消费者的利益。消费者权益保护是规制部门从代表公共利益的代言人的角度所要关注的焦点。在现代社会,由于种种因素,诸如利益集团之间的冲突、人们认识能力和资源禀赋的差别、商业信息不适当的分布、社会分配不公、消费者需求的个体差异以及垄断的加剧等,使得社会构成不断分化与组合。在一般的法律人格之下,总有一些容易受损害或者处于弱势群体的利益得不到法律的特殊保护,这使得社会公共利益的实现、法律所追求的公平正义就沦为一句空话。①

维护消费者利益是三网融合规制的核心价值。三网融合有利于不同的运营商之间开展竞争,不仅有利于运营商提高现有服务的水平,提供新的服务业务,消费者还能够享受低价高质的服务。三网融合带给终端消费者丰富的选择,各种渠道运营商和服务提供商为争夺消费者而开展竞争。② 在三网融合规制政策制定的过程中,政策制定者要重视这一目标的实现,将其视为政策制定的一个重要标准。在三网融合试点过程中,有关学者对于三网融合的发展目标和路径选择研究时,局限于产业的发展,只有较少的学者关注到消费者利益保护问题。在规制政策实施过程中,对于具体的规制决策和裁决,同样是要充分考量消费者的利益。总之,国家通过制定行为规范,引导、调节、控制和监督经营者的经营行为,提高服务质量,同时加大力度保护消费者的合法权益。

(二) 以融合促进市场有效竞争

市场经济本身要求现代国家不但要维护既有的合理经济秩序、以保证经济发展的连续性,而且还要重视建立有利于经济发展的新秩序。竞争是指一种经济物品,有多人需求,即凡是多人需求同一经济物品时,竞争就必定存在。竞争具有提高资源配置效率,促进最大多数人福利最大化的功能,是"获得繁荣和保证繁荣最有效的手段"。产业规制是产业正常有序发展的内在需求,它存在的前提是市场资源配置功能不能正常发挥效用,产业自身运行秩序受到破坏,否则,产业规制就没有存在的必要。产业规制是市场资源配置作用的补充和辅助,它存在的目的就是维护产业发展的良好秩序。"作为一种法规,规制是产业所需要的并为其利益所设计的和主要操作的。"行政机关及法律授权部门对于产业规制目的是保证被规制的产业健康发展,以及其与整个国家经济发展相协调。所以,作为被规制产业的经营者来讲,他们既是被规制者,又是规制行为的得益者。

网络型产业的市场竞争有时不一定会自然发生,比如,中国台湾地区固网

---

① 吕忠梅,陈虹. 经济法原论[M]. 北京:法律出版社,2008.
② BANERJEE A, DIPPON C M. Communication regulation and policy under convergence: advancing the state of the debate[J]. International Telecommunications Society16th Biennial Conference,2006 (6):121-134.

业务自开放后便一筹莫展,并未发生预期的融合趋势,因此需要规制部门事前介入,采取各种措施来促进市场竞争。通讯传播产业尤其如此,因为电信自由化前在位业者以国家或地区预算及法律规定建立起来的电信网络,这些网络对于自由化之后的新进业者形成无比强大的网络效应,抑制市场竞争,因此,规制的首要目的就是尽快打破网络效应抑制竞争之效果。

中国建立有效竞争的市场结构是三网融合规制的主要目标。三网融合产业要进行市场化改革,引入更多竞争者,同时相互开放市场进入,形成有效的竞争市场。为了保障市场经济秩序,需要确认经营者的法律地位,通过规制其经营行为,从而起到保护消费者权益、维持公平有效竞争的目的。

三、重构三网融合法律规制体系

"三网融合"使传统上相对独立的三种业务——电信、互联网和广播电视业务互相融合。三网融合产业规制涉及范围广、内容繁杂,规制模式不一,如何规范政府规制三网融合产业的行为,针对我国实际情况和国外经验,唯有选择规制的法治化路径。

(一) 逐步建立统一的规制机构

近年来,互联网革命对这种严格按照网络和业务的不同而分别规制体制提出了挑战。技术发展促进信息的数字化、传输的高速度和大容量化、IP化,并且带动了产业之间的融合。因此,世界主要国家在融合环境下逐渐将电信业、广电业的规制模式转变为融合规制体制。我国目前分立规制模式的困境日益显现。规制主体根据不同产业的分业规制出现了管理上的交叉,需要进行融合性规制,需要建立独立的融合规制部门,消除规制冲突与盲点以及行业壁垒,减少不同规制机构的协商成本。在三网融合的背景下,我国新闻出版广电总局对广播影视及有线电视业进行规制,工信部对互联网及电信业进行规制,由于难以一步到位建立融合规制体制,所以可以先建立过渡性机构——国务院三网融合协调小组。待条件成熟后,我国就可以建立独立、统一的融合规制机构,提高规制的专业性和有效性。

(二) 完善三网融合相关法律

加强广播业和电信业政府规制的法制建设。积极推动《广播电视法》《电信法》的出台,形成以这两个法律为核心,以行政法规和行政规章为基础,以地方性法规和规章为补充的三网融合产业法律法规体系。明确政府规制的职能,政府规制三网融合产业的职能应该包括市场规制、政策调节、社会管理和公共服务。规制者的规制权必须得到法律的授权,规制主体的职权由法律规定,规制者在法律概括授权下的自由裁量权必须依法行使。

(三) 规范规制方法和程序

我国三网融合的主要的规制机构工信部和广电总局都是政府的行政部门,

没有设立独立的规制机构,产业发展规划和规制的职能同在一个行政部门内。作为行政部门在规制过程中惯用以行政手段,向来不太善于综合运用法律、经济、行政手段。在规制方法上更多采用行政法上的"命令—控制"的方法,但这些不利于三网融合产业快速发展。重构规制方法时要考虑吸收一些招标、许可合同、信用工具等方法。政府的规制行为在法律规定的程序范围内。尽快制定《行政程序法》,规制政府抽象的政府行为和具体的行政行为。政府规制程序的法定化,可以保证政府正确行使自由裁量权,防止规制者滥用规制权。

(四) 建立行业自律机制

政府规制作为外在性的强制力量对三网融合产业的经营活动进行约束,并不能解决所有的问题,还需要从业人员自律。如果能在原有的规制体系下将这些强制性规制内化为从业者的自律行为,那么他们在承担行业自律管理、促进政府职能转变中起到了重要的作用。行业自律组织的成员主要由市场经营者组成,处于自身利益的考虑,在实施规制的过程,难免会存在公权私用,抛弃市场发展的长远利益,滥用手中的市场自律规制权力的情况。所以,行业自律组织的规制要符合法律规则的要求,并受到政府部门规制和司法审查。

(五) 强化规制责任追究

现在我国不少经济法律和法规侧重于对政府规制权限的赋予,而很少对政府及其工作人员在规制中违法行为进行追究。这恐怕是滥用规制权屡禁不止的一个重要原因。出现这些问题的原因,与规制追责制度不完善有一定关系。我国政府越来越重视责任追究制度,许多地方政府也出台了一些问责的措施。在三网融合产业规制过程中,我国要不断完善有关规制行为的责任追究法律制度。

第三章　三网融合产业市场准入制度

市场准入(market access 或 market entry)是政府为维护市场竞争,依据一定的规则允许进入某个市场领域的直接控制或干预,是以社会资源合理配置为目的来限制企业的供给行为。市场准入制度是一个历史产物,在早期自由资本主义时期和社会主义计划经济体制下都不存在该制度。早期自由资本主义时期,反对政府干预经济,主张自由竞争,在这种情况下自然不允许市场准入制度存在。在社会主义计划体制下,企业没有经营自主权,生产产品及生产数量等由政府主管部门决定,因此,市场准入制度没有存在的必要。当市场经济发展到一定阶段时,市场准入制度才确立起来。自由竞争带来的垄断以及自然垄断产业本身发展的属性,从规模经济效率和资源合理配置的角度来看,客观上需要建立市场准入制度。"市场准入制度是有关国家和政府准许公民和法人进入市场,从事商品生产经营活动的条件和程序规则的各种制度和规范的总称。"[1]作为国家干预经济的重要手段,市场准入制度是国家对市场发展起点的规制,也就是市场竞争的源头控制。

市场准入问题是我国三网融合进程中的难点问题之一。我国现有的电信、互联网和广电产业均采取市场准入制度,同时,产业之间在市场准入的范围和强度上存在明显的差异。相对来说,互联网产业发展比较晚,其市场化程度高一些,电信业其次,广电业最差,而市场准入规制强度正好相反。政府对于进入三网融合产业的投资主体资格、投资数额等直接控制和干预,对于电信和互联网市场的规制相对宽松一些,而对于广电市场相对严格一些。目前,与西方国家的三网融合产业的市场化程度高相比,中国的电信和广播电视产业市场投资主体和市场结构现状反映了两者的市场化改革尚在进行中,因此,我国政府规制三网融合准入的同时还要与三网融合产业市场化改革交互在一起。三网融合产业的市场化改革顺利推进是完善市场准入制度的重要基础之一。

---

[1] 李昌麒. 经济法[M]. 北京:中国政法大学出版社,2002.

第一节　网络型基础产业市场化改革

为了促进网络型公用产业的健康发展,满足消费者不断增长的消费需要,各国采取不同的措施推进市场化改革。科学技术的发展促进网络型公用产业的市场竞争,也为其市场化改革打下物质基础。这些市场化改革主要集中在产权民营化和市场开放两个方面。各国在垄断性网络型公用产业中逐步放松现有的市场准入的条件,不断引入市场竞争机制,形成多元出资和多种经营的市场格局。

一、网络型产业引入竞争机制

网络型基础产业,是指通过固体物理网络设施提供其产品或服务的基础设施产业。该概念反映其有两个特征:一是其提供的产品和服务必须通过实体网络来实现,具有投资规模大、资产专用性强、固定成本占总成本的比重较大、沉淀资本较高且不可转移的技术经济特征;[1]二是关系到国计民生的公用性基础设施产业,在我国主要包括水、电、煤、电信、邮政、广电等产业。我国学术界一般称此类产业为公用产业。为了突出该产业的网络特征,经济学界常用"网络型基础产业"术语代替"基础设施产业"。我国法学界常使用"公用企业"或"公共事业"概念,但有学者注意到公用基础产业的网络特征,提出在给公用企业下定义时,需将网络性与公共服务有机结合起来。"公用企业是通过网络或者其他关键设施(基础设施)提供公共服务的经营者。"[2]因为三网融合产业具有鲜明的网络特征,为了突出这一特征,所以在本书中论述"网络型基础产业"与"公用企业"时同义。

网络型产业具有垄断特征,所以其一直与产业规制问题相纠缠。当此类产业发展到一定规模时,其垄断特征就会凸显出来。网络型产业经营者发展到一定规模时,可能会利用网络基础设备和规模效应获取超额利润,为了遏制这种排挤其他竞争者和损害消费者利益的行为,政府必须对此进行规制。当然规制也并非一件容易事,自其出现时起就一直受到怀疑和指责。人们一般公认美国是现代政府规制的发源地,其规制理念和政策对世界影响较大,不断被其他国家所移植或借鉴。1887年,美国成立了第一个现代意义上的规

---

[1] 毕颖.网络型基础产业法律管制研究[M].北京:北京交通大学出版社,2010.
[2] 孔祥俊.中国现行反垄断法理解与适用[M].北京:中国法院出版社,2001.

制机构——美国州际商业委员会。当时,美国铁路公司垄断铁路运输业务,提高运价,导致美国中部农民出售粮食的利润被铁路公司所掠夺而发动了反对铁路公司的格兰其运动,州际商业委员会成立的目的是为了政府将铁路运费控制在合理的水平上。这一机构的设立具有标志性的意义,它改变了美国政府长期奉行的经济自由政策和不干预经济的立场,掀开了美国走向现代规制型国家的序幕。罗斯福新政的实施,促使美国规制立法和规制机构设立的步伐加快,并在克服经济危机中取得了成效。欧洲和拉美国家为了解决国内的自由经济政策带来的垄断和经济危机问题,纷纷仿效美国,建立自己的规制制度。第二次世界大战结束后,一些西方国家受到社会主义思潮的影响,为满足社会大生产需要,对网络型产业实施国有化。比如,英国铁路公司和电信公司原来都是国有的,后来因国有企业带来的低效率和服务质量差等问题迫使英国的网络型产业采取国有企业民营化,政府不直接参与经营而转向运用规制手段,并提供经济可靠的电力、供水、电信、交通等基础设施服务,这一做法对经济增长和社会发展至关重要。传统理论认为,这些服务中的许多领域是自然垄断的,因此提供服务的责任被分配给国有的垄断者。这些基础设施的垄断者通常是纵向一体化的,他们提供具有自然垄断特征的服务,也提供那些需要接入瓶颈垄断网络设施才能参与竞争的潜在的竞争性服务。在计划经济体制下,市场经济体系没有建立起来。网络型公用企业属于国有企业,产权制度和经营体制决定其没有竞争的动力和机制。在现代工业国家,网络型基础产业由于其规模效应的特征,各国电信网、广电网发展路径虽不同,但都经历过独家垄断和寡头垄断经营阶段。以电信业为例,美国和英国采取不同的路径,前者从自由竞争到形成独家垄断局面,后者从皇家特许经营发展到国有经营;美国贝尔公司利用专利技术迅速发展电话网络,从而形成规模效应,以致后来的电话公司不可与其竞争。消费者对于一个垄断全国电话业务的贝尔公司损害他们利益的行为感到无能为力。如果在电信产业采取独家和多家寡头垄断经营模式,产业规制难以发挥有效的作用。

  20世纪70年代,因政府规制出现了腐败、效率低下等问题,政府规制受到理论界的质疑,甚至被认为是导致当时经济存在问题的根源之一。曾经风光无限的凯恩斯的政府干预市场理论在新自由主义理论面前败下阵来。西方各国在新自由主义理念指导下,进行以市场为导向的放松规制改革。放松规制意味着放松或取消规制措施的部分或全部。一般认为放松规制是以经济规制为对象,由于社会公益性的规制是以确保国民健康与安全、环境保护等为目的,所以放松此类规制必须谨慎。放松经济规制,不管是针对哪种规制形式,其目的都是为了引入竞争机制,通过市场竞争,提供多种新的服务,降低收费水平,使收费体系多样化,并促进技术革命等。① 事实上,20世纪80年代以来,世界上许多国家对垄断性产业实行放松规制、强调竞争为导向的改革,就是以这种垄断性产业的可竞争性理论为指导的。同时,由垄断性产业的技术经济特征所决定,垄断性产业竞争应是规模经济与竞争活力相兼容的有效竞争。美国、英国、日本和许多欧洲国家对网络型基础产业实行了以放松进入规制、积极运用竞争机制和国有企业私营化为主要内容的改革。与此相适应,在制定或修订法律的基础上,在垄断性产业设立和完善相关的规制机构。在美国,许多网络型垄断性产业一开始由私营企业经营,为了防止这些企业滥用垄断地位,因而设立了专门的规制机构。后来,为了适应垄断产业市场发展的需要,克服规制失灵,美国实行放松对垄断产业的规制政策。美国修改了相关产业的规制法律,并依法调整规制机构。与规制机构改革实践相呼应,经济发达国家对规制机构的研究也非常活跃。学者们从不同的立场和角度提出不同的意见,甚至讨论规制机构是否有存在的必要性。对规制机构的规制权是个人还是一个机构来掌握,即采取首长负责制还是委员会制度问题,一直存在争议。对于这些涉及规制效率和决策民主的问题,有的学者从规制效率出发,认为规制机构负责人应获得法律充分授权从而能够独立地履行自己职权,以应对瞬息万变的市场;而另一些学者从权力平衡角度出发,认为规制权力应该由一个团体所掌握,团体内成员集体民主决策,以防止因人掌握权力缺乏制约,导致被产业被规制者"俘获"而影响规制机构的公信力。

规制机构之间缺乏高效率的协调机制,规制机构在规制交叉领域可能出现多头规制的情形,造成时间和资源的浪费,以及降低了规制机构的权威。随着技术创新和新技术的应用,垄断性产业规制机构的规制有效性一直受到诟病。有的学者认为,传统的规制机构不能适应网络型垄断产业发展。技术进步导致垄断产业部分业务不具有垄断性而更适合市场竞争,以及原有市场边界发生改变,而规制机构还是坚持以前的规制理念,沿用惯常的手段和方法,必然影响规制的效果。新技术革命使原有的网络型自然垄断产业需要规制的根据被削弱,如电讯、电力等产业放松规制。正如一些专家指出的那样,像美国联邦通信委员会(FCC)等规制机构没有更新规制理念,仍然以"马车式的规制机构"来驾驭高新技术,导致组织机构与功能老化,需要实行根本性的改革。所以,美国从里根总统时代开始,就实行放松规制的市场化改革。部分网络型自然垄断企业由垄断经营逐步走向市场化竞争。

中国在改革开放前实行的是计划经济,对网络型垄断性产业采取政企不分的国有企业垄断经营体制,产业内不存在竞争主体和市场,更不需要产业规制

---

① 植草益. 微观规制经济学[M]. 朱绍文,等译. 北京:中国发展出版社,1992.

机构。这种体制的弊端在经济体制改革的大潮中日益暴露出来：企业没有经营自主权、因平均分配制度导致企业员工劳动积极性不高、企业效率低下、生产技术落后等。这些问题导致网络型基础产业发展缓慢，不能充分提供社会需要的产品和服务。比如，当时家庭安装电话还要排队且初装费用高，甚至还要"找关系"，导致消费者对此非常不满。在改革开放初期，理论界对网络型产业在计划体制不适性及要求进行市场化改革做了充分的讨论，并形成市场化改革的共识。从20世纪90年代以来，中国对电信、广电、电力、铁路、民航、邮政、城市自来水和管道燃气等垄断性产业实行了一系列改革，改革的内容包括对这些产业逐步实行政企分开，放松市场进入规制，采取分割式的市场结构重组以及设立或调整规制机构等。

二、电信业市场化

中国电信产业发展起步较晚。20世纪80年代以前，我国的电信业务由原邮电部独家垄断经营。自改革开放以来，中国的电信业历经国家垄断经营、市场化改革、业务划分和资产重组改革，市场结构日趋合理的演变过程。1994年7月，中国联通的成立标志着中国电信产业的市场化改革序幕的拉开。中国联通改变了中国电信产业市场结构，中国电信有了竞争对手，消费者也可以对电信服务进行选择。之后，中国电信与中国联通之间的恶性竞争不断，作为电信行业的主管部门邮电部偏袒中国电信的做法受到社会公开的质疑；主导运营商中国电信利用其垄断地位在互联互通上刁难中国联通的事情时有发生。作为新进入的运营商中国联通虽然在规制政策上得到支持，并选择了经营利润最丰厚的业务，但在开始经营时总体发展不佳。1999年，中国联通营业收入只占中国电信业总收入的5.73%。[1] 从20世纪90年代起，我国政府为适应电信市场竞争需要，主动对电信业市场结构进行三次大调整，并改变了电信产业的规制政策。

（一）纵向业务拆分和增加新运营商

为了引入竞争机制，改善电信业的竞争环境，国务院采取了拆分主导运营商和增加新的运营商并用的方法，目的是形成相对平衡的市场结构，为现有弱势运营商以及即将进入电信市场新的运营商创造公平的竞争环境。1998年3月，国务院机构邮电部被撤销，组建了信息产业部，初步实现政企分开以及设立规制机构。1999年2月，国务院决定对刚刚从邮电部分离出来的中国电信进行拆分，因为中国电信虽然采取政企分开的改革和引入中国联通参与竞争，但中国电信的独家寡头垄断地位没有得到根本解决。中国电信按照业务性质纵向

---

[1] 信息产业部综合规划司.1999年通信业发展统计公报[J].邮电企业管理，2000(6):15-17.

分解为四个部分：组建新的中国电信，经营电话业务部分；组建中国移动，经营移动通信部分业务；组建中国卫星通信，经营卫星通信业务部分；电信寻呼业务并入联通公司。同时，信息产业部行政许可了网通公司、吉通公司和铁通公司从事电信运营业务。这样，在电信产业内出现了"七雄初立"的竞争局面。[①] 上述几个公司都经营单一的电信业务，中国联通例外。这样，电信市场分类业务竞争的基本格局形成。这场电信重组工作难度大且影响深远。这次重组解决了中国电信一家独大的格局，有利于电信市场竞争，但这种纵向的划分不能彻底解决市场垄断的格局，因为这是依据业务不同而成立的专业电信公司，各专业公司在各自经营领域还是处于垄断地位，中国电信仍占整个电信市场的50%份额。[②] 在拆分之时，社会上就有质疑这种拆分模式的实际效果的声音。

（二）中国电信横向区域拆分

按照纵向业务成立的专业电信公司在运行后不久，其弊端就显现出来了。中国电信仍然维持其固话通信领域业务的垄断地位。2001年10月，国务院按照地域对中国电信实施南北拆分，目的是为了形成两个竞争力相当的固话运营商。具体方案为：本地接入网将按照属地原则划分，即南方和西部21省（直辖市、自治区）的本地网归新中国电信，北方10省（直辖市、自治区）的本地网资源归中国网通，形成南北两个固话公司即新中国电信和中国网通。中国电信长途骨干网按照光纤数和信道容量分给新中国电信和中国网通。新中国电信和中国网通可以在对方经营范围内经营，即原网通在南方的分公司继续经营，中国电信也可到北方经营，这样就形成两个具有竞争性的固话运营商。这次重组暂时不涉及移动业务，而在重组过程中吉通公司解散。2004年初，铁道部移交铁通给国务院国有资产监督管理委员会管理。这样，中国电信产业有了中国电信、中国网通、中国移动、中国联通、中国铁通以及中国卫星通信集团公司，形成了电信"六强"争锋的局面，该局面一直维持到2008年年初。这次电信横向拆分的模式比上次纵向拆分要合理得多，但仍与市场竞争的需求有差距。这次重组没有预见移动通信技术的发展趋势，目光只盯在固定通信领域，而后来的移动通信领域的竞争问题更加突出，迫使需要进行新的电信重组。

（三）电信综合业务改革

在随后的几年中，电信业固定电话市场垄断问题还尚未解决，又出现因移动通信技术发展导致移动通信替代固定电话通信的局面，中国移动迅速成为电信市场最大的公司，瓦解了中国电信在固定电话市场垄断的地位，成为新的行业垄断者。到2007年年底，中国移动营业收入已经占整个电信市场的近50%，

---

① 袁媛.从法律角度谈中国电信业数次重组存在的问题和完善建议[J].知识经济，2010(3)：118-119.

② 信息产业部综合规划司.1999年通信业发展统计公报[J].邮电企业管理，2000(6)：15-17.

而其当年净利润几乎是中国联通、中国网通、中国电信三家净利润总和的两倍。[①] 2008年3月,新组建的工信部负责承担电信市场规制职责。2008年5月23日,在工信部、发改委和财政部的主持下,针对上次重组后中国移动的快速发展,对中国电信业结构调整进行全面调整。此次调整的一个重点是形成三家全国性的全业务经营能力的电信公司。重组后,新的中国电信由中国电信、中国联通CDMA网(包括资产和用户)、中国卫通的基础电信业务组成;新的中国联通由中国联通G网和中国网通组成;新的中国移动由中国铁通和中国移动组成。全业务经营平衡了各运营商的实力,从而形成适度和健康的市场竞争格局。从实际成效看,这次重组对于电信市场上竞争格局没有本质上的改变,没有全面实现电信市场竞争的重组目的,从新增用户结构和收入结构来看,中国移动依然占有优势份额,在三大运营商中其竞争优势明显。

上述重组工作基本都是由政府操刀主持,采取行政划拨形式,没有充分发挥市场竞争的手段,只是在最后一次重组中,中国电信收购联通CDMA业务采取了经济手段。在整个重组中,政府对电信业运营商的自主选择权利和经营权没有足够重视。由于缺乏对电信领域方面的信息以及决策的不科学,政府对于整个电信技术和市场未来发展很难把握,重组方案公布之时便遭到质疑,可见效果难以达到预期。在很长的时间内,改革政策多有反复,如电信公司业务是单项模式还是综合模式时常摇摆不定,其政策连续性和稳定性较差,影响了职工的积极性,甚至造成资源浪费。

三、广播电视业市场化改革

广电业发展经历了广播、开路电视、有线电视三个阶段。在广播阶段时,中国的各级广播电台由政府拨款建设和管理,不存在市场化问题。在开路电视阶段,一开始电视台的建立主要是政府投资,后来资金来源于业务收入。改革开放以后,广告在市场竞争中的作用日益被人们重视,电视媒体的市场结合强,广告收入使电视事业得到了进一步的发展。各级电视台的广告经营行为实际上是市场行为,电视台之间以及与其他媒体之间为广告业务进行竞争。地方电视台经营收入壮大了他们的经济实力。我国有线电视网络是在城市发展起来的,地方属性强,当地电视台为有线电视网络的建设提供了资金。在有线电视阶段,有线电视台的建立和卫星转播使广播电视覆盖面扩大,在农村和偏远地区的人们能够看到中央和地方卫星节目。电视台设备和有线网络建设改善了广播电视的条件,电视播放效果和内容大大提高了宣传质量。广电业在社会影响力和经济收入方面都有大幅度提高,为后来三网融合中的广播传媒业务打下了

---

① 苑春荟,韩磊等.中国电信市场监管政策的演进[J].知识经济,2010(12):39-43.

经济和技术的基础。广电业作为事业单位也经营网络基础设施产业,并逐步产业化和市场化。

广电业总体来说包括业务和宣传两大块。业务是广电业的基础,宣传是广电业的目的。作为传统意义上的党和政府的"喉舌",我国广电业的主要功能是宣传,从正面教育和激励人民在生产和生活的过程中努力改造客观世界、积极创造精神和文化世界。按照这一要求,广电业的目的在于满足人民群众日益增长的文化需求和对更高生活质量的追求。但从业务方面来看,广电的网络开发是运用信息和信息传递的方式为消费者提供优质的产品和高质量的服务。随着我国市场化改革的深入,广电的业务也是未来竞争的重要领域。

市场经济条件下,文化进入市场,其商品属性被释放出来,这是文化领域一场深刻的革命。"中国的电视产业在2000年之前基本上只有改革,没有真正的开放。"①中国广电业市场的正式对外开放是从2001年10月中央电视台与美国AOL/时代华纳公司合作开始的,双方共同签署了互相开放的协议。随后一系列开放政策相继出台,香港的星空卫视、凤凰卫视、阳光卫视等著名电视频道进入内地广东省。制播分离是在市场竞争背景下逐渐形成的广电产业链纵向关系治理模式,发达国家的媒体业一般都采用制播分离占主导地位的产业政策。面对全球传媒业的竞争,中央电视台吸取国外传媒业发展的成功经验,采用制播分离的产业发展模式。随着技术的进步,媒介传播的数字化革命已初显端倪。对于电视行业来说,"数字化"所引起的媒介革命要求电视业提供的产品数量和质量越来越高。我国采用制播分离的广电改革,对于促进广播电视产业的快速发展起到了推动作用,同时也促成了数字电视和付费频道相关产业制度的重构。

中国市场经济的深入推进要求中国的电视业必须"师夷长技以制夷"。一方面,2003年中央电视台实施电视频道的商业化管理改革措施,"除了保留新闻频道外,其他频道将逐步全部成为商业经营的专业频道,全部采取市场核算,以广告收入决定节目生存";②另一方面朝着"广电集团化"改革方向,丰富了"事业单位企业化管理"新的内涵,广电产业将市场意识和竞争意识融入到广电业自身的发展中。广电产业的市场主体在政治宣传约束的范围内,参与市场竞争,合理配置媒介产业资源。

由于中国的媒体性质和运作机制与发达国家有所区别,因此,中国广电业在整体转型、不断市场化推进过程中,采用的规制政策体系主要目标是巩固"党的喉舌"的传统性质和加强党管媒体的地位。广电业市场化改革受到政府和行

---

① 陆地.中国电视产业启示录[M].上海:上海交通大学出版社,2007.
② 王平.央视:改革的历史[J].今媒体,2005(11):15-19.

业的宏观政策导向的影响波动较大,市场化改革的实践与政策制定的关联性较强。行业的市场化改革推进的依据往往是上级机关所颁发的公文、内部文件,这些政策依据并不具有公开、正式、明确的法律制度的表征,存在着产业政策导向、经营和投资方面的风险,容易造成市场主体参与者的理性预期不足。作为参与市场竞争的重要体制外组成部分——民营制作单位,其参与市场的灵敏度与宏观政策的相关性程度高,"成也政策,败也政策"的行业规律始终存在。因此,观望或退出是不少社会力量面对政策不利性和不确定性所做的最终选择。长此以往,社会力量参与市场竞争就存在着延迟性,最终引起广电行业市场结构不均衡。例如,1999年以正式文件的形式启动的制播分离改革,催生了民营电视机构的发展,但是,一年后在一次广电高层会议上的"制作权、覆盖权和播出权三权合一的宣传权不能分离"的表态又成为民营机构参与市场竞争的桎梏。缺乏稳定、明确的法律法规政策是影响制播分离继续向前推进的首要因素。有学者指出,中国广播电视法制建设现状呈现出"行政管理色彩过浓、立法滞后、体系不周、缺乏权威、前瞻性弱"的问题[①]。在依法治国的大背景下,广电业的改革应制定相关的法律,以明确未来发展方向。

四、三网融合对企业规模和市场结构的影响

简单的民营化和完全放松规制的政策不大可能成为大多数网络型基础产业现实的或者有效的政策选择。在努力提高经营绩效的过程中,许多国家选择了对企业民营化、产业重组和实施规制等多种方法。这些改革不能彻底改变产业的自然垄断属性,关键的基础设施还是无法进行自由竞争,同时还影响到放松规制的那部分服务业务的竞争。"竞争的有效性将取决于竞争性领域的初始结构、市场准入条件以及竞争性服务供给者接入垄断性瓶颈网络设施的种种价格与非价格条款等。"

三网融合产业作为网络型公用基础产业,其经营效率与企业的规模和数量存在着一定的关联性。某一公用基础产业内的企业规模大且数量少,则在位经营的企业经营效率就会高,但这种垄断经营可能会对经济发展和保护消费者利益带来不良后果;如果引入竞争者来增加经营者的数量,又会出现重复建设,从而导致社会资源的浪费,比如,企业为了占领市场,以价格战进行恶性竞争,最终导致企业在竞争中落败且前期大量投资亏损,而在竞争中取得胜利的企业也因其价格太低而无法提供优质服务,最终损害了消费者利益和社会的整体利益。由于公用基础产业具有规模经济和范围经济的特征,而且其提供的服务具有一定的公益性与普遍性,所以这些公用基础产业的市场准入需要政府规制。

---

① 陆地.中国电视产业启示录[M].上海:上海交通大学出版社,2007.

对于某一公用基础产业规制机构来讲,需要谨慎考量产业内哪些领域可以开放竞争,哪些领域可以维持垄断经营,确定开放竞争领域的经营者的数量和企业间竞争强度等,以防止不竞争和过度竞争这两种极端现象同时出现,以实现其法律规制目的。

历史上,自然垄断部门随着那些由潜在竞争部分和自然垄断部分两者共同构成的产业组织的演化而变化。对于潜在竞争性部分(如长途电话、互联网服务业等),市场内竞争可能是资源配置的有效方法;对于自然垄断部分(如本地电话交换、本地有线电视网、骨干网络等),一般认为市场竞争并不能产生好的绩效。有学者认为,自然垄断部分与潜在竞争性部分的纵向一体化将导致垄断从一个水平层面(自然垄断层面)转移到另一个水平层面(潜在竞争层面)的不必要扩张,并将无效率的规制延伸到那些市场力量原本可以也应该治理得更好的部分。

三网融合导致产业界限模糊,本来泾渭分明的产业可以跨界经营。那么原来电信业、广电业的纵向一体化的自然垄断部分有可能在横向水平上扩大,从而影响到潜在垄断层面,这样可能出现更严重的垄断经营的局面。在三网融合政策制定和实践过程中,一定要注意研究这种融合后的新现象。所以,在三网融合过程中,政府对于产业重组政策的制定和实施一定要谨慎,对三网融合企业规模和市场结构的合理性和有效性要进行评估,以是否有利于潜在竞争性部分的竞争和自然垄断部分的规制为标准。如2013年国家级广电网络公司组建方案获批设立,该方案决定组建国家广电传输网。既然投入巨资建立该网络,就要考虑其必要性,与三网融合的目标是否吻合等问题。从目前广电网的现状来看,中央、省、市(地级)、县四级的有线电视网网络属于本地网,具有垄断性、网络技术和条件不一等特点;从内容上讲,这些有线网络的存在有利于内容的多样性和地方文化遗产的保护和传承。国家层面投巨资改造各地技术不一的有线网络和新建骨干网,并组建一个国家广电传输网络,有可能导致地方网络的垄断性上升到国家层面的垄断性,加剧了有线电视网络的自然垄断性,如果与广电产业内容上的优势结合起来,以及多媒体融合,那么其垄断属性会进一步放大。广电网实质上属于电信网络的一种,但在我国,人为地将广电网独立于电信网络。事实上,中国的广电部门除了自身的网络外,也一直利用电信网络、卫星网络、互联网网络传输信息,两者不能完全分开。在实践中,广电网络公司成立后的经营状况并未达到预期。三网融合可能导致现有企业规模扩大和市场结构集中,三网融合产业中的国有企业或者国有控股企业可能会扩大影响,所以在市场开放和市场准入方面的立法要尤为控制。在三网融合的规则制定和执行过程中,规制机构一定要对因产业融合可能引起企业规模扩大和市场结构集中的现象保持高度警惕。

第二节 三网融合产业市场准入制度

一、电信业市场准入制度

电信业市场准入制是指电信市场准入采用许可制、登记或备案制等。电信业市场准入的许可制是一种较为严格的准入方式；登记或备案制是指拟经营电信业务的企业依照法定程序报送规制部门备案，对符合法定条件的电信规制部门应当采用予以登记的法律制度。在我国，通常对部分放开经营的业务采取比较宽松的态度，采用备案制。电信业市场准入的前提是对电信业务进行分类，根据业务分类，采取不同的准入方式。中国采取与世界贸易组织相同的分类方法，即按照业务性质将电信业分为基础电信产业和增值电信业务。所谓基础电信业务，是指提供公共网络基础设施、公共数据传输和基本话音通信服务的业务。所谓增值业务，是指运营商凭借供应电信网的资源和其他通信设备而开发的附加通信业务，其实现的价值使原有网络的经济效益或功能价值增高，如提供增加信息的形式和内容，或者是通过对用户的存储和检索为用户提供附加值服务。

中国是实行电信业务经营许可证的典型国家。电信业市场准入的条件包括进入电信业市场主体资格及取得主体资格的程序性条件。进入电信市场的主体资格是对电信业务所有者所需满足条件的规定，包括电信业务经营者的资本性质和股权结构、场地、人员、资源和技术条件等。取得主体资格的程序条件是进入电信市场的程序规定，包括审批或备案程序、需要提交的资料信息、审批或备案的期限等。2000年，我国《电信条例》确立了电信业务市场准入的许可制，目前仍然实行对基础和增值业务的许可制度。根据我国《电信条例》，电信业务分为基础电信业务和增值电信业务。申请经营基础电信业务的，按照《电信条例》第十条的规定，必须满足注册资本最低限额要求和最近三年内未发生过重大违法行为。注册资本最低限额根据在省级行政区域内和跨区域划分两个标准，分别为2亿元和20亿元。增值电信业务经营许可证的颁发根据是否跨省级行政区域分为工信部和省级政府电信管理机构审查批准。跨省级行政区域经营的由工信部审批，符合条件的颁发《跨地区增值电信业务经营许可证》；在一个省级行政区域内经营的由省级政府电信管理机构审查批准，颁发《增值电信业务经营许可证》。在一个省级行政区域的企业注册资本最低限额为100万元；跨省级行政区域的企业注册资本最低限额为1000万元，并且最近三年内未发生过重大违法行为。

电信市场开放的法律制度主要是外资和其他非国有资本进入电信市场的相关法律规定。在中国,由于基础电信企业主要为国有企业,因此对其他资本开放问题也属于电信市场准入法律制度的重要内容。而在西方发达国家,主要是指国外资本进入本国电信市场的相关规定。1998年在WTO的基础电信协议生效之后,电信市场开放成为世界各国电信市场的主要发展趋势之一,但对外资进入本国电信市场的情况各国都有相应的法律规定。其中,WTO的承诺是各国电信业外资准入的基础,此外,各国电信法等立法中也对外资进入电信市场的条件和允许进入的业务领域等进行了规定。中国电信基础业务由国有资本控制,"公司中的国有股权和股份不少于51%",其他资本不易进入。电信市场准入的一个重要问题是,是否有必要限制进入电信市场竞争者数量。事实上,在欧美等发达国家这些问题已不复存在,因为除了受频率等稀缺资源的约束,它们通常不对电信市场准入进行限制,而是由市场竞争来决定市场结构和竞争者的数量。

根据我国的现行规定,外商投资于电信服务业,应遵守四个方面的法律法规:第一个是我国相关的《公司法》和《中外合资企业法》;第二是外资在境内投资和收购的相应法律法规,比如《关于外商投资企业境内投资的暂行规定》《外国投资者并购境内企业暂行规定》等一系列配套法律法规;第三是我国的"入世"的承诺,以及中国与国外签订的协议中电信业相关内容;第四是电信业的产业法规和部门规章,主要有《电信条例》《外商投资电信企业管理规定》《互联网信息服务管理办法》等行业规定。外商投资电信企业设立需要经外经贸主管部门和信息产业主管部门审批通过后,到工商部门办理注册登记手续。具体程序是:批准拟成立的外商投资电信企业的合同、章程,由外经贸主管部门审批,申请人获得《外商投资企业批准证书》;之后,向信息产业主管部门申请《电信业务经营许可证》;如果获得《电信业务经营许可证》,则可到工商行政管理机关办理企业注册登记手续。

在我国"服务贸易具体承诺减让表"中,"市场准入限制"包括股权限制、地域限制等,但没有数量限制,即外资参与中国电信业将不会有执照申请和许可制度方面的数量限制。目前,由于中国电信市场经过重组,主要运营商均为国有企业,在这样的市场竞争格局下,基础电信市场还没有一家中外合资电信企业,外资只能通过股权投资的方式进入基础电信企业。

随着我国对外开放政策的不断扩大,电信市场准入制度也在不断完善。2016年10月,中国实行外商投资企业设立与变更备案制,将原有的全面审批制度改为原则上备案,仅仅要求负面清单上的特殊管理措施涉及的投资需要审批,对96%以上的投资不再进行审批。2017年,《外商投资产业指导目录》以及其中的外资负面清单的征求意见稿发布。征求意见稿实际开放了20个部门，取消了这些部门的股权限制或者高管要求，并且不再要求审批。与此同时，2017年，《国务院关于扩大对外开放积极利用外资若干措施的通知》发布，不仅明确上述征求意见稿涉及的相关部门将全面开放，同时提出"推进电信、互联网、文化、教育、交通运输等领域有序开放"。

我国政府鼓励电信业向民营企业开放，但效果并不明显。2017年11月，工信部联合多部门印发了《关于发挥民间投资作用推进实施制造强国战略的指导意见》，指出要鼓励民营资本进入电信业，深入推进提速降费。开放民间资本进入基础电信领域竞争性业务，深入推进移动通信转售业务发展，进一步扩大宽带接入网业务试点范围。支持民营企业探索建设工业互联网。2014年，工信部发布《关于向民间资本开放宽带接入市场的通告》，鼓励民营资本进入宽带接入市场，只要民营企业符合资金、人员、安全等要求，即可向当地通信管理局申请经营宽带接入业务，宽带接入业务进入开放、竞争的新时代。工业和信息化部《2016年通信运营业统计公报》显示，2016年我国光纤接入（FTTH/0）用户总数达2.28亿，占宽带用户总数的76.6%，但IPTV用户仅有8673万。因此，在准入规制方面，还需要进一步完善实施细则，为民营企业的进入提供更便利的服务，促进行业更有效、更充分地竞争，从而推进国民经济和社会的发展。

二、广播电视业市场准入制度

中国广播电视业务准入审批，市场准入的条件比电信业更加严格。广播电视业务活动主要包括节目制作、节目播出、节目传输等。《中华人民共和国广播电视管理条例》（以下简称《广播电视管理条例》）第十一条规定：中央的广播电台、电视台由国务院广播电视行政部门设立。中国的广播电台、电视台等播出机构以及广播电视发射台、转播台等无线发射机构均由国家开办经营，没有对民营资本和外资开放。广播电台、电视台在确保节目终审权和播出权的前提下，可以与节目制作经营机构合作开办非新闻宣传类的节目、栏目。

目前，中国广播电视节目制作已经对内资和外资开放，初步形成多种投资主体、多种所有制共同发展的格局，民营节目制作机构已经成为中国影视制作的重要力量。为了规范节目制作、播出、传输等业务活动，中国实行准入许可制度。从事广播电视节目制作业务的机构，必须取得《广播电视节目制作经营许可证》（以下简称《制作经营许可证》）。国家广电总局对《制作经营许可证》实行总量控制、分级管理。主要审批项目包括：① 设立终止广播电台、电视台（含分台、教育电视台）及变更台名、台标、节目设置范围、节目套数和跨地区经营审批；② 电视剧制作单位设立的审批；③ 广播电视节目制作经营单位设立的审批；④ 广播电视专用频段、频率指配；⑤ 引进用于广播电台、电视台播放的境外电影、电视剧及其他广播电视节目审批;⑥ 广播电台、电视台以卫星等传输方式进口、转播境外广播电视节目批准;⑦ 举办国际性广播电视交流活动批准;⑧ 乡镇设立广播电视站和机关、部队、团体、企事业单位设立有线广播电视站审核;⑨ 开办视频点播业务批准;⑩ 网上传播视听节目许可证核发;⑪ 省级行政区域内或跨省经营广播电视节目传送业务批准;⑫ 境外广播电影电视机构在华设立办事机构审批;⑬ 影视节目制作机构与外方合作制作电视剧审批;⑭ 境外卫星电视频道落地审批;⑮ 建立城市社区有线电视系统审批;⑯ 付费频道开办、终止及节目设置调整及播出区域、呼号、标识、识别号审批;⑰ 国产电视剧题材规划立项和电视剧片审批;⑱ 广播电视播出机构赴境外租买频道、办台审批;⑲ 广播电视传输网公司股权性融资审批;⑳ 电视台开办群众参与的广播电视直播节目审批;㉑ 境外人员及机构参加广播影视节目制作审批。这些还不包括广播电视设施审批、广播从业人员资格准入。广播电视产业兼具经济和文化双重属性,对于外资开放,中国政府的态度更加谨慎。由于涉及意识形态问题,广播电视产业对于外国电视节目的引进和外资市场准入采取严格的规制制度。

三、互联网业市场准入制度

我国《电信条例》《外商投资电信企业管理规定》《电信终端设备进网审批管理规定》《计算机信息网络国际联网管理暂行规定》《中国公用计算机互联网国际联网管理办法》《电信业务经营许可管理办法》等法律文件具体规定了接入单位和个人的接入条件以及经营网络业务的企业的设立条件。根据《电信条例》和《互联网信息服务管理办法》,国家对提供互联网信息服务的企业或个人实行许可制度。也就是说,经营性网站必须办理电信与信息服务业务经营许可证(以下简称 CIP 许可证),否则就属于非法经营。因此,办理 ICP 许可证是企业网站合法经营的需要。ICP 许可证由各地通信管理部门核发。申请网站 ICP 许可证的,应当符合《电信条例》第十条的规定:① 经营者为依法设立的专门从事基础电信业务的公司,且公司中国有股权或者股份不少于 51%;② 有可行性研究报告和组网技术方案;③ 有与从事经营活动相适应的资金和专业人员;④ 有从事经营活动的场地及相应的资源;⑤ 有为用户提供长期服务的信誉或者能力;⑥ 国家规定的其他条件。除此之外,还应当符合下列条件:① 注册资金应在 100 万元或者 100 万元以上的公司;② 涉及 ICP 管理办法中规定需要前置审批的信息服务内容的,已取得有关主管部门同意的文件;③ 健全的网络与信息安全保障措施,包括网站安全保障措施、信息安全保密管理制度、用户信息安全管理制度。从这些法律文件和规定来看,中国互联网市场准入不够开放,主要体现在进入门槛高和审批程序繁杂两个方面。例如,一个拥有论坛(BBS)

的网站注册资金必须在100万元以上,申请者必须持相关证件的原件到服务器登记所在地办理备案信息核验手续,且于现场留存照片。另外,互联网行业开展业务需要电信规制部门和广电规制部门的共同许可,如互联网企业提供网络视听服务,不仅要取得工信部经营许可,还要取得广电总局的网络视听经营许可证。互联网发展融合了传统的电信业务和广电业务,而目前分业规制模式不利于互联网融合业务的相互进入和发展。

四、三网融合市场准入困境

中国电信业实行电信业务经营许可制度,广电业实行广播电视节目制作经营机构设立和经营业务许可制度,互联网业实行互联网服务营业场所和经营活动以及信息网络传播视听节目业务许可制度。目前中国的三网产业法律法规体系和行政管理体系相互独立存在,差别较大。三网融合产业均实行较为严格的准入制度,单向进入某一产业有条件限制,双向进入条件则更加严格。从目前三网融合试点来看,现有市场准入制度严重阻碍了业务融合的发展,甚至成为融合的政策壁垒。

互联网是三网融合产业发展最快的领域。技术发展和业务创新需要一个宽松的市场竞争环境。三网融合产业融合的交集点在互联网,尤其是IPTV业务。按照现有的法律规定,运营商经营IPTV业务需要电信和广电业规制部门的双重许可,一是从事互联网服务营业场所和经营活动由工信部许可;二是从事信息网络传播视听节目业务需要广电总局许可。这样,三网融合中最活跃的业务理应拥有宽松的发展环境,而现实是其受到最严格的规制。由于两大部委的管辖范围和规制不同,导致业务上相互之间冲突事件时有发生。如IPTV业务"泉州事件"[1]是广电与电信两部门在具体业务上的第一次冲突,不久,广电总局又紧急叫停了广西、新疆两省级电信公司的IPTV项目。[2] 此后,多地广电部门叫停IPTV业务,IPTV的发展一直受制于广电与电信的部门利益之争。在三网融合试点的方案中,有关是维持三网融合业务的规制还是维持电信和广电规制部门的双重规制,这个长期存在的问题没有正面解决,这就是IPTV业务发展不畅的原因。这里讨论的准入问题只涉及电信和广电产业的双向进入问题,还没有涉及民营资本市场进入问题。

2015年,国务院印发《三网融合推广方案》,三网融合结束试点阶段,在全国范围内正式全面推广。2016年,IPTV用户数达到8673万,同比增长89%,几

---

[1] 2006年,泉州广电局叫停了上海文广新闻传媒集团和福建省电信有限公司泉州分公司在泉州合作的IPTV项目。在问题没有得到化解之前,泉州广电局针对IPTV业务的竞争实施了数字电视网络改造,双方随后互相破坏对方的网络传输设备,甚至出现暴力冲突,引起高层的关注。

[2] 李琳,吴晓宇.三网融合:两大部委博弈内幕[J]. IT时代周刊,2010(13):34-40.

乎所有省市的IPTV用户数都出现了明显增长。2017年年末,我国IPTV用户数达到1.22亿户。在取得好成绩的同时,还要清醒地认识到电信部门及广电部门之间的利益博弈阻碍了IPTV发展的现实。IPTV业务的推进打破了有线电视产业的格局,各大利益相关者需重新分配权利与责任。有线(互动)电视产业链包括内容提供商、软硬件提供商、运营支撑系统提供商、电视运营商及有线电视用户。其中,内容提供商提供各类直播频道资源、视频内容及各类增值服务;软硬件提供商及运营支撑系统提供商负责建设、维护及升级设备平台与运营系统;有线电视运营商是产业链核心环节,负责节目内容分发及传输节目与内容信号。IPTV产业链包括内容提供方、设备供应商、系统解决方案供应商、内容集成播控平台、电信运营商、终端设备供应商及IPTV用户。其中,内容提供方提供各类直播频道资源,视频内容和游戏、音乐、教育等增值互动服务,包括广电系及互联网系;设备供应商提供视频业务系统、IP/ATM城域网、宽带接入网及家庭网络四个部分的建设或升级服务,代表企业包括华为、中兴、UT-STRACOM(UT斯达康)、贝尔阿尔卡特、西门子等;系统解决方案供应商建设并提供运营管理平台、互动电视平台、数字电视服务等IP网络系统解决方案,代表企业包括VCOM、思华科技等;内容集成播控平台指获得在电视机、手持设备等终端经营视听节目传播业务许可证的牌照商,负责节目的统一集成及播出控制,进行内容分发;电信运营商或宽带运营商指拥有IPTV传输牌照,能够传播IPTV节目及信号的电信固网运营商,主要负责网络运营、技术维护及终端用户管理,是目前推动IPTV用户规模高速发展的关键动力;终端设备供应商提供接受IPTV信号的机顶盒等终端设备,代表企业包括华为、中兴等。

  各省"网台分离"推行程度不同,电视台、有线电视网络公司及各地广电局对IPTV态度不一。早在1995年,中央就提出"网台分离"相关要求;1999年,国务院发布《关于加强广播电视有线电视网络建设管理的意见》,明确要求广电系统组建企业化的有线电视网络公司;2000年6月,有线及无线播出机构根据国家统一要求实现合并,国内推进电视台及有线电视网络"网台分离",有线电视网络公司负责组建有线网络及运营,但广电局、电视台、有线电视网络公司仍保持三位一体、统一进退的垄断状态。近年来,部分地区网台分离落实具体工作,整合省网,实现"一省一网",为后续产业迭代升级打下坚实基础。电视台广告收入存在下降压力,推行IPTV业务有望增厚电视台广告收入,整体呈支持态度;有线电视网络公司的有线电视业务与IPTV属于同质化竞争,IPTV必然分流传统电视收视市场,因此,整体呈不支持态度;各地广电局响应国家政策,对IPTV业务推进较为支持,但仍需综合考虑各方面因素(如有线电视网络公司在当地的影响力等)。由于各省"网台分离",推行进度不一,部分省(市)广电局、电视台及有线电视网络实质上三位一体,IPTV业务的推进主要依靠电信公司通过加大营销手段,进行推广;部分省市"网台分离"程度较高,电视台愿意为IPTV业务导入资源,支持其发展。从目前来看,三网融合发展尚存在制度上的阻力,并未真正在全国普遍推进。

第三节 三网融合市场准入制度完善

一、国外市场准入制度的发展

2003年英国《通信法》根据欧盟新的通信框架,要求将电信市场准入由许可制度改为一般授权,电信规制机构收费取代了原《电信法》规定的年度许可证收费,实行传统广电和电信双向进入制度,广电和电信企业都可以经营对方业务。英国在规制政策上对互联网上传输的内容和广播电视节目内容采取不同的方式,体现在规制范围和强度上有所不同,英国对广播电视节目的规制要比对互联网传输内容的规制范围要广、力度要强。英国相关部门依据《通信法》设立了三网融合的规制机构——英国通信管理局(OFCOM),其目的旨在彻底打破三网融合进程中市场进入的制度壁垒,使技术和业务进一步相互促进和协调发展。

美国是实行三网融合较早的国家,有着较为成熟的法律文件,并设立有统一并独立的规制机构——联邦通讯委员会(FCC),负责颁发相关的许可证。例如,1996年美国的《电信法》中规定,取消原有的对各种电信业务市场进入的限制,允许广电和电信业务双向进入,鼓励电信业相互竞争。

日本的相关法律注重引导三网业务向融合的方向发展。2001年,日本颁布《电信业务利用放送法》,该法规定可用通信卫星设备和有线通信设备播放电视节目。这是电信业进入广电业的业务融合,使利用电信设备播放电视这一举措以法律的形式固定化、合法化。2002年,日本又颁布《关于促进电信和广电融合技术开发的法律》,从法律层面确定互联网与数字电视播放融合,也就是互联网与广电的融合。"为把利用因特网的电信传输和通过数字信号播放的电视融合在一起,并成为融合基础的电信广电技术,统称为'电信广电融合技术'。"[①]日本通过上述两个法律为三网融合产业的融合提供了法律保障。从国外经验来看,市场准入制度改革是三网融合的法律制度基础。

各国广播电视法规定的产业准入许可制度是广播电视规制制度的重要组

---

① 何德功.借鉴日本三网融合经验获得政策法律有效支撑[N].经济参考报,2010-07-01.

成部分。各国实施许可的主要形式有许可证、执照、特许状、批准书、注册登记、资格证书、特许权协议和授权合同等。许多国家宪法都规定了新闻自由、广播自由,但是他们都采取不同的方式对准入进行规制。一些发展中国家的广播电视开办全由国家垄断,发达国家和另一些发展中国家允许公民、法人和其他组织开办广播电视,但是要符合法律规定,并且须经规制部门同意才能开办广播电视,否则属于违法行为,将受到法律严惩。一般来说,广播电视市场越发达的国家和地区,需要行政许可的事项越少。

对于政府开办的广播电视机构或者公共广播电视机构,全部由法律授权特许经营。比如,美国《国际广播法》授权美国联邦政府开办美国之音等国际广播电视业务;日本《广播法》特许日本广播协会为公共利益的法人,以在日本全国普及广播为目标;韩国《广播法》授权成立韩国广播公司,作为独立法人承担公共责任。

对于商业广播电视服务,一律由法律授权规制机构分类许可。广播电视行业准入的门槛一般由法律法规明确规定,并向社会公开。商业广播电视包括了地面广播电视、卫星广播电视、有线广播电视等领域。各领域的许可条件不同。地面广播电视最早,开路播放能够免费接收,对社会大众特别是青少年具有普遍的影响,因此许可条件更加严格。对于地面广播电视业务的许可条件,主要包括以下几个方面:

(1) 申请人条件。

许多国家要求申请人为本国的公民或法人实体;同时规定禁止或限制正在服役的罪犯、正在接受处罚的违法者、被宣告破产尚未恢复者、无行为能力者等进入广播电视领域;禁止外国公民、外国法人、外国政府进入本国广播电视领域。比如,美国《联邦通讯法》对于非本国公民和企业持有美国广播电视许可证有限制,另外对于本国企业中外资持有比例有严格限制。[①] 澳大利亚新闻集团创始人鲁伯特·默多克为了进军美国电视市场,不得不按照美国法律要求,放弃其澳大利亚国籍而加入美国国籍就是例证。如今默多克在美国控股拥有了福克斯电视网、直播卫星公司等广播电视机构。还有些国家禁止公民个人(非公司法人)、政府政党经营广播电视。比如,韩国《广播法》第13条第1款规定,中央、地方政府或个人不得经营广播电视业务或信号传送网络业务;第8条第9款规定,政党不得拥有广播电视运营商的股份或权益股份。

(2) 节目设置合适。

由于地面广播电视具有一定的地域性,许多国家和地区要求广播电视开办

---

① 美国《联邦通讯法》第310条规定,非本国公民、外国政府、外国公司、任何其官员或负责人是外籍人的公司或1/5以上的资本总额由非本国公民拥有的公司,不得持有广播电视许可证。

人在节目设置方面,必须符合本地化、大众化、多样化的要求,维护当地居民的公共利益,维护文化的多样性。比如,瑞士《广播法》第11条第2款规定,当同时提交申请数目超过了一个播放地区的频率数时,优先权将给予大部分节目是自己制作的、有利于舆论和文化多样性的、与当地服务最为密切的申请。

(3) 所有权多元。

为了保障宪法规定公民的言论自由权,防止出现舆论一律、思想僵化、市场垄断等情况,许多国家和地区对地面广播电视所有权进行了限制,规定地面广播网、电视网在全国覆盖的人口不能超过一定的比例,限制在同一市场内拥有电台、电视台的数量,限制在同一市场内地面广播电视经营者拥有有线电视系统、报纸杂志等其他媒体。比如,美国法律规定一个人或一个公司拥有地面电视台在全国覆盖不得超过23%以上的美国家庭。

(4) 社会责任。

由于广播电视的社会影响力很大,一些国家对开办广播电视规定了相应的社会责任:一是节目中不能出现暴力、淫秽等法律禁止的内容;二是对青少年儿童实行特殊保护,要符合节目分级加密、广告播放时间限制等要求;三是用工方面要平等对待少数民族,要为当地提供就业机会,因此对广播电视开办者的经济能力和技术条件要求相对要低。

各国在电信、互联网和广电业上的市场准入标准是不一样的。随着电信技术与市场发展,各国对电信市场准入的规制不断放松,电信市场准入的法律制度随之进行调整。在三网融合方面,西方发达国家对于三网一般实行的是网络和内容统一规制的模式,广电网属于电信范畴,这一点与我国目前信息传输网络分属工信部和广电总局规制不同。所以,在论述之前首先要说明,此处的电信是一个包括广电网在内的广义的电信概念。电信业发展趋势主要包括以下几点:

(1) 市场准入的规制趋于放松。

从世界各国和各地区的电信业务许可规制情况看,为了应对电信服务及产业日趋国际化的问题,规制范围在缩小。许多国家除对需使用电信稀缺资源的业务给予较高规制外,对基础电信业务规制不断放开。传统上,许多国家使用个别许可证来进行电信市场的准入授权,即个别许可证针对特定运营商发放,许可证中规定了提供服务的详细条款、条件。个别许可证通常通过竞争性选择程序发放,例如,拍卖、招标等。近年来,随着电信市场竞争的加剧及电信规制的放松,一些发达国家和地区在准入制度上也进行了改革,采取一般授权或类别许可证等宽松的许可方式。在此种方式下,服务提供商通常仅需要向规制机构进行通报或登记(甚至可能连通报或登记都不需要),并在遵守所规定的一般条件的前提下,就可以开展业务,无须像个别许可证一样必须获得规制机构的批准。例如,欧盟从2003年开始,各成员国开始对通信网络与服务的提供使用一般授权制度,个别许可制度仅适用于频率、码号这些稀缺资源的分配。电信业务的分类和市场准入制度也是随着技术的发展而变化。2001年,日本修订的《电信事业法》在第二章电信业务中对市场准入作了规定:对第一类电信业务实行许可制,规定了许可标准和不许可的情况等;对第二类电信业务实行登记制,规定了第二类电信业务的登记、登记的完成、拒绝登记、改变登记、登记的废除、登记记录的注销等情况。2003年,日本取消了对第一类和第二类电信运营商的分类,废除了许可制度,只实行登记和通知制度。国际上对第三代移动通信的许可证,基本上是采用排名或招标的方式发放的。

(2) 推出统一的许可证。

一张许可证可允许运营商提供多种基础设施与业务,这种许可方式已经在一些国家得到采用,包括印度、肯尼亚、尼日尔等国。例如,2006年,尼日利亚推出的统一业务许可证中包含了固定电话、移动、国际关口和国内长途业务。另外,所有获得统一许可的被许可人都可以提供互联网接入服务、增值服务和付费电话业务等。从2003年开始,印度推出了统一接入许可证(UAL)制度,允许运营商以任何技术提供有线、无线接入服务,另外还可以提供IP电话、互联网服务和宽带服务。

(3) 外资进入市场限制放宽。

随着电信市场的私有化和自由化,放松对外商比例的限制是必然趋势。2005年,印度将外国直接投资的上限从49%提高到74%;2008年,加拿大开始讨论是否完全取消对于外资投资的限制;欧盟国家基本上取消了对于外商投资的限制。

二、完善中国三网融合市场准入制度

(一) 调整市场产权与市场结构

从产权结构来看,中国电信网、有线电视网和互联网的三大网络提供商基本上为国有制企业,私有企业在其中所占的比例甚小。电信业基本上被中国电信、中国移动和中国联通所垄断;有线电视被广电网所独占;互联网提供方主要是中国电信、中国网通、中国移动和教育网等,但中国互联网运营企业基本为私有企业。2013年7月,中国互联网协会发布的"中国互联网100强"名单显示,排名前五的腾讯、阿里巴巴、百度、网易、搜狐的2012年营收比例占中国互联网营收的70%以上。其中,腾讯、百度净利润超百亿,网易、盛大网络、搜狐、巨人网络净利润超10亿元。腾讯公司创收能力最强,全年营业收入超过400亿元,占"100强"企业收入总和的近1/5。中国互联网企业呈现几家独占市场的局面。① 2016年9月,中国联通作为首家开启集团整体混改试点企业、首家面向民营资本开放的通信业央企,中国联通的混改具有标志性意义。2017年8月,中国联通宣布进行混合所有制改革,引入腾讯、百度、京东、阿里巴巴等在内的多家战略投资者。百度、阿里、腾讯、京东等互联网企业代表进入混改后的新董事会,首创了"电信运营商+互联网"的融合新模式。

从电信市场结构来看,目前我国电信行业呈现中国移动一家独大的局面。移动通信和固定通信是电信运营商的两大主营业务,其中,移动通信业务收入是电信行业的主要收入来源。根据智研咨询公司的研究报告显示,2017年上半年,我国三大运营商移动通信业务收入共计4674亿元,占电信业务收入的72.4%。移动通信方面,中国移动占据绝对领先地位。中国移动移动用户数量为8.67亿、市场份额为63%。2017年7月,国家新闻出版广电总局发展研究中心公布的《中国广播电影电视发展报告(2017)》数据显示,2016年广播电视服务业创收达到4322.4亿元,同比增长9.36%,而三大电信运营商去年的总收入接近13349亿元。广电产业市场规模和市场竞争强度远低于电信产业。所以,在三网融合进程中应不断引进国外投资者和民营企业的投资,改变国有企业垄断经营的现状。

(二) 从"非对称进入"到"对称进入"

2010年开始,我国广电业务和电信业务双向进入试点。但从市场结构上看,电信企业的总体实力要超过广电企业,形成市场力量不均衡的状况。电信企业主要由中国电信、中国移动和中国联通构成,形成三大垄断寡头;而广电网企业存在着区域保护、互不连通,无法形成全程全网的问题。目前,广电有线网络还属于局域网,其宽带的出口带宽依然被电信控制,需租用电信运营商的出口带宽,这存在着产业间的一种控制。三网融合后,电信企业如果采取"捆绑销售"的营销策略,扩张其网络电视,这将会导致产业间力量更加不平衡。从公布的三网融合试点方案来看,其也明显体现着非对称性:电信在业务进入范围上没有大的变化,无法改变其与广电合作开展视频业务的现状;广电被授予IPTV内容集成播控平台的建设权和管理权,尽管国际互联网出口未能准许,但可以通过有线网开展完整的互联网接入、数据传送及IP电话业务。从三网融合试点方案中不难得出,针对不同产业应采取平衡发展方式,扶持广电业,纠偏电信业的强势,即三网融合是一种非对称、双向进入制度。随着三网融合的全面推进,电信和广电业之间应逐步实行双向对称进入的制度。

---

① 中国互联网协会. "中国互联网100强"(2013)发布[EB/OL]. (2013-08-06). https://www.isc.org.cn/zszx/xhdt/listinfo-27097.html.

(三) 外商和民营投资限制

在三网融合之前,广电网是不允许外资进入的,电信网虽然允许外资进入,但股份持有不能超过 50%。我国媒体产业的对外开放的条件是非常严格的,严格限制外资企业进入媒体运营中。2008 年 9 月 12 日,国务院颁布了《关于修改〈外商投资电信企业管理规定〉的决定》,降低了外资企业进入中国电信市场的准入门槛,对注册资金的限制进行了调整并减少额度,外资企业进入中国电信企业不再需要提交可行性报告。这一举措表明中国电信市场已经向外资企业打开,并为其提供了法律依据。同时,这一举措也表明了重组后的中国电信业采取的是积极开放的市场态度。外资企业凭借先进的技术,在三网融合中可能获益的环节主要在上游或下游产品,如软件、芯片和终端产品,因此,对其可以放宽限制,采用与中国企业合资的方式进入三网产业领域,提升三网融合的技术水平。上海自贸区在电信服务方面新增试点,开放因特网接入服务等四项业务,同时,信息服务业务、存储转发类业务这两项业务外资股占比可突破50%。[①] 2017 年 1 月 15 日,中共中央办公厅、国务院明确提出完善市场准入制度[②],深入推进简政放权、放管结合、优化服务,进一步取消和下放相关行政审批事项,加快落实由先证后照改为先照后证的流程,简化审批流程,提高审批效率,进一步建立和完善与移动互联网业务发展相适应的市场准入制度,健全电信业务分级分类管理制度,健全移动互联网新业务备案管理、综合评估等制度。在确保安全的前提下,引导多元化投融资市场发展,积极稳妥地推进电信市场开放,推动形成多种资本成分和各类市场主体优势互补、相互竞争、共同发展的市场新格局。

---

① 2014 年 4 月 15 日,工信部发布《中国(上海)自由贸易试验区外商投资经营增值电信业务试点管理办法》。

② 2017 年 1 月 15 日,中共中央办公厅、国务院办公厅发布《关于促进移动互联网健康有序发展的意见》。

第四章　三网融合产业规制机构

规制体制是三网融合能够成功以及融合后市场正常运行和有效竞争的必要条件。已经完成三网融合的国家和地区无一例外地都重视规制制度的建设。中国在三网融合过程中，现有规制的体制问题日益凸显出来，甚至有学者提出三网融合会因制度问题而"夭折"的观点。由此可见三网融合产业规制体制建立的重要性。规制体制类型的选择涉及各国的政治、经济、地理、历史和习惯等因素，而各种因素又相互交缠，所以各国依据不同的规制理论和实践境况，分别建立了不同的规制体制。虽然规制制度各有千秋，但根据其类型化大体可以分为三种，即以英国为代表的融合规制体制、以美国和日本为代表的统分结合的规制模式和以法国为代表的分业规制模式。[①] 目前，我国以及世界上大多数国家仍然沿用分产业纵向规制的网络规制体制。电信业和广电业分别建立了不同的规制制度和机构。三网融合产业规制体制的核心是产业规制机构的设置。首先，明确设立产业规制机构的法律依据；其次明确是由一个还是几个产业规制机构来承担规制职责，如果是多个产业规制机构还应划分相互间的权限；最后，还要确定综合产业规制机构，如反垄断机构之间的权力划分。由于各国的市场规模和产业市场化程度不同而形成不同的规制体制。各种规制体制的区别主要体现在产业规制机构的数量多少，产业规制机构之间权限的划分，以及与其他规制机构之间的权力分享等。

政府规制机构是市场经济体制下，政府为解决和矫正市场失灵问题而设立的一种特殊行政组织，以独立、专业、透明、可信和可问责为特征。相对于传统科层式行政官僚体系，规制机构的优势在于：① 利用其专业性、技术性、灵活性可以减少决策成本；② 利用其相对独立于政治和行政干预的特点，可以增强长期政策承诺的可信度。在全球化的今天，增强政策可信度、扩大国内市场、提高国际竞争力在各国规制机构的构建中所占比重越来越大，建立独立的规制机构已成为立法趋势。[②] 国家通过规制机构管理、参与等方式介入社会经济生活，规

[①] 陈净卉.西方国家对三网融合的规制与启示[J].青年记者,2013(1):83-84.
[②] 马英娟.中国政府监管机构建中的缺失与前瞻性思考[J].河北法学,2008(6):80-87.

制在商业和经济生活中无处不在。产业规制机构是规制机构的一种,是针对特定行业的特征所设置的。独立规制机构比较发达的美国,在历史上首先设立的规制机构就是针对铁路运输收费的产业规制机构。在三网融合进程中,对于规制机构的设立和运行会提出更高的要求。

第一节 国外通信传播规制机构介绍与启示

电信业规制机构最早出现于19世纪末的美国和加拿大。① 由于20世纪电信技术水平和各国电信产业发展不均,加上在大部分时间内大多数国家的电信(包括广电)网络仍由政府运营,所以,到20世纪90年代,全球只有13个国家成立了现代电信业规制机构。② 20世纪末,随着信息技术发展,网络传输技术进步,因特网迅速发展并与传统的电信网、广电网产业不断融合,以及国有电信公司的私有化,客观上需要成立通信传播规制机构,此外,建立通信传播规制机构的国家和地区的数量不断增加,2001年,已经有110个③,2007年则增加到148个。④ 西方发达国家三网融合政策已经成熟,本书将选择以下几个典型的国家规制政策的价值取向和规制模式进行比较。

一、美国通信传播规制机构

国家对于经济社会的规制是一个历史产物。规制机构是因应市场需要国家干预的客观现实而产生的。一般认为,美国是产业规制制度的发源地,其规制理论和实践对于世界各国规制制度和机构建立都有不同程度的影响。美国传统的经济思想主张自由,放任竞争,反对政府对经济进行干预。政府对经济的规制并不是流行的理念,美国继承英国法律传统,奉行《普通法》关于财产与自由神圣不可侵犯的传统观点。⑤ 美国宪法明确规定保护公民生命、自由和财

---

① Intven H. 电信规制手册[M]. 官云翔,译,北京:北京邮电大学出版社,2001.
② 王湘军. 电信业政府监管研究:行政法视角[M]. 北京:知识产权出版社,2009.
③ Lloyd L. 通信法[M]. 曾剑秋,译. 北京:北京邮电大学出版社,2006.
④ 司法秀. 全球电信业政府管理机构改革概况[J]. 通信管理与技术,2008(03):1-4.
⑤ 英国1215年《大宪章》(Magna Carta)中即有"任何自由人非经贵族法院依法判决或者遵照王国的法律之规定外,不得加以扣留、监禁、没收其财产、剥夺其公权、或对其放逐、或受到任何伤害、搜查或者逮捕"。

产。① 美国在建国之初,首席大法官马歇尔在达特茅斯学院诉伍德沃德案中②,将特许证视为一份契约。因为契约是人们获得财产的主要手段,因此,对契约的保护即是保护财产本身。最高法院判决明确表明:"在公司的特许证中,特权的授予就是一项契约,因此,政府无权加以损害。"③按照马歇尔在本案中的观点,政府对企业的特许权是一种财产契约,法律上特许其进行排他性经营。政府不能对特许权进行干预,否则就是对先前契约的违反,同时也是对该公司财产权的一种侵犯。这种对自由和财产权利进行保护的法律,随着技术进步和社会化大市场的发展,不断受到客观现实的挑战。比如,政府授权一个企业在河流上修建一个桥梁,那么就不能再许可其他的企业或个人在附近修建一座桥梁,因为按照最高法院判决的观点,政府这种再许可行为属于违约行为,并侵犯了早先取得许可权的企业的财产权。在工业化初期,由于市场竞争主体少,竞争程度不强,所以这一判决是合理的。但后来,美国联邦高等法院在查尔斯河桥梁公司诉沃伦桥梁公司一案中注意到这种判决结论的不足,并且不断修正。"在交通方面消除未来的排他性垄断的需求,已经不再仅仅局限于整治范围内的了。唯一重大的争论是,采取何种恰当的方式避免出现从前的垄断后果……在不到一代人的时间里,法官和法学家就承认,支持竞争的政策是经济进一步发展的必不可少的条件。"④由此,法律对交通运输公用事业进行竞争性规制制度在美国确立。

20 世纪 30 年代,美国出现了空前的经济危机。为了保障新兴的电信业平稳发展和加强电信业产业规制,美国于 1934 年制定了《电信法》,在电信产业成立了世界第一个具有现代意义的独立规制机构联邦通信委员会(Federal Communications Commission,FCC)。⑤ FCC 是美国对广播电视、电信进行管理的独立规制机构,在国内具有规定、监督和管理美国州际和国际通信的权力。委员会的主席和 5 个委员由总统任命,它具有审批、建设、修改资费等很多权限。按照法律,州内的通信业务主要由州的决策部门——公益事业委员会作决定。

1996 年的《电信法》是一份美国推进三网融合开展的基石性法律。该法针

---

① 美国宪法于 1887 年制定之初主要规定国家权力的制衡与制约,而反联邦党人批评宪法缺乏保护基本公民自由和权利的条款,遂经妥协,美国于 1789 年通过《权利法案》,作为宪法最初的十个修正案,加入保护公众自由的内容。其中第五修正案规定"任何人……不经正当法律程序,不得被剥夺生命、自由或财产"。

② Trustees of Dartmouth College v. Woodward, 17U. S. 518,(1819).

③ 施瓦茨. 美国法律史[M]. 王军,译. 北京:法律出版社,2007.

④ 霍维茨. 美国法的变迁(1780~1860)[M]. 谢鸿飞,译. 北京:中国政法大学出版社,2004.

⑤ 在美国联邦通信委员会成立以前,美国通信业由不同的政府机构分别监管。比如,在 1910 年,美国国会通过法律,把从事州际业务的电报和电话公司纳入州际商务委员会的监管范围;1927 年,美国通过《联邦无线电法》,并依法设立联邦无线电委员会以监管广播和其他无线电通信业务。

对原有电信法中不适应产业融合部分作了局部修改，增加了竞争性市场的发展和普遍服务等内容，进一步完善了产业规制制度。它废除了对电信业和广电业的混业经营的禁止性规定，扫清了三网融合进程中的法律障碍。至此，有线电视运营商可以不经电信规制部门的许可就进入电信市场，从事相关业务。电信规制机构不得禁止或限制有线电视运营商经营电信业务，以及对其服务施加任何条件。同样，电信企业可以通过有线和无线网络进入广播电视服务市场。电信和广电业务相互开放，在市场双向准入外还推动长话、市话、广播、有线电视、影视服务等业务互相渗透融合。在产权方面，各运营商之间相互持股，增强了电信和广电领域的市场竞争和融合。电信业和广电业实行竞争性准入许可和业务融合的制度，为自由竞争的法律环境提供了有力保障。在相当长的一段时间内，电信企业和广电企业在业务开放后，各自在原有的经营项目范围内仍保持一定的优势，为了克服在新的项目中的劣势，两者都注重网络市场的发展。在融合早期的市场竞争中，三网融合企业采取"语音＋视频＋数据"一体化服务。之后，随着通信技术和数字技术的发展，经营者更多关注新的融合业务的开展。

  美国不断调整规制体制和政策，目的是为了适应三网融合的技术和业务发展的需要。美国FCC模式的显著特征是：电信业产业规制机构对民用电信、广播电视等业务实行一体化规制；既负责实施规制，又负责制定产业政策；既规制网络，又规制内容；集准立法权、行政权和准司法权于一身；独立于政府系统之外，直接对国会负责。美国各州虽没有设立与FCC相对应的州通信委员会，但设立了包括通信在内的公用事业委员会。这些委员会在职责、权限、机构设置、人员组成等方面存在较大差别，但都是对州内通信、电力、煤气等公用事业的市场准入、价格、服务质量等进行综合规制。按照美国法律的规定，FCC负责州际和国际通信业务的规制，而各州相关委员会负责州内通信业务规制。政府将运营商分成传统意义的运营商和竞争性服务提供商两类进行规制，对前者的规制立足于普遍服务的责任承担；对后者的规制重点在于价格和市场的规制，例如，设定价格上限。三网业务融合对于规制机构提出新的要求，2001年9月13日，FCC为了统一规制融合业务，决定将内设的公共电信的规制机构与有线电视的规制机构合并为一个"竞争规制局"。竞争规制局规制范围包括电信、广播电视和互联网，这样有利于制定和实施统一的规制政策。至此，FCC在规制定位和规制政策方面有了显著的变化。

二、英、德、法三国通信传播规制机构[①]

(一) 英国

英国邮政局一直垄断经营邮政和电信业务,直到 1981 年才分立为英国电信公司和皇家邮政公司,实现邮政和电信分离。随后,英国电信公司与私有 Mercury 公司垄断电信市场。1984 年,英国电信公司实行私有化。同年,英国制定《电信法》,并依法设立英国第一个电信业领域独立规制机构——电信规制局(OFTEL)。与美国 FCC 规制职能不同,英国 OFTEL 没有规制广播、无线电和电视产业的职能,另外也没有制定产业政策的职能。电信产业政策由贸易工业部负责制定,可见政府产业政策制定部门和产业规制部门是分开的。规制职能和产业政策制定职能相分离,规制机构独立于政府产业政策制定部门,直接对议会负责。按照法律规定,英国 OFTEL 必须每年向议会汇报,并接受国家审计办公室的检查,同时对国家公共会计委员会负责,保证资金的合理利用。

随着英国电信产业与广播电视产业的网络与业务、电信行业内的固定通信网与移动通信网以及有线技术与无线技术的不断融合,英国移动通信市场和互联网市场竞争加剧,对规制提出新的要求。英国为了顺应三网产业融合的趋势,于 2003 年制定了《通信法》。该法对英国电信业、广电业和互联网业的规制体制进行了重大调整,将原有 5 家规制机构,即 OFTEL、独立电视委员会(ITC)、广播标准委员会(BSC)、无线规制局(RA)和无线通信局(RCA)融合为一家通信规制局(OFCOM),对三网融合产业提供统一的规制。OFCOM 是英国通信行业的管理机构,负责电视、电信、广播和无线电通信服务的规制。OFCOM 的决策机构是理事会,由执行委员会(包括首席执行委员)和兼职成员(包括主席)统一组成。OFCOM 的结构与其所规制的公司结构相同。OFCOM 未设置总裁来负责行使决策权,理事会全部由兼职人员或委员会群体构成(这些委员群体代表 OFCOM 所取代的管理部门)。OFCOM 有许多委员会和咨询机构,它们或已被 OFCOM 授权,或向其提供咨询意见。这些委员会和咨询机构包括:消费者委员会、内容委员会、国家和地区咨询委员会、老年人与残疾人咨询委员会等。作为一个对电子通信服务和广播电视服务实施融合规制的机构,OFCOM 是欧盟范围内权力和责任最为广泛的规制机构。依据 2003 年《通信法》,OFCOM 负责通信市场相关的竞争法的适用,反托拉斯局(OFT)负责竞争法在所有领域适用,因此,这两个机构对通信领域竞争都有管辖权。根据特别法优于一般法的法律原则,OFCOM 在处理通信和广播电视市场竞争事务中拥有相应的优先权。相应地,OFT 被认为在并购领域内更为胜任。《通信法》还

[①] Holznagel B. 中欧电信法比较研究[M]. 续俊旗,译. 北京:法律出版社,2008.

设置了进一步的协商和合作机制,如为了保持规制的一致性发表建议的权力。然而,如果两个规制部门中的一个已经发布了决定,那么另一个机构就不能再行使权力,同时为防止在行使权力时发生冲突,也可由国务秘书确定哪一个部门的权力优先。

OFCOM 是一个法定机构,独立于政府之外,对电信、电视、广播和无线电通信的网络和内容实施统一规制。主要职责包括:增进民众与通信相关的利益,增进相关市场消费者福利并促进竞争;确保电磁频率的优化使用;确保电信服务在全国范围内的有效性、通用性;确保在全国范围内提供高质量的广播与电视服务,并满足不同消费者的品位与兴趣;确保广播与电视服务提供商的多样化;规范广播与电视服务的标准,为公众提供适当保护,使公众免受服务中不受欢迎的或有害的内容的干扰和免受服务过程中的不公平对待以及由服务带来的对隐私权的侵犯等。

(二) 德国

德国在电信和广播电视领域采取分立的规制制度,分别制定了各自独立的规制法律,设立不同的规制机构。电信和广播电视规制体系只是在频率管理方面存在重叠区域。2005 年 7 月 13 日,德国电信邮政规制机构被并入联邦网络局。联邦网络局是联邦政府高级管理机构,隶属于联邦政府科技和经济部,负责联邦电力、煤气、电信及邮政和铁路的规制。联邦网络局的中心任务是实施电信法及其条例,通过非歧视接入和收费的干预来确保电信市场自由化和放松规制。德国电信法是竞争法在专业领域的特殊应用。故此,网络规制局与德国反垄断部门之间难免有很多职能交叉重叠,也促使两个部门在执法时需相互合作,同时为避免法律冲突,在制定一般竞争法和电信法中都应遵从同样的理念和规则,比如,联邦网络局必须允许反垄断部门介入滥用市场势力的处理程序。

德国规制法律由分属联邦政府和州政府的不同组织机构来实施。联邦政府负责电信产业规制,联邦网络规制局承担规制职责,而广播电视产业的规制职责由各州媒体规制局负责。电信网络传输与网络内容规制分开,联邦网络规制局规制电信的网络基础设施和"传输",而完全不需考虑传输的内容,无权进行内容规制。各州建立媒体广播管理机构(媒体规制局)规制广播电视产业。联邦各州媒体规制局属于行政规制机关,负责各州的广电业的规制。它根据广播法来分配和授予传输容量,与电信规制部门共同规制频率分配。州媒体规制局有权授予和撤销私人广播电视提供商的许可证,并对于自己授予的许可证负有在联邦全境监督该提供商的运营活动的职责。在德国,广电运营商要先取得州媒体规制局授予的广播和电视节目传输的许可证,再办理广播传输容量的审定。某一个州的媒体规制局所颁发的许可证同样也被其他各州媒体规制局所认可,并适用于在德国全境的业务经营。为了确保言论多元化和监督媒体集中程度,州媒体规制局审查播放的节目和广告的内容的权力是有限的。对运营商所传播的政治问题内容的审查由专门的多元化委员会来担当。广播电视提供组织中均设有由来自不同领域的代表组成的"广播及媒体委员会",该委员会负责审查传输内容过分的倾向性问题。州媒体规制局审查内容违法情况,例如,涉及法西斯言论、反对自由民主的基本秩序以及损害消费者、青少年保护等方面的内容。

德国产业规制特点主要有以下几个方面:广播电视与电信产业、网络与内容都分开规制、规制机构隶属行政机关,其独立性不强,只是内部相对独立;电信规制权力属于联邦政府,广播电视属于州政府;电信规制机构与其他公用企业管理同属一个规制部门,没有单独设立电信规制部门。随着新技术的发展,从二战后建立起来的这一传统分立体制存在的合理性越来越受到质疑。为了适应技术和运营的发展需要,德国三网融合规制立法和规制机构的调整日益紧迫。

(三) 法国

法国电信与广电的关系与其他西方国家不同,两者的业务一直存在交叉参与。法国电信公司早就参与法国广电业,为其提供网络传输能力。1996年以前,法国广播电视传输网60%以上业务内容由法国电信公司提供。甚至,法国广播电视商(TDF)曾经就是法国电信(FT)的一部分,只是TDF既可以建立自己的独立网络,又可以租用法国电信公司的传输网络。2004年2月,电子通信与邮政规制局结构的主要变化是增加了界定经济政策的横向服务的两个新的垂直部门——本地管理和宽带市场规制局和固定移动市场规制局。

电子通信与邮政规制局不负责内容规制,其职责范围主要是对经由卫星、陆地传输、有线网络传输的无线电广播和电视服务进行规制。法国视听管理局承担内容规制而不对基础设施进行规制。两个规制机构有相互进行协商的职责,法国通信法中规定了进一步的协商与合作机制,即为了确保规制的一致性而发布建议。但是这种责任的分立并不是出于权力不能过分集中的考虑,而是出于客观需要,法国视听管理局原来负责有关通信的所有问题(包括内容和网络),现在取消其部分责任是为了集中精力应对内容规制问题。法国视听管理局与电子通信与邮政规制局的责任界限十分清晰并且易于理解,一个管理传输市场,另一个管理电视和无线电广播服务、内容规制、广播的频率分配。电子通信与邮政规制局与竞争性规制机构的合作是最为有效和互利的。在公开咨询和发布决定之前,它会充分考虑竞争规制机构的意见,帮助提升和修改市场分析报告,在互惠的基础上,其对于通信相关部门案例的意见也会被竞争规制机构充分采纳。总之,法国规制机构属于中央政府,其设立两个独立机构来分别管理网络和内容,并建立了协商机制。

三、国外规制机构融合的经验和启示

从经济发达且三网融合基本完成的几个国家的规制机构演变过程来看,各国在三网融合进程中为了顺应经济和社会发展的需要,不断地调整规制机构的组织形式和管辖范围。经过10多年的网络和多媒体融合的实践,积累了丰富的规制经验。通过比较分析,国外三网融合规制机构的经验主要有:

(一) 因时制宜的立法来确定规制机构的职责

从上述几个国家三网融合规制机构的演变过程来看,虽然规制机构设置模式和组织机构有差异,但各国都是根据各自国家的政治制度和法律传统来制定相关的法律,并根据技术和市场的发展,不断确认和完善规制制度和规制机构的职权。规制机构的职权也经过了不断演进和完善的过程。美国是独立规制制度的发源地,其早在1934年就制定了《电信法》,并依法成立了独立规制机构联邦通信委员会(FCC),负责对美国广播电视、电信进行规制。在当时,电信业与广电业分业经营,联邦通信委员会内部设立公共电信的规制机构与有线电视的规制机构来进行分业规制。1996年的《电信法》彻底打破了美国电信业、广电业之间混业经营的限制。2001年9月13日,联邦通信委员会将内设的两个规制机构合并为一个竞争规制局,负责电信、广播电视和互联网的统一规制。其时的英国、德国、法国同属于欧盟国家,欧盟要求各成员国对电信和广电业的网络和内容分立规制,网络和内容各自必须统一规制的体制。但由于这三个国家的国体和政体不同,法律历史传统存在差异,所以三个国家选择三网融合产业规制的体制和机构也不同。在英国,不存在联邦制的问题,加之20世纪中后期的国有电信私有化后,英国的广电业和电信业私有化率高。2003年,英国《通信法》允许电信业和广电业双向进入,混业经营。英国政府为了协调规制职能,改变过去5个规制机构分别来规制电信业和广电业的局面,采用设立单一的规制机构同时承担内容和网络规制的模式。德国和法国采取网络规制和内容规制分别由两个不同的规制机构来规制的模式,目前大多数欧盟国家采取这种模式,在这一点上与英国的做法不同。德国和法国之间的差异在于德国的内容规制职能在于联邦各州,法国的内容规制则完全由一个国家机构视听管理局承担。这主要是由德国是联邦制国家,本身存在两级国家权力机构,即联邦政府和16个州政府,联邦和各州的权力分配由宪法规定,相互不得干预对方权力的行使所造成的。根据德国宪法的授权,联邦政府对网络进行规制,但不得规制内容,内容规制权属于16个州政府,各州都有规制内容的法律。法国是单一制的国家,网络和内容的规制权同属于中央政府,只是依据法国政府机构设置传统和规制目的的不同,将网络规制权和内容规制权分别由两个政府部门规制,分立的两个规制部门应该相互合作,共同应对三网融合带来的规制问题。

(二) 规制理念和目标明确

三网融合规制机构的理念在自由和限制之间寻找平衡。规制机构不是为了规制而规制,规制只是在市场需要的领域发挥作用,在市场能够发挥调节作用的领域政府就不应规制。所以,在规制理念上需要掌握经济自由与限制之间的平衡关系。各国规制总的目标是促进市场自由化,要求规制政策保证有效竞争,网络技术中立,促进文化和语言多样化以及媒体多元化。在三网融合规制过程中需重点关注消费者利益的保护。欧盟要求成员国的国内规制当局必须在电子通信网、电子通信业务及相关联的设施及业务方面提供方便,促进市场竞争,尤其"保证用户包括残疾用户在选择、价格和质量方面得到最大的利益"。[①] 英国规制机构 OFCOM 内设"消费者小组"和"老人、残疾人咨询委员会"两个咨询委员会,分别负责市场规制中的消费者利益问题和就涉及老人、残疾人的利益和意见向 OFCOM 提出建议。

(三) 规制机构具有独立性

美国在早期设立独立规制机构时,就注意到规制机构的独立性的重要性,规制机构若没有独立性就很难履行其职责,所以美国建立了独立于行政部门之外的、对议会负责的独立规制机构,联邦通信委员会就是其中之一。欧盟在 2002 年《关于电子通信网及业务的共同规制框架(框架指令)》第 3 条第 2 款中明确要求:"成员国必须通过保证国内规制当局在法律上有别于所有提供电子通信网、设备或业务的机构,并在职能上独立于上述这些机构,以此保证国内规制当局的独立性。"从上述几个国家的规制机构来看,各国均重视规制机构的独立性。其独立性主要表现在:第一,规制机构在法律上和实际功能上独立于网络运营商、设备运营商、服务运营商等被规制机构或者组织;第二,规制机构具备独立的资金来源,具备足够的资金保证规制行为正常进行;第三,规制机构有完善的组织机构和必要的工作人员和专业人员;第四,规制机构采取一些特殊规制的程序和手段,以区别于其他政府行政机构的执法程序和手段。

(四) 采取网络和内容统一的规制模式

英美两国采取网络和内容统一的规制模式,英国将原来两个规制部门融合到一个部门,美国是将原来在一个规制机构内的两个部门融合到一个部门,其共同的特点就是三网融合的网络和内容统一规制。2008 年 2 月,韩国从体制机制上进行变革,成立了新的融合规制机构——广播通信委员会,统一负责韩国电视广播、通信和新传媒相关业务的规制,也从网络和内容分立规制改变为统一规制。德国、法国都是欧盟的成员国,2002 年,欧盟的电子通信指令确定了对

---

① 参见欧洲议会和欧共体理事会 2002 年第 21 号 EC 指令《关于电子通信网及业务的共同管制框架(框架指令)》第 3 章第 8 条(2)政策目标与管制原则。

电子通信网络和内容分别规制的原则。这个原则在欧盟成员国间体现的方式不尽相同,如 2004 年,德国《电信法》充分贯彻了这一原则,规定对电子通信网络,包括广播电视行业的网络传输、频谱分配由联邦网络规制局依据《电信法》统一实施;法国则通过广电规制机构和电信规制机构的配合来实施。德国对电子通信网络的规制遵循技术中立的原则,无论是电信的移动网、固定网还是广电的卫星网络、有线网络,都被纳入统一的电子通信网络管理体系,实施统一的规制。虽然,有的国家采取网络和内容统一规制的模式,有的国家采取的是分立规制的模式,但有一点是不可忽视的,那就是世界上三网融合发展比较快的国家,在网络方面都采取了统一的规制模式。

(五) 发挥行业协会和咨询机构的作用

在新兴媒体和数字经济领域,"行业自律"与"合作规制"相结合的规制模式比传统的规制模式更有助于政府履行规制职责。"行业自律"是指行业自我监督、自我管理,遵循行业的普遍规则,被广泛视为对政府规制的重要补充。"合作规制"是指政府规制与非政府规制相结合。电信和广电业相互融合以及新的互联网通信业务不断创新,传统规制的方式和方法难以适应技术和市场的变化,尤其是互联网中出现的新业务是否需要规制?规制的依据是什么?由谁来规制?不同的主体对此有不同的观点。即使规制机构依法有权规制,但因互联网市场的行为和范围难以确定,行为发生的虚拟性和即时性,政府规制机关认定行为的性质困难,执法难度和规制成本都较大。行业经营者对于市场发展境况和趋势,以及具体业务比较熟悉,能够及时发现电信传媒业存在的问题和规制的关键点,所以要发挥行业自律组织的规制作用。但也要注意到行业规制与政府规制相比,在强制力方面相对要弱,公权与私权合作发挥各自的优势在规制过程中尤为重要。所以,要发挥"行业自律"与"合作规制"的作用,由社会和有关各方来承担规制责任,这样既能发挥行业和社会的作用,提高规制的效能,又能减轻政府规制的成本。以欧盟为例,欧盟已经意识到技术、经济和社会变革的速度让传统的规制模式执行的及时性和有效性等经常大打折扣,所以,欧盟积极鼓励引入这一合作模式。面对新兴媒体和互联网行业的挑战,"行业自律"与"合作规制"的模式完全可以取代传统的立法规制模式。

另外,产业规制机构与竞争规制机构在履行各自职责时,非常重视相互协调机制的建立和运作。

我国可以从国外三网融合的经验中获得一些启示。我国受特殊的国情和三网融合的阶段差异等因素影响,不可能照抄国外的经验。即使能够照抄国外的经验,也会出现一个难解的问题,那就是中国应选择西方国家的哪一种模式。各国的政治、经济、文化、风俗习惯、甚至气候、地理环境、国家的大小等因素,都会影响到规制制度。在相关研究中发现,一般国土面积比较小的国家或地区,大多会采取内容和网络统一的规制模式,比如,英国、新加坡、中国香港和中国台湾地区都采取统一的规制模式;相反,一般国土面积大的国家或地区很少采取内容和网络统一的规制模式。当然,它山之石可以攻玉,我国还是可以从中得到一些启示的:第一,规制的理念要更新,要从社会整体利益角度来审视三网融合规制问题,以社会为本位,不能单纯从经济利益和部门利益出发;第二,结合中国的实际情况,借鉴国外经验,建立适合于中国的规制体制和机制;第三,建立独立的规制机构,正确处理国有产权与规制问题,协调好与竞争规制机构和其他管理部门的关系;第四,重视对消费者利益的保护;第五,处理好网络规制与内容规制、经济规制与社会规制的关系。

第二节 我国三网产业规制机构介绍与评价

规制体制指规制系统的结构和组成方式,规制体制规定了中央和地方政府部门,或授权的机构在各自的规制范围、权限职责、利益以及相互关系的准则,规制体制的核心是机构的设置,规制体制决定着规制范围和效率。规制法律和政策的实施必须有健全的有效的规制机构来实施,因为"徒法不能自行"。

一、电信业规制机构

我国电信规制体制的发展演变,一般以1998年信息产业部的成立为界,分为两个阶段:

(一) 政企合一阶段

1949年11月1日,依照《中央人民政府组织法》规定,我国成立了邮政部。根据中国邮电分营的历史与现实,邮政部设立邮政总局和电信总局,各自垂直领导和管理下属部门。1950年7月,政务院决定邮电合营,对邮政和电信实行"集中领导,专业分工,邮电合一"的管理体制。自1953年开始,政务院将邮电产业由邮政部垂直领导改为邮政部和地方政府双重领导,业务管理以邮政部门为主的管理体制。1955年,随着全国大区建制的取消,邮政部也随之撤销了大区邮电管理局,同时确定县级邮政局为一级企业,由此中国邮政管理体制基本形成。虽然后期有所变动,基本架构仍为邮政部、省(自治区、直辖市)邮政管理局和县级邮政局三级体制,接受邮政部和地方政府双重领导。从计划经济时期电信发展历程看,电信行业一直政企不分,始终未真正走向市场,所以也就不存在独立的规制机构。由于历史和意识形态的原因,中国电信行业长期处于封闭与半封闭的状态,改革开放后电信行业迎来了发展机遇。20世纪90年代,世界大部分国家基本已经形成了独立的规制机构和专门配套的电信管理法规,而中国的电信行业仍然政企不分,管理机构职能不明确,规制无法可依。随着计划经济向市场经济转轨,传统的国家集权经济管理体制的改变,电信业的政府管理体制开始朝着政企分开、邮电分营的方向演变,现代意义的电信规制体制逐步建立起来。1994年3月,原政企合一的电信总局从邮政部机关中分离出来,成立独立核算的企业局,更名为中国电信,承担其经营管理职能,并担负起普遍服务的义务。另一方面,在邮政部专门成立了电信政务司,承担电信规制职能,地方通信管理局的政企职责也自上而下地逐步分开。邮政部对全国电信行业进行宏观管理,统一规制国家公用通信网和通信业务市场。由于邮政部与中国电信之间的关系"藕断丝连",所以在规制中国电信与联通的竞争时,没有很好地履行促进公平竞争的规制义务。

(二) 政企分开、建立产业规制体制阶段

我国建立现代意义的电信规制制度始于1998年成立信息产业部。1998年3月,本着"政企分开、转变职能、破除垄断、保护竞争、权责一致"的原则,国务院在原邮电部和电子部的基础上成立信息产业部,并在信息产业部内设立了电信规制机构——通信管理局。根据国务院的有关规定,电信业实行信息产业部与所在的省、自治区和直辖市人民政府双重领导,以信息产业部为主的规制体制。电信规制机构从电信业国有资产的所有者和直接经营者转变为电信市场竞争活动的仲裁者,成为电信市场的监督管理者。[①] 政企分开的电信规制体制建立。2000年以后的电信业经历了"两次横拆"和"一次纵拆",[②]竞争格局发生较大变化,电信规制机构面临的主要任务发生剧烈变化。2001年12月,中国加入WTO,电信市场全球化的步伐骤然加速,中国电信业规制面临的问题日益突出,比如,普遍存在的不正当竞争行为、恶性的互联互通事件、非法和无序的市场进入、电信资费竞争趋向恶性价格战、规制机构的角色错位和行动滞后等。这些问题背后均有深刻复杂的国情和体制原因,概括起来包括如下因素:① 政资合一;② "证监合一"的规制体制导致政策目标冲突。因此必须重新考虑中国电信业所处的发展阶段和规制机构的使命,探索政府规制职能的变化,将工作重心由"打破垄断、引入竞争"逐步转移到"优化市场结构、提高规制效率"方面。2003年,国务院成立国有资产监督管理委员会(以下简称"国资委"),将国有资产的投资人身份转给国资委。

2008年,国务院成立工信部,成为电信规制部门。但目前电信规制职能并非完全归于工信部,一些综合性部委,如国家发改委、财政部等也在一定程度上

---

① 邹文英.论电信产业的有效竞争[D].厦门:厦门大学,2006.
② 陈金桥.中国电信业监管体制:变革中前行[J].互联网周刊,2004(12):196-200.

承担着电信规制职能。另外,目前工信部还不是一个融合的电信规制机构,广播电视属于新闻出版广电总局的管辖范围。中国电信规制权限较为分散,尤其三个重要的权力——市场准入、普遍服务及价格监督,业务上都涉及国家发改委和其他相关部委,而作为电信规制机构的工信部权威显得不足。

表 4.1 电信行业规制机构的职能变化

年份	过程
1994 年	原邮电部将电信企业职能剥离出来,成立独立的法人公司——中国电信总公司(以下简称"中国电信"),由中国电信统一经营原邮电部管理下的电信业务
1998 年	九届全国人大第一次通过决议,决定在原邮电部和电子工业部的基础上组建信息产业部,将国家的电信主干网与管理电信企业的职能由邮电部移交给信产部,并将广播电视、中国航天总公司、中国航空总公司的通信管理部门并入信产部,原邮电部的邮政行业管理职能、邮政网路建设与经营管理的企业职能转交国家邮政总局负责
2003 年	国家成立国资委,原来由信息产业部行使的电信行业国有资产管理职能开始移交国资委
2004 年	中国铁通划归国资委,中国监督机构清晰化改革基本完成
2008 年	十一届全国人大一次会议审议并通过了国务院机构改革方案的决定,决定成立并组建工信部,由工信部负责电信行业建设和管理工作,其中国有资产管理职能仍由国资委履行

资料来源:中华人民共和国工业和信息化部网站

二、广播电视业规制机构

广播电视产业也经历了一个由政企不分到产业化运营的历史演进过程。1949 年 6 月 5 日,中共中央决定将原新华总社的语音广播部改为中央广播事业管理处,负责管理并领导全国广播事业。1949 年 10 月 1 日,中华人民共和国中央人民政府成立,中央广播事业管理处改组为广播事业局。1955 年,国务院颁布《关于地方人民广播电台管理办法的规定》,规定各省、自治区、直辖市人民广播电台为各省、自治区、直辖市人民委员会的直属机构,受各该级人民委员会及广播事业局的领导。1956 年国务院发出《关于农村广播网管理机构和领导关系的通知》规定:各省、自治区、直辖市人民委员会可设立广播管理局或处,负责全省(区、市)农村广播网建设,并管理省辖市人民广播电台。[①] 改革开放前,广播电视行业基本上是在党和政府双重管理的行业管理模式之下。这种制度安排的基本特点是:以国有化和高度集中的管理体制为特色的一元化制度设计,割裂了其他控制因素对电视发展的影响,使党和政府的管理权力成为决定一切的

---

① 徐光春. 中华人民共和国广播电视简史[M]. 北京:中国广播电视出版社,2003.

核心控制因素。① 1983年发布的《中共中央关于批转广播电视部党组〈关于广播电视工作的汇报提纲〉的通知》批准了实行四级办广播、四级办电视、四级混合覆盖的方针,确立了四级办台、四级管理的新体制;② 同时也明确了广播电视机构的性质和职能,即中央和地方的各级广播电视机构,既是党的新闻宣传机关,又是政府的事业管理机关,各项工作要围绕宣传这一核心工作进行;确立了各级广播电视机构之间的关系,即省、自治区、直辖市广播电视厅(局)的宣传工作受该省、自治区、直辖市党委领导和广播电视部指导,事业建设受该省、自治区、直辖市人民政府和广播电视部的双重领导,以同级政府领导为主。1997年,国务院颁布了《广播电视管理条例》,以法规的形式确认了中国广电业实行"条块结合、以块为主"的领导体制,"宣传工作、事业建设和行业管理三位一体"的管理体制。

1998年,国务院机构改革方案中明确广播电影电视部改组为国家广播电影电视总局,原广电部的广播电视传送网的统筹和行业管理移交给新成立的信息产业部。广播电视传送网涉及有线电视网,实际上有线电视网的行业管理权还在广电总局。中国有线电视管理体制与传统的广播电视管理体制一样,按照主体划分行政层次,并按照行政区划和行政级别来分配传播范围,划分传播层次,具体表现为"四级办、四级管"的管理格局。国家广播电视总局及各地广电机构作为规制机构,负责全国及各地有线电视行业管理以及发展规划、建设和运营。在有线电视的宣传路线、方针等重大问题上受中宣部的领导和指导。最近几年,一些地方在推进文化体制改革中对现行传播管理体制作了某些调整和改革,包括建立广电集团、出版集团、实行管办分开等,但全国传媒整体管理体制格局没有得到根本改变。

2008年,国务院进行大部制改革,实行文化部、广电总局和新闻出版署"三合一"的大文化部制,这样有利于理顺规制关系,减少企业成本。广播电视行业的主管部门是国家新闻出版广电总局,其主要职能大体包括:负责拟订新闻出版广播影视宣传的方针政策,把握正确的舆论导向和创作导向;负责起草新闻出版广播影视和著作权管理的法律法规草案,制定部门规章、政策、行业标准并组织实施和监督检查;负责制定广播影视领域事业发展政策和规划,组织实施重大公益工程和公益活动,扶助老少边穷地区新闻出版广播影视建设和发展;负责统筹规划新闻出版广播影视产业发展,制定发展规划、产业政策并组织实施,推进新闻出版广播影视领域的体制机制改革,依法负责新闻出版广播影视统计工作。

---

① 钱蔚. 政治,市场与电视制度[M]. 郑州:河南人民出版社,2002.
② 黄勇. 试论广播电视行政管理体制改革[EB/OL]. (2006-01-10). http://www.cctv.com/tvguide/tvcomment/wtjj/dsrshss/10618.shtml

三、互联网业规制机构

目前中国并没有形成一个统一的机构对互联网相关工作进行规制,存在多部门共同规制的情况。根据国务院的相关规定,国务院信息产业主管部门和省、自治区、直辖市电信管理机构依法对互联网信息服务实施监督管理。工信部主要负责互联网的行业规制,即中国境内的互联网域名管理工作。根据相关法规规定,从事经营性互联网信息服务应当向省、自治区、直辖市电信管理机构或国务院信息产业主管部门申请办理互联网信息服务增值电信业务经营许可证。

互联网规制可以分为对两类运营主体进行规制,即互联网网络提供商(ISP)和互联网内容提供商(ICP)。对于互联网产业的规制,主要由信息产业部承担,ISP和ICP的经营实行许可制度,要求企业提交必要的材料并根据经营区域的不同由中央或地方的规制机构进行审批。在目前的规制框架下,ICP受到的约束要多于ISP,特别是多部门分头审查的做法,在一定程度上影响了内容产业自主活力的发挥。互联网的内容管理涉及信息产业部、国家广电总局、国务院新闻办、文化部、公安部、国家保密局等诸多部门。

根据1997年5月20日发布的《国务院关于修改〈中华人民共和国计算机信息网络国际联网暂行规定〉》相关规定,国务院信息化工作领导小组负责全国互联网规制工作,全国实行分级管理。国务院信息化工作领导小组协调、解决有关国家联网工作中的重大问题。国务院信息办是国务院信息化工作领导小组下属的常设机构,负责制定互联网规制规则和政策,规定"国家出入口信道提供单位、互联单位、接入单位和用户的权利、义务,并负责对国际联网工作的监督;由国务院信息化工作领导小组授权、中国科学院计算机网络信息中心运行及管理的中国互联网信息中心(CNNIC)主要负责为中国境内的互联网用户提供域名注册、IP地址分配、自制系统号分配等注册服务,提供技术资料、使用网络的政策和法规、用户入网的办法、用户培训资料等信息服务,提供网络通信目录、网上各种信息库的目录等服务;中国互联网信息中心工作委员会由国内知名专家和五大互联网络的代表组成,对中国互联网的发展、方针、政策及管理提出建议,协助国务院信息办实施对中国互联网的管理"。[①]

1991年1月,国务院新闻办公室成立,在网络规制方面的主要职能是规划网络新闻事业,指导网络新闻宣传工作;2008年,新组建的工信息部的工作范围主要涉及互联网的行业规制,负责统筹规划互联网,依法规制电信与信息服务市场;公安部下属的网络安全保卫局负责规制公共信息网络的安全。除了这三

---

① 严三九.论网络内容的管理[J].广州大学学报(社会科学版),2002(5):67-71.

个网络规制机构以外,国家安全部、国家保密局、文化部和工商行政管理等有关主管部门在其职责范围内依法也可以对互联网业实施规制。

对于ISP的进入许可管理,主要依据《电信条例》《互联网骨干网间互联管理暂行规定》《互联网骨干网互联结算办法》等法律文件和规定。对于ICP的内容规制是指对在互联网上发布或者公告的各种信息进行规制,主要包括互联网信息服务、时政类新闻报道和评论以及社会公共事务的报道和评论。规制的依据主要是《互联网站从事登载新闻业务管理暂行规定》《关于进一步加强互联网上网服务营业场所管理的通知》《互联网等信息网络传播视听节目管理办法》《非经营性互联网信息服务备案管理办法》等文件。针对互联网内容规制主要依据发布的规章和文件,严格意义上的法律规定还相对缺乏。加快互联网规制立法,净化中国互联网环境,促进互联网市场的有效竞争,这些在市场化不断深入的今天已迫在眉睫。

四、三网产业规制机构的评价

中国电信、广电和互联网产业分业设立的规制机构在各自规制的领域发挥作用,虽然相互之间有所差异,但在产业规制方面普遍还存在以下几个问题:

(一) 规制机构设立法律依据层次低

国外三网融合产业规制机构设立法律依据层次高,属于立法机关法律保留事项,一般要么是立法机关制定法律直接规定,要么是立法机关给规制机关授权。法律明确规定规制机构、组织机构和运行规则、规制人员的组成和规制经费来源等。西方发达国家三网融合的经验表明,各国通过立法形式设立三网融合产业的规制机构。比如,1996美国联邦议会通过《电信法》,规定美国联邦电信委员会的职权;2003年英国议会制定了《通信法》,该法对英国电信业、广电业和互联网业的规制体制进行了重大调整,组建融合性质的规制机构通信规制局。

我国三网融合产业的规制机构设立依据不是来源于立法机关的立法,而是来源于中央编制办公室和国务院的"三定方案"文件,以及政府相关的法规和规章。与西方发达国家的设立规制机构的法律授权相比,中国设立规制机构的法律依据位阶要低。由于中国的社会主义初级阶段的政治体制和社会制度的原因,中共中央负责宣传、意识形态的中宣部,以及国务院的综合性部委和新闻办公室从不同角度和领域规制电信产业、互联网产业和广电业的部分事务。从这些党务和政府部门来看,它们的权力基本来源于中央编制办公室和国务院的"三定方案"文件。当然,有的部门的规制权力在后来的全国人大的决议中得到确认。2018年,国务院机构改革正在进行中,广电总局又从国家文化新闻广电总局独立出来了。整个机构改革还是延续过去的做法,依照中央编制办公室和国务院机构改革的"三定方案"。

国务院"三定方案"的合法性不容置疑,但其权威性和科学性时常受到质疑。中国行政机关的职权划分以中央编办和国务院的"三定方案"为依据,但时常出现权威性不足、法律授权力不强、随意性很大,甚至有个别的法律规定内容不能执行的情况,造成这种情况的原因可能是相关行政机构理解不一,也可能是行政机构部门利益与主管部门的不一致,导致法律规定的内容不能实施。尤其在广电业,意识形态比较浓,宣传部门与政府广电部门共同领导,在市场融合过程中,一些属于经济领域竞争问题,如比较纯粹的经济规制,可能因为广电产业市场发育没有电信和互联网行业的成熟,在涉及部门的利益或经济利益时,常常因为意识形态的考量影响产业市场的改革与竞争。

(二) 规制机构角色定位冲突

产业主管部门职责与规制职责混淆。"产业主管部门"管理体制在特定的历史时期起到了积极的作用,尤其是产业发展初期起到一定的保护和促进作用。但应当指出,这种职能混淆的规制机构模式存在很多的弊端,主要体现在两个方面:一是不能正确处理好企业利益与公众利益的关系,为了本产业发展常常不自觉地站在厂商的立场出台一些政策,而没有考虑到广大消费者的利益,这种偏袒厂商出台的政策行为导致规制部门成为"政策保镖"。例如,当一些消费者群体对电信和广电企业的霸王行为或条款提出质疑或投诉时,被诉企业经常可以在本产业主管部门的相关文件规定中找到某种政策或法规依据为自己辩解;二是不能处理好产业政策与竞争政策的关系,有些主管部门在行使规制权时更多地考虑产业发展而忽视市场竞争,甚至还起到阻碍竞争的作用。例如,联通公司在刚刚进入市场时面对的主要竞争对手是中国电信,当时作为中国电信的产业主管部门曾限制联通公司的发展。在三网融合试点工作中,电信主管部门和广电的主管部门从试点政策和方案的博弈到具体许可证颁发,带有产业主管部门的本位主义气息。

规制职责与出资人分离言易行难,规制部门的角色意识不强导致定位不准、角色冲突的现象时有发生。例如,作为电信业主管部门,按其角色定位及政企分开原则应当从事电信和互联网产业政策、规制规则和技术标准等方面的法规的制定工作,同时履行产业规制职责。作为产业主管部门应直接避免直接管理或参与企业经营活动。尽管中国电信行业市场化改革比较成熟,政企已经分开,但仍存在国有控股、一股独大等问题。规制部门在规制时还担负国有资产的保值、增值和电信产业发展等职责。比如,规制机构在调整资费政策时,必须充分"讲政治",还必须结合避免给海外上市的几家运营商市值造成影响等因素来做决策。这些问题又干扰着规制的公平性、有效性和合理性。[①] 这样不难理解,电信产业规制部门更多地扮演了国有资产管理部门角色。例如,电信产业规制部门将中国电信上市成功作为政绩进行宣传,却对此类企业在国内市场从事低价竞争排挤其他同行业企业、错误计费坑害消费者等行为不闻不问,这体现了电信产业规制部门没有很好地履行其规制的职能。广电部门的多重角色更加突出,广电管理部门既是广播电视台的创办者,又是行业规则的制定者和解释者;既是执行者,又是规制者。这就意味着广电管理部门扮演着"教练""裁判"和"运动员"的三重身份。地方各级广播电视管理部门虽是地方党委和政府的组成部门,以当地党委政府领导为主,但也受上级行业部门的业务指导。规制体系内部中央和地方管理权可能出现不通畅现象。以广电业为例,国家广电总局在处理中央一级的广播电视机构与地方广播电视机构之间竞争和利益冲突时,它作为中央一级的广播电视机构的开办人和负责全国广电部门的规制人的身份如何平衡,一直受到学术界和实务界的关注。例如,某歌星在现场直播的晚会上假唱被观众质疑,而主办方一直回避。该歌星后来公开承认是导演组要求其假唱,造成了不良的社会影响。由于中国广播电视管理体制与中国的政治、经济、文化体制改革紧密相连,国家广电总局要求各地积极稳妥推进广播电视管理体制改革,广电总局负责"管"、广电台负责"办",局和台机构分设、职能分开、人事财务分开,局和台的人员不得交叉任职,隶属关系不得改变,减少管理层次,实现广播电视管办分开的目标。

(三) 规制机构独立性不足

在行政系列内,组织机构、人员、经费、手段和程序等方面独立性都比较弱。我国的规制机构一般属于行政部门,三网融合产业规制机构宣传部门属于党务部门。目前这些管理机构只是国务院的组成部门或直属管理部门,没有像国外那样,成立完全独立于行政机关或相对独立的行政机构。在规制机构内部规制职责没有很好分离,内部规制部门不独立;规制机构的规制职权不独立,规制权与产业主管权力相混淆;规制机构内部从事产业政策和规制业务的人员和经费没有独立;规制机构的执法条件和程序与其他行政机关相比也没有独特性。

(四) 规制权力配置分散

规制权力过于分散不利于建立一个统一的强有力的规制体系,难以达到规制的目标。同一领域多个规制机构势必导致规制的低效率,无法形成规制的规模经济。中国三网融合试点工作进度不快的主要原因就是分业规制制度,该体制阻碍三网融合开展已成为各方的共识。目前,由于广电网与电信网的技术与标准不一、工作方式不同、业务界限分明,所以,长期以来,广电与电信网络和业

[①] 薛良燕,彭章燕. 对我国电信监管机构职能冲突问题的思考[J]. 通信业与经济市场,2007(5):4-7.

务互不相关,管理体制与机构也全然不同。还要看到电信业和广电业一样,产业的规制权并不是由一个规制机构独家享有的事实。就电信而言,电信规制机构并没有拥有充分的、完全的电信规制权。中宣部、新闻出版总署、国家发改委、国家工商总局、质量监督检验检疫总局等部门分别从不同角度,共同对电信市场进行产业规制。电信规制职能的分散不仅不利于统一规制,还会发生职权冲突影响规制的效果。

三网融合所涉及的电信和广电领域,实际上是信息的传输领域。由于数字技术、IP技术和宽带技术的大量运用,信息通过电信网、因特网以及有线电视网传输在物理属性和产业性质上没有本质的区别,而该产业的规制权则分割给信息产业部和国家广电总局管辖。这种设置模式不仅导致相关部门之间的"利益之争",也不利于形成相关产业的替代竞争机制,还会因相关领域产业规制政策和标准不一,阻碍产业融合和发展。

第三节 重构中国三网融合规制机构

法律"实施得当"的前提是规制体系本身的科学与高效,否则纵有良法也是徒然。三网融合产业的有效规制需要高效率的规制机构,所以,检视中国目前分业规制的模式,需重新构建符合三网融合产业发展需要的新的规制体制和权力配置合理的规制机构。

一、融合规制机构设立的原则

(一) 依法设立原则

应当由国家立法机关通过专门法律设立规制机构,明确规制机构的职责权限,赋予其强有力的法律地位并给予法律授权。在制定规制机构组织行为法的同时,也要注重产业规制的程序立法。

(二) 独立性原则

所谓政府规制机构的独立性,是指政府规制机构独立地行使自己规制职权,免于不当的政治干预与行政影响。独立机构要独立自主运作,在法律上保证其人员和经费的独立。

(三) 横向规制原则

横向规制是指根据类似的功能归类而进行的规制,主要是对网络传输和内容进行分类规制。根据功能的不同进行分类规制,是指规制领域不是根据某种业务及提供这种业务的基础设施的技术特点而定,而是根据业务或市场特点来分别执行政策。横向规制所遵循的原则有：一是技术中立性；二是对不同科层规制的一致性；三是层间规制有机性等。技术中立性是指对本质上提供类似服务的不同技术采用类似的方式进行规制。采取技术中立是为了防止政策偏向特定的运营商或技术，从而妨碍技术创新、融合的发展。针对网络传输层规制的政策重点是促进竞争和普遍服务，而内容规制侧重于促进文化的多样性。总之，不同层规制政策不同，但同层内对所有运营商和技术应采取一致性的政策。

（四）统一规制原则

将现有分散于各相关部委的电信、互联网和广电业规制权全部集中到新的规制机构，建立一个综合性的规制机构。在综合性规制机构之下设立两个融合性机构，一个负责规制包括整个信息通信领域，管辖范围应包括传统的电信网、互联网和广播电视传输网等；另一个负责融合后网络的内容规制。

二、规制机构与竞争机构权限的界定

三网融合产业都具有自然垄断的属性，正是基于此而需设立规制机构，对产业准入、互联互通、普遍服务、服务质量等方面进行规制。竞争规制机构对整个市场反竞争行为进行规制。这两个机构应该理顺规制职能，相互协调执法。以国家发改委立案审查中国移动和中国联通反垄断案件为例，姑且不论这个案件查处的事实是否成立，但应当注意到国家发改委既是电信行业资费的规制部门，又是价格反垄断部门，这样的设置是否合理？角色是否冲突？工商局能否查电信资费？[①] 由德国反垄断机构审查电信资费的案件引发的争议或能得到结论是，对于产业规制部门规制的电信价格，反垄断执法机构也可以立案调查。这与国家发改委调查是不同的，因为发改委依据中国《价格法》的规定，这是中国价格主管部门与工信部共同规制电信的价格问题。在重构三网融合规制机构时，要注意与竞争规制机构的权力配置以及执法协调问题。这次国务院机构改革中已经注意到反垄断权力分散问题，将商务部、发改委和工商总局的反垄断权力移至新成立的市场监督总局管辖。

传统意义上，当三网融合产业处于自然垄断状态之时，且又是国有企业时，那么该企业就会存在着政企不分的管理结构和规制体系，《反垄断法》就会对其无法起到作用。引入竞争或减少规制，反垄断机构与《竞争法》在三网融合产业治理结构中的地位就越来越突出。目前，我国的三网融合产业的规制机构在产业发展和规制中处于主导地位，相对来说，竞争机构介入规制要弱一些。随着市场开放和融合业务的发展，竞争机构的介入就会多起来，在一些情况下，两者

---

① 黑龙江市工商局查处电信价格垄断问题，遭到电信企业和产业监管部门的反对。

执法的目标是一致的,但也不回避两者管辖权之间有冲突的可能。假设当两个机构对同一案件做出完全不同的处理结果时,会引起经营者的决策面临诸多不确定性。从某种意义上讲,规制机构与竞争机构之间权力得到合理配置,将会降低经营者的经营风险和社会成本。我国《反垄断法》第七条规定了反垄断执法机构与产业规制机构职权划分。① 对于该条确定的反垄断执法机构与产业规制机构之间的关系,存在不同的解释。有的意见认为规制机构或反垄断机构单独行使权力;也有意见认为建立反垄断机构与规制机构之间的合作机制。目前,在中国实行反垄断执法机构与产业规制机构各自依法行使规制权力更符合现实,因为产业规制机构成立的时间早,且与企业的关系相对紧密一些,而反垄断执法机构分散且反垄断法实施时间不长,三网融合反垄断行为单靠反垄断机构的力量来解决还是不够的。另外,美国对此采取的是权力共享机制,对于FCC所规制的电信运营商,FTC与司法部可以根据《克莱顿法》第七条规定拥有共同管辖权。1996年,美国《电信法》颁布后,司法部对电信规制的权力进一步扩大,此法的出台,意味着原先FCC可以给予地方电话公司合并反垄断审查豁免的权力已不复存在。虽然美国国会仍然希望继续发挥FCC的业务特长,即在合并审查方面的优势,但这种权力不会只授予FCC一家。

从理论和实践上看,共同执行反垄断法的权力配置体系有利于充分发挥反垄断机构与规制机构的积极性与专业性,能实现政府的多重政策目标与多重价值诉求。② 但两者在执法过程中出现执法上的差异,也有资源重复和浪费的问题。美国在电信方面,任何一方做出合并决定前,都需通过非正式形式了解另一方的意见。FCC在制定规章时,司法部与FTC会对此提出它们的评论,FCC也经常引用司法部与FTC就合并问题,如市场定义、集中度的衡量等,发布指导原则。司法审查制度的存在,从根本上保证了双方之间的冲突可以通过司法途径得以解决。③ 我国应制定相关法律明确规制机构与反垄断机构在反垄断执法体系中的权力。若发生冲突时,应该提交至共同的上级部门解决,或通过司法途径解决。

除垄断执法机构与产业规制机构职权要分清楚之外,还要处理好产业规制机构与其他机构之间的协调关系。目前涉及宣传部与广电总局对于广电产业的管理问题、工信部与国务院新闻办公室对互联网管理等问题。这些问题需要国家的政治体制不断改革加以解决。从这次国务院机构改革来看,对

---

① 2007年8月30日,第十届全国人民代表大会常务委员会第二十九次会议通过《中华人民共和国反垄断法》,2008年8月1日起施行。
② 周汉华. 基础设施产业政府监管权的配置[J]. 国家行政学院学报,2002(2):52-56.
③ 吴华升. 我国反垄断执法机构与行业监管机构权力配置研究[J]. 经济法论坛,2011(8):129-146.

于三网融合的规制机构方面确实有很大的进步,但与统一规制目标还有一定的差距。所以,相当长的时间内,三网融合的规制权由多个机构分享,所以产业规制机构之间,以及与其他机构之间的协调机构仍发挥重要的作用。

三、规制机构具体模式的构建

国务院三网融合工作协调小组的成立推进了三网融合的进程,有助于解决规制重叠和规制冲突的问题。2016年4月,国务院三网融合工作协调小组办公室发布《关于在全国范围全面推进三网融合工作深入开展的通知》,强调进一步建立完善与国务院协调小组办公室、规制部门和企业的协调沟通机制。但是,建立的这种协调机构毕竟是非常设机构,所以还须早日建立统一、独立且公正的规制机构,统筹三网融合后的中国信息传媒产业。融合规制机构要从纵向产业划分的规制体系向横向功能划分的规制体系过渡,下面可分设内容规制、网络规制、消费者权益保护等不同部门,针对三网融合产业的不同功能,制定不同的规制标准。

第一步,在行政机构内部,要加强协调机制建设。通过专门的立法或以全国人大常委会决议的形式在国务院内成立一个独立的、常设的协调机构,暂称"三网融合规制委员会"。该机构不同于我国政府为了实施某项战略而设立的协调机构,那种协调机构只是临时性的机构,没有固定的人员和经费。三网融合规制委员会由法律授权成立,组织形式为委员会,实行主任委员负责制,委员人数为7~11人。主要职责有:① 组织或委托专业机构和人员研究三网融合规制问题,定期出版公告和出版物,指导三网融合工作;② 组织清理阻碍三网融合相关产业的法律法规,组织或委托专业机构和人员制定法律法规或草案建议稿,向有权立法机构提出法律修改和制定的建议;③ 制定有关三网融合的指导意见;④ 组织制定三网融合产业的产业规范和合同范本;⑤ 协调和仲裁三网融合规制部门规制冲突问题;⑥ 按期向国务院汇报工作,等等。三网融合业务具体规制权仍由现有的规制机构行使。

第二步,可考虑在国务院成立"通信传媒委员会",通信传媒委员会下属两个独立的网络规制局和媒体规制局,分别规制电信网络和电子传媒内容,并设立若干的咨询委员会和消费者委员会等机构。

第五章 三网融合的网络和内容规制

第一节 三网融合产业规制的嬗变

一、产业规制的边界

无论是社会主义制度国家,还是资本主义社会,在面对当今社会化大生产与经济全球化的现实时,都必须承认国家对经济事务的调节、控制等的必要性,这也已然成为一项基本的共识。政府对产业规制是必要的,但是有边界的,绝不可任意而为。政府规制的限度标准是看其能否提供保证在一个存在相互依赖关系的社会中社会发展的正常秩序、规范和服务,并提供持续发展的可能性和未来生活的合理预期。[①] 市场失灵是政府规制的前提条件,并不是市场一旦出现失灵现象,政府就立即上场行使规制权力。由于政府规制并不是"免费的午餐",它是会发生规制成本的,以及也可能出现政府规制失灵情形,所以,政府规制必须严格限制在一定范围内。实质上,政府产业规制的边界确定涉及政府与市场关系的界定。政府与市场的关系一直是经济学和法学研究的重点课题,也是我国市场体制改革的重要问题。政府和市场的关系必须有机结合起来看,不能割裂地看待二者关系。产业规制的边界就在于市场调节机制失效,市场经济规律难以发挥作用,又没有什么好的市场替代办法,这时政府规制才能发挥作用。一旦市场调节机制能够正常发挥作用,那么政府规制就要不断放松或退出。所以,政府规制必须在法律授权内和依照法定的程序运行。产业竞争问题能够通过市场解决的,政府就没有必要去进行规制。政府规制要坚持审慎原则,充分考虑其必要性、合法性和合理性。有时政府出于善意而强行规制产业发展,也不一定能取得预想的效果,甚至有可能适得其反。电信业和广电业在

[①] 潘伟杰. 制度、制度变迁与政府规制研究[M]. 上海:上海三联书店,2005.

传统上属于自然垄断性产业而不适于自由竞争。随着通信和数字技术的发展，世界上许多国家的电信业、互联网业和广电业的可竞争领域不断扩大和市场化程度提高，但基础网络部分尚未进入完全自由竞争状态，所以在三网融合产业中尚存政府规制的空间。

产业规制范围具有时代性，不是一成不变的，在不同的国家之间，甚至同一国家在不同的时期规制范围可能也不相同。从各国规制历史演变过程来看，还是可以清晰地发现规制边界嬗变的轨迹。

美国是三网融合产业规制制度的发轫地，其网络基础产业政府规制的理论和实践对西方各国规制制度发展有较大的影响，在产业规制领域极具有代表性。美国有学者将美国自1880年以来的规制历史概括为四个体制：市场体制、社团体制、社会体制和效率体制，并列表进行对照分析。[①]

市场体制是对新公司经济崛起的回应。1880～1920年，美国涌现的大规模公司经济和全国性市场，迫使地方经济进行整合，并威胁到很多企业和消费者早前享有的经济独立性。制度创新方面在于对独立委员会的普遍依赖。1887年，美国联邦政府成立了第一个负责规制跨州商业活动的州际商业委员会（ICC），负责执行《州际商业法》，有权做出裁决命令并确定违法造成的损失赔偿，率先对美国铁路业实施了产业规制，具体由州际商业委员会对铁路干线和费率进行规制。由此可见，当时政府的规制范围主要在于铁路运输准入制度和价格规制，防止拥有垄断地位的铁路运营商的价格歧视，以达到获得超额垄断利润目的，损害当时的农户和消费者的利益。规制目的是促进市场机制，通过行政手段得到类似于市场的结果。

社团体制是在"大萧条"期间工业经济和农业经济崩溃后产生的。通过规制各个经济部门的生产和定价的综合规制框架来促进经济稳定的尝试。利益协会作为半公共机构，参与制定和执行政策。20世纪30年代，世界经济危机出现，美国联邦政府加大了对经济活动的干预力度，陆续颁布了许多经济法律和法规，同时依据法律还相继设立了一批规制机构。当时，这些规制政策的实施为解决当时各个产业存在的实际竞争问题以及经济危机本身问题取得了一定的效果。政府通过市场准入规制方式使网络基础产业独家和少数几家企业取得了市场垄断地位，有利于防止自然垄断产业的规模效应及业务垄断所造成的危害的发生，使被规制产业得到了飞速发展，保证了消费者对公用产品和服务的需求。严格的价格规制有利于防止垄断经营者利用垄断地位谋取高额垄断利润，保证了消费者能够以公平合理的价格取得公用产品和服务。美国政府一般确认电信业和广电业在整体上都属于自然垄断产业，将电信业和广电业的竞

---

① 艾斯纳. 规制政治的转轨[M]. 尹赞,译. 北京：中国人民大学出版社,2015.

争行为排除在反垄断法的适用范围之外。在电信和广电业垄断经营的情况下，美国政府为了克服市场失灵普遍建立了电信和广电产业分业规制的制度。美国通过立法形式先后成立多个独立机构来规制相应的网络基础产业。在电子通信产业，美国于1934年颁布了《电信法》，并依据此法建立了美国联邦通讯委员会。

社会体制出现在20世纪六七十年代，规制倡议恰好与新政时期和进步时期的主张相反。对社会经济力量分配和资本主义生产过剩的深度质疑导致了对前期规制目标的否定。运用强制作为的规定和执行时间表来限制机构的自由裁量权，重点是关于环境质量、工人安全与健康、消费者保护的新社会规制法规。由于新社会规制的复杂性，扩大了对自然科学和社会科学专业知识的依赖。电信业规制重点从经济性规制逐步向社会性规制转变。

效率体制出现于20世纪七八十年代所面临的经济滞胀和渐增的外部竞争，目标是取消干预市场机制或施加高额合规成本的政策。制度创新之处在于将规制权力和正式复查集中到行政管理及预算办公室、白宫的审查办公室以及机构评估办公室。要求对规制进行正式的经济分析，正式运用经济评估方法，比如成本收益和成本效用分析，以及风险评估方法。从20世纪70年代中期开始到21世纪初是放松规制，产业规制的重点是市场进入以及鼓励竞争。首先，技术进步导致三网融合产业自然垄断的属性发生全部或部分的改变，自然垄断性及规模经济的特征在某些领域消退。例如，在电信产业，电信基础网络设施仍然是垄断领域，但电信增值业务完全可以放开，自由竞争。移动通信和数据通信作为增值业务采取了放松规制的方式。其次，网络基础产业在政府规制方面的失灵现象在三网融合产业中也明显表现出来，主要表现为：经济上效率不高，行政上规制成本不断增加和被利益集团俘获和腐败等现象。由于公用基础产业因政府规制而维持其垄断地位，没有引入竞争而造成产业高成本、低效率，缺乏经济发展的动力，阻碍了经济发展，提供高价格和低质量的产品和服务损害消费者权益引起了社会的广泛不满。"美国的规制，压制技术革新，姑息无效率性，引起工资和价格螺旋式上升，发生严重的资源无效率配置，引起成本推动型通货膨胀那样的无益竞争扩大，拒绝采取在竞争市场中所提供的收费多样性和质量选择。"[①]规制机构不断扩大，颁布的法律规则繁杂和实施成本高，规制机构与被规制对象之间关系有时发生"变味"，规制机构或人员被自然垄断性的企业收买，甚至忘掉他们本来的规制职责，反而去维护这些垄断企业的利益，损害其他经营者的利益。新自由资本主义经济学家分析政府的严格规制政策的弊端，主张放松产业规制。正是在这种背景下，原本由政府垄断经营或严格受到

---

① Kalnae. The economics of regulation: principles and institutions[M]. London: MIT Press,1998.

规制的电信业产业,政府在价格、进入和退出方面都大大放松规制,对民营资本开放,形成网络型基础产业的市场化和民营化浪潮,一场放松政府规制的变革开始出现。当然,2008年美国金融危机对于美国规制制度造成很大的冲击,规制政策明显发生改变,加强规制的呼声和实践不断增强。然而近10年后,市场上要求放松规制的声音又开始回潮。

英国、法国等西方国家为了解决网络型基础产业的自然垄断性问题,还曾在电信业普遍采用国有化的形式,防止私营竞争形成垄断,从而破坏市场竞争境况。为了解决政府规制的困境,这些国家在20世纪后期不断放松产业规制,开放电信和广播电视市场,其中包含对于国有企业的私有化。比如,英国电信(British Telecom)原为英国国营电信公用事业,由英国邮政总局管理。1984年,英国政府向市场出售英国电信公司50%公股,该公司由国有公司变成为民营公司。但该公司始终是全英最大的电信设施硬件运营者。总之,政府对于经济干预的态度由积极主动转向消极。作为电信市场发达的国家,美国、英国、德国和日本等国政府规制渐渐减弱,竞争取代了垄断,反垄断法逐渐介入市场竞争。

二、由经济性规制向社会性规制转变

规制是公共机构针对社会共同体认为重要的活动所施加的持续且集中的控制。政府规制一般包括经济性规制与社会性规制两个领域。从历史的发展角度来看,早期的规制主要是经济性规制,而现在社会性规制越来越受到关注。产业规制常常与反垄断法规制发生牵扯,有的学者从他们的共性出发直接将反垄断归于广义的规制范畴。

经济性规制主要关注政府在市场进入与退出、稀缺资源分配、企业定价约束等方面的手段和作用,重点针对具有自然垄断、信息不对称等明显特征的产业。经济性规制通常通过以下方式实施:一是对企业进入及退出或对产业内竞争者的数量进行规制;二是对企业的服务定价进行规制,包括价格水平或结构规制;三是对企业产量进行规制,以限制或鼓励企业生产;四是对产品质量规制。社会性规制是一种比较新的规制制度,近年来在各国逐渐受到关注。它是以确保居民生命健康安全、防止公害和保护环境为目的的规制。

从21世纪初开始,全球金融危机引发了对政府规制的反思,政府规制不能放松,政府规制的重点从经济规制向社会规制转变,重视消费者的利益。以金融业为例,美国等西方发达国家深刻反思自20世纪70年代中期以后以里根和撒切尔为代表掀起的反对政府规制的运动,他们寻找此次金融危机的根源,重新认识到规制的重要性。故美国制定了相关的金融法规,加强金融业的社会性规制,建立双峰规制体制,金融业规制设立以经济性规制为主的"审慎规制机构"和以社会性规制为主的"消费者权益保护规制机构"两个机构进行规制。

美国联邦通信委员会为了适应产业融合的发展趋势,调整原来的规制原则和功能,缩小了规制范围,规制重点从过去的市场准入和价格规制,转到消费者利益保护、网络安全等方面的规制。

社会性规制与经济性规制之间一个重要的区别在于它有横向规制功能,而经济性规制只有纵向规制功能。电信、互联网和广电业融合,使得原来经济性规制采取的纵向规制模式对由原来几个产业融合而来的业务领域不能很好地发挥规制的功能。互联网是三网融合的交互领域和最有发展活力的产业。互联网业务集过去电信、广电和数据资讯业务为一体,可以提供声音、视频、图文等。对于新兴的融合业务,如IPTV、VOIP等本身融合了两个或两个以上传统电信的业务,加上新技术使一些原来垄断的领域具有可竞争性,因此,需要对于这种融合业务采取横向的综合的功能规制。社会性规制并不是针对某一特定产业的行为,而是针对所有可能产生外部不经济或内部不经济的企业行为。某一产业内任何企业的行为如果不利于改进社会或保障个人的健康、安全,不利于提高环境质量,都要受到相应的政府规制。因此,社会性规制的横向规制特征恰好与三网融合产业规制需要相契合。

互联网产业是一个鼓励自由竞争的产业,美国与其他国家对于互联网规制不断发生抵牾,甚至指责其他国家采取措施会影响互联网产业正常运营和发展。Google搜索在中国不愿接受中国政府的规制而退出中国大陆市场,美国政府对中国政府的正常规制政策和行为大加指责。随着互联网发展,对互联网安全和用户合法权益的保护,使越来越多的国家意识到对互联网产业规制的重要性。中国实施网络实名制,目前,网络实名制在韩国、日本、俄罗斯、澳大利亚、美国等国广泛使用。2016年,法国也加强了对互联网的管理:首先在立法层面,法国的社交网络的言论受言论自由的保护,但网络上出现的煽动种族仇恨、侮辱、诽谤、歧视等内容均属违法;其次在行政层面,法国司法系统内专门设置网络警察。[①] 在美国,发生一起因在互联网上不当言论导致一小孩自杀的案例,引起美国社会反思政府是否应规制互联网问题[②]。2012年12月,世界通信联盟(ITU)在阿联酋的迪拜召开国际电信世界大会,会议对1988年通过的《国际电信规则》进行了修订,增加了管理互联网的条款。美国代表团团长特里·克莱默(T. Karamer)在会前表示提案,建议ITU规制互联网内容,以及政府应该规制互联网内容。"这从根本上违反了民主理念和个人自由,我们将全力反对。"[③]美国、英国和加拿大因新的全球电信法案中增加了互联网政府规

[①] 葛文博. 法国加强互联网言论监管 专门设置网络警察[N]. 人民日报,2017-09-18.
[②] 央视网. 美国一12岁女孩因不堪网络暴利自杀[EB/OL]. (2013-12-19). http://news.cntv.cn/2013/12/19/VIDE1387422122664133.shtml.
[③] 方晓. 网络监管"搅乱"国际电信大会[N]. 东方早报,2012-12-04.

制而拒绝签署。

西方国家三网融合已经基本结束,规制重点从维护市场秩序转到对消费者利益的保护。由于引进竞争机制,早期的市场准入和价格规制问题可以通过市场竞争解决,规制重点在产业融合形成的多媒体终端服务质量和费用问题上,对消费者的保护成为重点。规制由原来的以经济规制为主逐步向社会规制转变。

我国电信业和广电业的融合发展要求规制机构予以做出回应。三网融合产业规制主要是解决这些自然垄断行业存在竞争不足和竞争过度的双重困境的经济性规制,而社会性规制尚未引起足够的重视。我国电信、互联网和广电网正在融合进程中,规制范围与西方国家规制范围变迁不能进行简单的类比和直接引用。我国三网融合所处的境况不同,谈论的语境也有差异。如果做个简单比较分析和评估,中国三网融合整体上现在大概是放松规制、鼓励竞争阶段。但也要注意到中国的互联网业发展迅速,中国网民数居世界第一位。目前,中国互联网在技术层面能满足通信传媒业所能提供的服务的需求,只是受到服务范围和政策限制,部分功能没有发挥出来。西方国家出现因三网融合带来的社会规制问题、信息内容和安全规制问题在我国同样存在,所以,我国三网融合所处的阶段应该是经济性规制和社会性规制并重的混合阶段。针对中国三网融合的实际情况,借鉴国外三网融合的经验,中国三网融合规制应以社会为本位理念,从保护自然垄断产业经济发展的角度转变为保护消费者利益。

第二节 以经济性规制为主的网络规制

在中国目前的境况下,坚持三网融合产业公益性事业与经营性产业分类规制的原则,现实的做法是网络规制和内容规制要分立规制。对三网融合产业的网络规制应以经济性规制为主,并逐步向社会性规制发展。

一、互联互通

互联互通是网络型基础产业企业竞争的前提条件之一,对互联互通规制是各国规制机构关注的重点。在独家垄断经营的格局下,没有互联互通问题。为了打破垄断,将原垄断企业拆分成几家竞争的企业,或者不拆分原有企业而引入新的竞争者,或者采取上述两种形式而形成多家企业竞争的境况,处于弱势的新竞争者的网络只有与处于优势的既有经营者的网络相连才能发挥网络的规模效应,互联互通是其生存和发展的必要条件。从既有经营者的角度来看,为了保持其竞争优势地位,往往会采取各种手段拖延或拒绝新竞争者向其提出的互联互通要求,从而使新的竞争者无法进行正常经营和商业竞争,迫使新的竞争者不得不退出竞争。所以,单靠市场自身无法解决企业之间的互联互通问题。各国政府为了网络基础产业的有效竞争,通过法律明确网络型产业的企业之间互联互通的义务、相关方式、结算方式和争议解决途径等内容。

在欧美国家,有关互联互通的法律规范已经完成了从单纯的电信网络层面到所有通信网络层面的转变。美国是对互联互通关注较早的国家。1996年,美国《电信法》规定了每个电信运营商一般义务和本地运营商的特殊义务。任何运营商对于其他运营商提出的互联互通要求都负有义务,即直接或间接互联互通。对于本地运营商除了必须与有请求的运营商互联互通外,还具体规定互联点、互联质量、接入价格等内容。2002年,欧盟《接入和互联指令》出台前,规制机构就制订了大量网络的接入和互联的规定。在2002年《接入和互联指令》中,允许在市场存在有效竞争的情况下撤销特定行业的规制,仅适用一般的竞争规制;任何运营商都有向其他运营商提出互联互通的请求权,接受互联互通请求的一方运营商承担与请求一方就互联互通开展谈判的义务;另外,规制机构有权对那些有显著市场力(SMP)运营商施加额外的义务,包括透明度、非歧视性、会计分离、价格规制以及允许服务提供商接入网络。也就是说,对于互联互通的规制根据不同的情况可分为两类:一类是请求一方与收到接入或互联请求的一方通过协商达成互联互通协议,规制机构认可这种协议的法律效力,对这种协议行为不进行干预,由竞争法来调整;另一类是在位运营商具有强大的市场地位,采取拒接互联或征收过高的互联费用等不正当竞争行为妨碍新进入者进入相关市场开展正常的市场竞争,仍需要进行事前规制,由产业竞争法调整。联合国国际电信联盟《国际电信规则》是一个具有约束力的全球性条约,其宗旨是促进全球信息通信业务的互联、互通和互有操作性,并使其高效运行和广泛普及。另外,WTO基础电信协议的参考文件规定主要电信业务供应商应该在电信网络的任何技术可行的点通过互联互通。

我国《电信条例》和信息产业部《公用电信网间互联互通管理规定》都规定了互联互通制度[①],加重主导运营商在互联互通上的义务。电信主导经营者不

[①] 我国《电信条例》第17条规定了电信网之间应当按照技术可行、经济合理、公平公正、相互配合的原则,实现互联互通。主导的电信业务经营者不得拒绝其他电信业务经营者和专用网运营单位提出的互联互通要求;第20条规定,互联双方达不成互联协议的,可由信息产业管理机关协调甚至决定强制互联互通;第21条,要求主导电信业务经营者向其他电信业务经营者提供网间互联时,服务质量不得低于本网内的同类业务及其子公司或者分支机构提供的同类质量,互联互通中发生的争议由信息产业主管部门处理解决;第22条规定,互联的费用结算与分摊应当执行国家有关规定,不得在规定标准之外加收费用。

得以任何理由拒绝其他经营者包括专用网运营单位提出的互联互通要求。双方达不成互联协议的,可由信息产业管理机关协调乃至决定强制互联互通。主导运营商提供给互联的非主导运营商的服务质量不得低于本网内的同类业务及其子公司或者分支机构提供的同类质量。互联的费用结算与分摊应当执行国家有关规定,不得擅自加价。尽管我国《电信条例》规定了互联互通的网间结算标准应当遵循以成本为基础核定的原则,但由于在位电信业务经营者经营和会计信息不透明,互联成本难以确定而导致无法以实际成本来结算互联费用,目前,电信网间通话费结算办法仍然是以资费为基础制定的。这样,难以控制主导运营商在互联价格制定中的行为。无论是《电信条例》,还是《公用电信网间互联互通管理规定》,在对主导电信业务运营商进行界定时,都强调该运营商必须控制必要的基础电信设施。但是这一定义忽视了虚拟运营商的崛起。[①] 2013年5月,工信部发布《移动通信销售业务试点方案》,要求现有的基础电信业务运营商开展移动通信转售业务,让那些不拥有移动通信网络基础设施的新兴运营商可以进入移动通信服务市场,这样电信服务市场就向民营企业或非电信企业开放。《公用电信网间互联互通管理规定》注意力集中在固定电话业务领域,而忽视移动业务领域。2014年12月,工信部发布《关于向民间资本开放宽带接入市场的通告》,鼓励民间资本以多种模式进入宽带接入市场,促进宽带网络基础设施发展和业务服务水平提升。无论是虚拟运营商,还是民营宽带运营商,在互联互通方面对市场竞争现在尚不构成实质性影响,但也不排除未来的可能性。我国主导运营商违反互联互通的事件屡屡发生,因为其拥有网络型基础设施,为了减少重复建设和提高业务量,以及利用网络溢价获利,他们有可能采取手段以阻碍有效市场竞争。比如,在电信产业中,曾发生具有优势的基础性网络运营商(如中国电信)对当时还是新进入者(如联通公司、铁通公司等)采取各种方式不愿与之全方位互联互通,以阻碍后者的发展。[②] 这种行为造成了资源浪费、影响国有资产保值增值,最终损害了消费者权益。有学者说:"如果互联互通做得好的话,联通根本不必要巨资另建一个差劲的GSM网络。"[③] 新进入者很难通过谈判或市场竞争来消除因互联互通造成的竞争障碍。2014年7月15日,中国通信设施服务股份有限公司正式成立,后更名为中国铁塔股份有限公司(以下简称"中国铁塔")。中国铁塔的成立,减少了电信行业内铁塔以及相关基础设施的重复建设,提高了行业投资效率,进一步提高了电信基础设施共建共享水平。

---

① 曹璋.三网融合中互联互通问题及法律对策[J].政法论坛,2017(1):98-106.
② 近年来,我国电信互联互通问题的表现形式已经从"拖而不联"转为"通而不畅",并且主导运营商将互联互通作为一种竞争,通过抑制互联互通来达到"竞争"的目的。
③ 史际春,肖竹.反公共事业垄断若干问题研究[J].法学家,2004(3):30-34.

在广电领域,我国有线电视网络在建设之初实行中央、省、地市、县"四级办广电"的方针,造成网络互不联通的局面。1999年,信息产业部和国家广播电影电视总局《关于加强广播电视有线网络建设管理的意见》要求,以现有广电网络资产为基础,以省、自治区、直辖市为单位组建公司,地(市)、县相应建立分公司或子公司,统一经营管理广播电视传输业务。2010年,国务院即发《推进三网融合总体方案》,要求在广电领域组建国家级有线电视网络公司。2014年,中国广播电视网络有限公司成立,致使原本互不隶属的各地广电网之间的互联互通问题变成公司内部网络连接问题。2015年,国务院印发《三网融合推广方案》,进一步指出加快全国有线电视网络互联互通平台建设,尽快实现全国一张网。电信企业和广电企业竞争,双向进入,互联互通。在网络融合方面,国家为电信和广电两个行业的双向开放打开了大门。

在三网融合进程中,因为业务融合使网络规模效应扩大,基础骨干网络运营商利益诱惑驱动强,互联互通问题更加突出。互联互通除了涉及原有广电网、电信网和互联网外,还要加上新成立的中国广播电视网络有限公司、中国铁塔股份有限公司,这样网路规模扩大和业务日益复杂。我国重构三网融合产业的网络之间的互联互通制度,应遵循公开透明原则、实质公平原则、非歧视原则、技术中立原则等四个原则[1],制定包含有主体、资费和结算、过程和质量等内容的互联互通的法律。另外,统一规制机构,因为各国的有线电视网属于电信网的一部分,我国《电信条例》规定有线电视网络的规制权属于电信规制部门,为了更好地规制电信网络,应依法将此规制权力赋予电信规制部门,并与《广播电视条例》的规定相协调。在立法层面上,应提高立法层次,由全国人大常委会制定法律,明确规定三网融合后的网络规制权属于电信部门,这样有利于网络互联互通的规制。为了实现有效互联互通目的,规制机构还必须加强执法力度,依法强行实行互联互通,并对违法行为进行查处。

二、普遍服务

普遍服务的定义为"公用基础产业的运营商以消费者可以承受的收费水平向低收入者和所有高成本地区的消费者提供有质量保证的产品和服务"[2]。通俗地讲,普遍服务是指在任何地点、任何时间的用户都能享受价格和质量无差异,且价格能够承受的公用服务。网络型基础产业所提供的产品和服务常常是人们生活所必需的,具有公益性的特征。履行普遍服务的义务是网络型基础产业的企业重要的社会责任之一。网络外部性特征和企业的逐利性有时会导致

---

[1] 陈力,粟小牛,刘应海.三网融合下网间互联互通监管机制研究[J].特区经济,2010(3):294-296.

[2] 杨永忠.自然垄断产业有效市场研究[M].北京:经济科学出版社,2004.

企业履行普遍服务的义务与企业盈利行为发生背离。网络型基础产业的网络是由多个节点和连接构成，一种或几种产品或服务借助连接在节点间传递。网络因节点远近所形成的固定成本不同，网络覆盖区域内潜在用户数量多寡都会影响到运营者的投资行为，会形成产品和服务供给的区域差别。从一个经济理性人的角度分析，运营商通常选择投资交通便利、人口密度大的低成本区域，而不会选择在地域偏僻、人烟稀少的高成本地区投资。由于生产规模化和消费外部性的存在，通过市场竞争的路径无法解决部分消费者无法获得普遍服务的问题，只有依靠政府通过普遍服务规制才能解决。

各国法律都明确界定了普遍服务定义。美国最早制定了电信普遍服务法律，并影响了大多数国家的普遍服务法律。美国1934年的《电信法》在条文语义上没有提"普遍服务"，但该法宗旨①已经含有普遍服务的基本原则。1996年的《电信法》将促进普遍服务、提高普遍服务水平作为一个重要目标，并对实施普遍服务的原则、内容、资助对象和方式、补偿机制和管理等做出了明确的规定。同时FCC成立了普遍服务联合咨询委员会和专门的普遍服务管理公司(USAC)对普遍服务进行管理。② 1997年，FCC依据《通信法》颁布了《关于联邦——州普遍服务联合委员会的报告与命令》（以下简称《普遍服务令》）作为《通信法》有关普遍服务的实施细则，详细规定电信普遍服务的有关问题。联邦普遍服务资助必须是公开且足以达到条款目的；各州在保证与委员会法令一致和不会增加联邦资助机制负担情况下，可采用自己的补偿机制；州内运营商须以平等、非歧视为基础，保证和促进州内普遍服务。③ 欧盟对电子通讯市场推行自由化的一个主要原则是：确保所有居民可以以可承担的价格获取最低程度的普遍服务。在垄断环境下，运营商可以通过交叉补贴来实现普遍服务的融资。但是在开放竞争的环境下，如果政府不认真履行规制职责，运营商要么可能将运营成本全部传递给用户承担，要么会停止提供普遍服务。这将使得处于偏远地区的用户以及特殊社会群体（如低收入群体）无法获取或承担服务。因此，欧

---

① 美国1934年《电信法》的宗旨是：尽可能使全体美国人民获得迅速、高效、价格合理、设备完善的国内、国际有线与无线电信服务。

② 美国1996年《电信法》第254(b)条款指出，FCC在制定普遍服务政策时必须依据以下原则：① 高质量和低收费原则：用户要以公平和立即承担得起的价格获得高质量电信和信息服务业务；② 接入农村和高成本地区原则：全美任何区域的用户，包括低收入、农村、孤岛及高成本地区的用户享有同样的资费、同样质量；③ 平等和非歧视地提供资助原则：所有电信业务运营者都必须平淡和非歧视地提供维持和升级普遍服务所需的资助；④ 特别和可预测的资助机制原则：FCC要建立一个专门的、可预测的及重复的自治机制（包括联邦和州）来维持和升级普遍服务；⑤ 向贫困学校、图书馆及农村医疗机构提供高级电信业务；⑥ 竞争中立原则：FCC建立的普遍服务运行机制不得倾向于任何运营者（包括任何技术）。

③ 毕颖.网络型基础产业法律管制研究：以网络为中心展开的分析[M].北京:北京交通大学出版社,2010.134

盟规制框架中对一些或全部运营商施加了普遍服务义务。2002年,《普遍服务指令》对普遍服务的范围、融资方式、普遍服务义务的分配进行了详细规定。新业务成为欧盟普遍服务的规制重点。2008年9月25日,欧盟委员会发布针对家庭使用宽带业务的调查报告,并把宽带上网列入普遍服务规制。[①] 法国1996年的《电信法》和加拿大1993年的《电信法案》同样规定了电信普遍服务的要求。[②] 普遍服务包括服务的普遍性、接入的平等性和价格的可承受性。西方国家普遍采用如下几种措施促进普遍服务的实施:① 建立普遍服务基金,提供定向补贴用于扩展或支持不具有经济可行性的业务;② 接入亏损补偿,其他电信运营商向主导电信运营商付费以补偿其接入亏损;③ 交叉补贴,在主导运营商提供的业务内部或业务之间实现补贴;④ 强制服务义务,通过经营许可证条件或其他规则措施强制性实施普遍服务。[③] 2012年12月,国际电信世界大会对1988年通过的《国际电信规则》进行了修订,新达成的条约文本中增加的新条款还特别强调今后将为发展中国家提供援助,为残疾人获取电信服务提供便利和保护公众在电信网络中的言论自由。

中国的普遍服务在本质上属于一种关系国计民生的公共服务。普遍服务在我国实施的"互联网+""宽带中国"和决战精准扶贫战略中发挥作用。在三网融合进程中,由于普遍服务缺乏法律依据和强有力的规制机构,在规划、基础设施保护、补偿机制等方面存在一些问题。中国的电信主导企业基本是由原来政企不分的企业转型为国有企业或国有控股公司,广电产业的企业的转制和重组还在进行中,这些会影响到普遍服务。在引入市场竞争之前,中国通过政府财政补贴和交叉补贴的方式解决普遍服务问题。2000年,我国《电信条例》第44条规定,电信业务经营者必须按照国家有关规定履行相应的电信普遍服务义务,国务院信息产业主管部门可以采取指定的或者招标的方式确定电信业务经营者具体承担电信普遍服务的义务,电信普遍服务成本不超过管理办法的,由国务院信息产业主管部门会同国务院财政部门、价格主管部门制定,报国务院批准后公布施行。我国的普遍服务仍然通过行政指定的方式,由被指定运营商通过交叉补贴的方式提供资金。对城市的远郊和农村等高成本地区普遍服务是通过对特殊的、未受补贴服务的项目收取较高的加价来补偿那些受补贴服务的损失。交叉补贴在企业内部进行,并构成企业与规制者之间规制协议的一部分。但是随着网络型基础产业引入竞争机制,允许民营企业和外资进入,这种

---

① 张姗姗. 国内外电信监管热点及发展趋势[J]. 通信管理与技术,2009(2):1-2.
② 法国1996年的《电信法》规定,电信的普遍服务就是在整个范围内以用户用得起的价格提供高质量的电话服务。加拿大1993年的《电信法案》使加拿大所有地区,包括农村和城市的公民都能接入可靠的、用得起的、高质量的电信服务。
③ 王如. 英国OFCOM监管:铁腕与开放并举[J]. 通信世界周刊,2009(4):24.

扭曲的主导企业的价格补贴机制将导致新进入者采取"撇脂战略",不会自觉提供亏损性的普遍服务。① 市场竞争格局的转变使原来的普遍服务实现机制失灵。因此,中国要逐步取消企业内部交叉补贴制度,建立新的普遍服务运行机制。

通信、广播电视的"村村通"工程是具有中国特色的普遍服务推进方式,在实践中取得了非常好的效果。通过多年的努力,电信"村村通"工程已经基本解决通电话的问题。广电推行"村村通"工程主要是为了解决偏远地区群众观看电视的问题。欧盟已将家庭宽带上网作为普遍服务的要求。电信普遍服务还要解决农村地区的宽带建设问题。目前在中国还没有通宽带的行政村,主要是位于中西部和偏远地区。一般企业因为这些地区经济基础比较薄弱、地理环境较差、人口居住分散,宽带建设和运行维护成本是非常高,所以不愿投资建设。因此,对于这些投资大、收回成本慢的宽带项目不能依靠市场竞争来解决。我国普遍服务制度一贯重视偏远高成本地区,对于城乡低收入人群关注不足。这一部分人群的消费能力不足,在没有额外补贴的情况下,此群体会要求资费普降。若这一要求无法得到满足,就会影响他们的电信和广播电视服务。三网融合要满足城乡低收入人群和农村边远地区网络信息服务的需求,而目前我国宽带接入的服务水平仍然落后。各国普遍建立普遍服务基金支持网络宽带发展,例如,日本投资19亿美元以达到2015年实现以光纤(Gb级)速率快速且简单的网络接入的目标。我国至今尚未设立普遍服务基金和出台国家宽带战略,宽带网络普遍服务与国外相比存在差距。② 2017年3月6日,时任工信部副部长陈肇雄表示,要加快农村地区宽带网络建设,解决农村地区普遍服务问题,同时还要照顾到城市低收入人群。

从普遍服务措施来看,我国虽然引入了市场机制的一些做法,但主要还是采用行政手段。在明显放松进入规制和价格规制的三网融合产业中,我国要从法律上明确普遍服务补偿主体、补偿对象和范围以及具体措施等,要尽快建立完备的普遍服务体系。通过财政转移支付手段或采用目前国际上比较流行的建立普遍服务基金或者拍卖普遍服务的手段,以协调三网融合产业中不同业

---

① 1998年,在邮电分营、政企分开之前,我国的电信普遍服务一直由中国电信承担。在投入资金上,主要依靠电话初装费、附加费的社会性补助及长途业务的交叉性补贴。1998年之后,随着寻呼、移动等高增长、高利润业务的剥离,以及政府2002年7月取消电话初装费及附加费,长途电话领域引入竞争,内部交叉补贴困难,普遍服务的主要承担者——中国电信开始放慢投资,并严格控制网络建设投资规模,普遍服务进场放慢。特别是我国电信市场"5+1"的竞争格局形成后,为了追求经济效益,许多运营商采取"撇奶油"竞争策略,将目光瞄准了高端用户和大城市市场,并开展激烈竞争,大打价格战,而对于欠发达的西部和农村地区市场鲜有问津,从而造成许多电信运营商事实上不履行普遍服务义务,目前只有中国电信和中国网通在承担农村农村通信建设,造成了市场竞争的不公平。

② 张姗姗. 国内外电信监管热点及发展趋势[J]. 通信管理与技术,2009(2):2.

务、不同地区经营企业的经营利益关系。无论是从其他国家的具体做法还是从中国经济和社会发展实践来看,单纯依靠市场机制并不能保证有效提供普遍服务,还是需要由政府制定相应的法律、政策,以确保普遍服务目标的实现。

三、稀缺资源规制

频谱资源是电信业和广电业都涉及的稀缺资源。虽然数字时代可以允许更有效地利用无线电频率,但是频率仍然是稀缺的。由于它还有很多其他的用途,因此,频率还是有价值的公共物品,需要更有效地使用频率。无线电频谱一般指 9 KHz—3000 GHz 频率范围内发射无线电波的无线电频率的总称。频谱资源比较稀缺,2018 年 6 月,工信部为部署 5G 基站扫清障碍,启动了中频段频谱资源的清理工作,发布了《3000—5000 MHz 频段第五代移动通信基站与其他无线电台(站)干扰协调管理规定(征求意见稿)》。

《无线电管理条例》规定,企业经营涉及电信业务经营的频率时,首先要取得电信业务经营许可证。国家信息主管部门或省级政府无线电管理机构依照审批权限,进行无线电频率分配。2017 年 9 月 1 日,《无线电频率使用许可管理办法》规定,加强无线电频率使用许可管理,规范无线电频率使用行为,有效利用无线电频谱资源。无线电频谱资源属于国家所有,实行有偿使用。[①] 使用无线电频率应当按照国家有关规定缴纳无线电频率占用费。无线电管理机构应当对无线电频率使用行为进行监督检查。无线电管理机构根据需要可以组织开展无线电频率使用评估,加强对无线电频率使用情况、使用率等规制。从现有法律规定来看,我国的电信频谱资源分配的方式还是行政许可,即由使用人提出申请,政府电信主管部门进行审核,符合条件的颁发许可证。

由于数字技术和宽带技术发展,信息传输方式也可以通过宽带传输,这样可能导致原来使用无线频谱的使用人全部或者部分不使用无线频谱。三网融合很可能改变频率不同用途的价值,同时也将打破频率被用到不同用途间的界限。在此环境下,有必要重新评估现有的不同用途的频率分配情况是否有利于社会收益最大化,同时,要确保为广播预留的频率能够被以最有效的方式使用。一方面,广播公司要交回不需要使用的频率,另一方面,也要鼓励发展频率交易的二手市场。同时,通过提供最低水平的广播节目服务来限制频率的使用,并提供非经济的基本广播服务作为普遍服务义务。频率许可证牌照费用与运营商频率使用价值相联系,且任何不需要的频率都可以进行交易或退还。

码号资源也是一种电信资源。"携号转网"也称号码可携带、移机不改号,就是一家电信运营商的用户,无需改变自己的号码,就可以转成为另一家运营

---

① 2017 年 6 月 21 日,工信部颁布《无线电频率使用许可管理办法》。

商的用户,"携号转网"主要包括固定号码携带和移动号码携带两种,我国主要是移动号码携带。目前全球已有英国、美国、韩国和巴基斯坦等在内的数十个国家和地区先后开通"携号转网"业务。我国天津、海南实行的"携号转网"工作中并未实现消费者、电信行业和国家三者都理想的目标。数据显示,截至2016年12月底,在试点的五个地区中使用过"携号转网"的用户约48万。其中,中国移动转入16.2万户和转出25万户,中国联通转入14.7万户和转出16.1万户,中国电信转出16.8万户和转入6.6万户。① 由于运营商之间的价格相差不大,消费者转网的动力不足,加上转网增加运营商的成本,所以"携号转网"工作成效不显著。"携号转网"业务是消费者的权利,也是电信运营商的应尽义务,不因发展不顺利而中途而废。《电信网码号资源管理办法》第三条规定,码号资源属于国家所有,是一种公共资源。国家对码号资源实行有偿使用制度,中国移动、中国联通、中国电信作为号码申请人向国家有关部门申请号码并缴纳号码占用费用。这可以看出号码资源作为一种公众资源,公众有权自行处置自己的号码。对于消费者来说,"携号转网"的意义不仅是自由选择服务的权利,还涉及号码的处置权及收益权等财产权。因为号码在使用过程中,既是一个价值不断附加的过程,又是一个机会成本不断沉淀的过程,使得用户个人对SIM卡号本身的依赖越来越高。2012年,北京市民欲"携号转网"被拒绝而状告中国移动成为中国反垄断法实施后第一案。目前,用户和电信服务提供者之间在"携号转网"问题上分歧很大。在世界范围内,现代电信规制当局在放松规制和增进电信用户福利的过程中,普遍给予用户更多的选择权,中国规制机构理应支持"携号转网"的制度。工信部把研究制定《号码携带全国推广方案》作为2018年度重点工作任务,其中涉及信息通信市场规制方面的重要内容。

四、价格规制

在自然垄断产业,价格规制是政府的核心内容。② 电信业和广电业同样具有自然垄断性,两者在服务价格上难以充分发挥竞争机制的作用,因此需要政府规制。按照我国《电信条例》的规定,中国电信资费分为市场调节价、政府指导价和政府定价三种模式。政府对电信价格的规制主要有两个方面:一是消费者支付的电信终端服务的价格;二是竞争企业与主导企业互联互通的价格。随着电信市场不断开放和引入竞争机制,应逐步将电信零售价格交给市场,充分发挥市场调节的作用。政府对电信价格规制的注意力主要集中于互联互通资费的问题上,即电信批发价格。有线电视网的价格采取政府定价的方式,也应

---

① 携号转网试点七年为何难推广[N].北京青年报,2018-01-31.
② 王俊豪.政府管制经济学导论[M].北京:商务印书馆,2006:199.

引入竞争机制。

从电信资费经济理论的发展进程看,依次经历了"福利性价格政策""总资产公正报酬政策"和"激励性规制政策"三个阶段。① 20世纪70年代中叶,美国首先采用"总资产公正报酬政策"定价方法。由于美国电信企业是私营企业,获得经济回报是其根本动力。电信企业有利用垄断地位获取超额利润,进而严重损害消费者利益的可能。因此,既让电信经营者有投资兴趣,不让其获得超额垄断利润的办法,就是政府对经营者的价格进行规制。与美国不同,西欧各国和日本采用"总资产公正报酬政策",主要考量是让电信企业盈利达到减轻政府财政负担的目的。因为这些国家实行电信企业国有化,国有企业具有公益性,不以盈利为目的,导致其长期发生亏损。回报率规制弊端存在于盈利的核算难度大,规制者的信息量掌握要求高,可能导致出现规制失误和低效率等问题。20世纪80年代后期出现了"激励性规制政策",规制的重心从利润规制转移到价格上限规制中来。

2005年10月1日,我国政府将国内长途电话通话费、国际长途电话及台港澳地区电话通话费、移动电话国内漫游通话费和固定电话本单位营业区间四项业务由政府定价改为单业务的价格上限规制。2009年11月24日,工信部、国家发改委联合发布了《关于调整固定本地电话等业务资费管理方式的通知》,对固定本地电话等业务资费从实行政府定价改为实行上限管理。采取对主导运营商的垄断业务的上限规制,标志了中国电信资费规制的方式发生改变,即价格上限规制代替了回报率规制法。我国电信价格改革取得了一些成就,但消费者仍认为电信的价格高和价格透明度不高,尤其是电信漫游费和宽带费用。国内电信漫游费现已取消,但宽带费用高的问题还需继续解决。2017年3月5日,李克强总理在政府工作报告中提出,当年网络提速降费要迈出更大步伐,年内全部取消手机国内长途和漫游费。三大运营商立即做出回应表示,当年10月1日起就全面实施取消手机国内长途和漫游费的举措。从拨号上网开始,近30年过去,中国宽带网络速度慢、收费高一直被消费者所诟病。有线电视收费还是由政府定价:一般由当地的物价管理部门和广播电视管理部门通过召开物价论证会,决定当地的有线电视收费,依旧采取政府定价的方式。

中国采取高激励强度的价格上限规制有局限性,主要体现在授予规制机构的自由裁量权更大,同时被规制企业的定价自由度也更大。在规制机构本身不完善、信息不对称和规制体系薄弱的情况下,价格上限规制将会导致严重的规制失灵问题,降低价格上限规制效率。② 若在电信行业竞争性业务中采用价

---

① 何霞.网络时代的电信监管[M].北京:人民邮电出版社,2010.
② 郑加梅.中国电信业价格上限规制失灵研究[J].政府管制评论,2017(2):97-109.

上限规制,却没有规定价格下限,会导致价格恶性竞争。2016年,中国移动温州分公司以1元的价格中标预算为100万元的温州市政府政务云平台项目。这是一个极端的利用低价竞争破坏市场环境的行为。不规范的价格规制导致企业为了争夺用户,采用远低于成本的价格进行不正当竞争,扰乱了市场的公平竞争秩序,损害了实力弱小的民营资本和其他经营者的合法权益。

三网融合给价格规制带来一些亟须解决的问题:

(1) 价格规制主体协调问题。

目前,三网融合产业各自有不同的资费规制制度,那么,在三网融合后,产业的资费是否要统一规制呢?这在三网融合推广方案中没有涉及。

(2) 三网融合带来规制客体复杂化。

融合趋势下的产业涵盖电信运营商、广电网运营商以及各种新媒体和互联网企业。三网融合产业的商业模式和利润来源发生改变,这就对规制机构的价格规制提出了新的课题。

(3) 三网融合网络互联互通的资费确定问题。

工信部负责规制电信宽带接入业务,其采用许可证的形式来规制电信宽带接入业务,电信宽带业务属于电信增值业务,为了保护电信运营商的利益,一般情况下有线网络公司很难获得宽带接入业务许可。由于宽带接入市场竞争不足,导致中国电信宽带在现实中出现资费高而速度慢的问题。三网融合试点后,广电业获得了经营宽带接入业务。电信业控制了国际互联网出口,这样广电业在定价过程中就处于劣势地位,需支付高额的宽带出口费用。由于广电业与电信业、互联网在互联互通中发生纠纷时没有统一的协调机构,这无疑会带来新的规制难题。

(4) 三网融合带来信息内容定价的困扰。

在三网融合条件下,产业价值网上下游各环节的联系更加多样化和复杂化,从而引发更加复杂的企业间批发业务的定价问题和规制问题。例如,电信运营商要从事IPTV业务和手机电视业务需要从广电运营商处购买内容服务,引发内容定价和规制问题。针对上述情况,中国需要通过立法的形式确定价格规制机构的权力和范围,明确规制机构、强化被规制企业财务信息披露和审计、完善价格听证会制度和实行中等激励程度的混合价格上限规制工具等治理对策。

通过上述分析可见,在中国电信网络规制方面,电信资费、电信资源规制应逐步弱化,而互联互通、普遍服务、服务质量应予以加强。

第三节 以社会性规制为核心的内容规制

三网融合产业的社会规制主要集中在网络的内容和安全上。"社会性规制包括积极的规制与消极的规制。"[①]积极规制就是提高信息的质量,以及保护消费者的利益和文化多样性等;消极规制则是对反动、淫秽有害内容的防范等。三网融合产业的规制对象涉及信息传递网络和信息内容。数字内容产业是一种基于数字化、多媒体和网络等技术,利用信息资源和其他相关资源,创作、开发、分发、销售和消费信息产品与服务的产业。数字内容产业作为一种新兴的产业具有其较为独特的产业特性和产业链、价值链,它横跨文化产业和信息产业。数字内容产业是在数字技术基础上对原有内容产业的价值链、产业链进行整合、融合,在整合价值链的过程中,具有生产交互性,在整合产业链的过程中,会衍生出新的产品,具有产业衍生性。我国数字内容产业的发展在初期需要政府发挥引导作用,往后则需要在国家规制之下发挥市场的主导作用。[②] 电信、互联网和广电产业的内容均能够用数字来表示,当信息和数字结合在一起时,符合数字内容产业的特征,所以三网融合产业也属于数字内容产业。

三网融合内容规制是一个全球性的问题,同时也是一个民族国家的问题,不同的民族、国家对此都有其规制理论和制度。网络内容规制是网络伦理问题中的核心问题之一,而网络内容规制的合理性论证更是一个容易被忽视的网络伦理基础性问题。在中国语境下进行网络内容规制有其特殊的内在要求和时代背景。它首先是网络技术发展的内在需求,是解决网络自由悖论的有效途径;同时,它既是国家政治经济竞争的客观需要,又是维护国家信息安全地位、维护国家安全和民族利益的战略决策,它还是倡导社会核心价值体系导向,促进人的全面发展的实践需要。随着网络社会对现实社会的影响深度和广度不断增强,网络伦理问题的研究已成为时代的课题。网络传播的内容是核心,因为网络自由表达权、网络隐私、网络安全等问题都可以归结于内容规制问题。

一、表达自由与限制

各国对于保护公民表达自由权利的法律非常重视。表达自由又被人称为"言论自由"。但现代学术界认为,"表达自由"比"言论自由"涵盖面广。个人除

[①] 肖叶飞. 媒介融合与规制融合[J]. 现代传播,2015(3):10-14.
[②] 牛盼强,李本乾,陈德金. 三网融合背景下数字内容产业发展研究述评[J]. 现代管理科学,2012(5):18-20.

了言论外,还可以通过行为、暗示和其他行动形式来表达自己的观点。表达自由是人权保护中十分重要的一个方面,诸多国际人权公约已明确将其确定为基本人权之一。马克思曾说:"没有无义务的权利,也没有无权利的义务。"表达自由不是绝对的,只能是相对的。在网络内容中还会出现隐私侵权、色情、危害公共利益、违反社会道德甚至危及国家安全的现象,放任言论自由就会对社会造成危害。为此,各国都相继出台一系列的法律、法规或管理措施,强化对三网融合内容的政府规制。

  内容规制实质是对于表达自由的合理的限制。传统的电信业和广电业对于内容规制的立场和态度迥异。电信业规制侧重网络的经济规制,通信保密要求容易导致规制者忽视内容规制。早期广电业集网络和信息内容传播于一身,侧重于实行网络和内容的纵向一体化规制,在规制信息传输网络的同时,对于内容也依法规制。三网融合无论是技术融合,还是业务融合,传播内容的融合才是关键,技术融合和业务融合只是为内容传播提供平台。所谓内容融合,即由内容融合性生产所带来的内容生产融合、内容形态融合和内容应用融合所构成的内容生产形态[①]。"内容为王"一直被媒体人奉为金科玉律,传播内容比平台更重要,它是传播企业生存和发展的基石。在三网融合的进程中,资讯爆炸化生产,来源渠道宽泛,传播速度快,媒体很难像以前那样长期保持自身的独特性,同质化倾向越来越严重。数字网络技术的迅猛发展促进了媒介终端形态的融合,互联网以图文形式冲击传统平面媒体后,又以网络视频扩展广电媒体传统领域。当然,传统电视台也纷纷成立集图片、影像、视频为一体的网络电视台来竞争。2010年,中央电视台成立了央视网络电视台。除传统三网融合产业相互融合、相互竞争外,其他产业资本也乘机进入,所以传媒产业竞争更加激烈。内容竞争关系到企业的生死存亡,一些企业为了生存可能在内容竞争领域利用自己的垄断优势限制和排除竞争,还有些企业采取不正当竞争手段。另外,内容还涉及意识形态和未成年人保护等问题,所以内容规制受到各国普遍重视。在内容规制方面存在一些共同的价值取向,例如,关注个人隐私权和未成年人保护等。互联网产业发展之初以自由传播信息为主,内容规制没有引起人们足够的重视,近年来,互联网内容问题不断出现,要求政府规制的呼声渐高,各国政府不断采取一些措施来规制互联网的内容。

  一般来说,各国对互联网传输的内容采取适度规制,主要针对违法犯罪内容,倡导行业自律,运营商可以为消费者提供分级过滤软件;而广播电视内容服务由于涉及公民表达权、知情权的维护,具有公共服务性质,大多实行严格的规制。区别对待的政策是为了协调好表达自由和公共利益的关系。对于三网融

[①] 王菲.媒介大融合:数字新媒体时代下的媒介融合论[M].广州:南方日报出版社,2007.

合产业内容的政府规制首先要界定好规制的范围。如果说表达自由的局限性是政府规制的逻辑起点,那么,政府规制范围也就是防止对自由干预过度,试图在自由和限制中寻找平衡。

二、中外内容规制比较

三网融合产业的内容规制主要涉及互联网内容和广播电视内容的规制。对于前者的规制较为宽松,对于后者则相对要求严格。对广播电视内容的规制一直比较严格,对互联网内容的规制一直在不断地争议中前行,且各国对于互联网内容的规制不断从宽容向严格发展。为了保证对广播电视内容规制的有效性,除了强调网络内容政府规制作用外,还要求产业自律。网络世界是一个以自律为主的世界,网络与大多数环境相比拥有较少的普遍规则,也较少需要这样的规则,它更多地信赖于每个公民良好的判断与积极参与。[①] 行业自律在发达的网络内容规制中起到重要作用。近年来,西方发达国家越来越重视互联网内容的规制,同样,中国政府为了回应互联网业发展需要,制定了一些内容规制的法规和政策。

纵观各国广播电视内容规制做法各具特色,但大致可以分为三大类:

(一) 舆论导向规定

广播电视节目作为大众精神产品,各国法律要求其内容具有一定的导向性。德国《广播电视州间协议》规定了商业广播电视媒体的基本编辑标准。全国性播出的电视节目必须尊重人格尊严和人们的不同信仰,必须促进德国的统一和团结以及国际间的相互理解;为反映德国和欧洲的多样性,大众频道应包含适当数量的信息、文化和教育节目。瑞士《广播电视法》第3条规定,广播电视应当向受众保证全面、真实多样的新闻信息及普遍的教育和娱乐,丰富公民知识,有助于社会舆论的自由培育;应当重视国家和人民的多样性,有助于国家对外开放;应当促进瑞士的艺术创造,鼓励受众参与文化生活;应当促进与国外的交流,增进了解,扩大瑞士在国外的影响;应当优先发展国产视听节目,尽可能采取欧洲节目产品。1960年,美国FCC制定了《节目准则》,要求广播电视节目制作人必须考虑服务公众的兴趣、需求和愿望,必须考虑14个方面的节目类型,完善和平衡节目内容。

中国对于作品的导向性的要求非常严格。不仅中国共产党的政策文件规定了宣传导向问题,一些行政法规、规章对此也予以了明确的规定。《广播电视管理条例》第3条规定,广播电视事业应当坚持为人民服务、为社会主义服务的方向,坚持正确的舆论导向。

---

① 戴森.2.0版数字化时代的生活设计[M].胡泳,等译.海口:海南出版社,1998.

(二) 禁止性规定

许多国家还通过法律,禁止广播电视的内容产品含有危害国家安全、泄露国家秘密、暴力、种族仇恨、淫秽、诽谤等内容。1988年,英国独立电视委员会发布《广播电视守则》,对广播电视节目涉及性、暴力、恐怖分子反社会行为、自杀以及驱魔、神秘和超自然等内容进行了约束和限制。2005年开始,美国实施《广播电视风化法》,对广播电视机构淫秽、下流、猥亵等负外部性的内容实行经济惩罚,最高可罚款32万美元。2016年5月24日,日本正式通过了《仇恨言论对策法》,旨在消除煽动歧视特定人种、民族的仇恨言论的行为。我国对传统媒体和新兴媒体都实行社会性规制。中国相关法律法规也对传媒内容产品不得播出的内容予以明确的规定。传媒内容产品不得有反对四项基本原则的内容;不得有危害国家安全和稳定、破坏国家领土完整的内容;不得有宣传邪教、迷信的内容;不得有低俗内容;不得有法律、行政法规和国家规定禁止的其他内容。[①]对电视实行"限娱令"等强制配额制度,保证信息、教育、文化和服务类等正外部性节目的数量。针对新兴媒体,实行最低限度的内容规制,抵制各种淫秽、色情等内容。2014年11月10日,国家广电总局发布《关于加强互联网视听内容管理》,加强对视频网站的规制力度,互联网中常常打擦边球的色情、暴力、黑社会、凶杀内容都被整理规范。

(三) 对特定内容产品的特殊要求

未成年人是传媒的重要受众人群,传媒对未成年人的成长起着不容忽视的作用。为了防止传媒的内容对未成年人造成负面影响,各国主要采取了两项措施:① 对电影以及广播电视节目实行分级制,并对不适宜未成年人的节目限制播出时间。例如,韩国《广播法》第33条第3款规定,广播电视运营商应当将广播电视节目分类分级,并在播出时表明该节目的等级;英国独立电视委员会节目准则要求,任何频道不得在晚上8点以前播出"12"级内容,晚上9点以前不得播出"15"级内容,晚上10点以前不得播出"18"级内容,任何时间均不得播出"R18"级内容和英国电影审查局拒绝颁发许可证书的内容。② 限制儿童节目中的广告数量。例如,1991年,瑞典颁布法律禁止针对12岁以下儿童的广告;英国广告法则对在儿童节目前后禁止播放的广告种类、广告中儿童形象的表现以及不得出现的儿童的场面等作了具体的规定。

中国对未成年的法律保护主要体现在对禁止内容的规定上。2004年,国家广电总局制定并下发了《广播影视加强和改进未成年人思想道德建设的实施方案》,实施保护未成年人的"建设工程""净化工程""防护工程"和"监督工程"。

---

① 参见中国《广播电视条例》第32条、《广播电视节目制作经营管理规定》第22条、《电影管理条例》第25条的规定。

其中,在实施"净化工程"中,对广播影视节目的内容提出了更为具体的要求,例如,要严格控制渲染暴力、凶杀、恐怖等内容的剧本。2016 年 4 月,网络红人 Papi 酱因为视频中存在粗口、侮辱性词语,对广大青少年的成长不利,被国家广电总局勒令整改,随后 Papi 酱部分视频下架。

三、网络融合对安全和内容新挑战

在三网融合后,原有的广电用户可以很方便地接入互联网,网民数量迅速攀升,截至 2017 年 6 月,中国网民规模达到 7.51 亿。大量的网民将通过传统互联网、移动互联网、广电网,不断地获得信息和创造信息。[①] 因此,一旦出现有害信息,其带来的影响和危害将可能是前所未有的。如此大规模的用户数量,将成为规制面临的重大挑战。

那么,规制部门如何应对三网融合后网络共同面临的信息安全挑战呢?图片、文字内容和视听节目内容,是电信和广电部门分别规制,还是统一规制呢?新形势下,规制部门如何及时发现并有效拦截有害信息发布者和有害信息的源与流呢?图片,尤其是视音频的实时性,使规制难度加大。三网融合完成后,网络视频、音频以及彩信、图片等新业务将对公众的舆论产生更大影响。在互联网时代,用户可以使用电子邮件、论坛、电子布告版、聊天室、微信、微博等工具来发表自己的言论,这有利于人们实现公民言论自由,但也会让别有用心的人可能会利用互联网的"虚拟性"在网上发布不当言论等。网络的发展使言论的传播和扩散突破地域性、时间性的限制。2016 年 5 月,欧盟委员会宣布与 Facebook、Twitter、Youtube 和微软展开合作,以控制网络部分仇恨言论,这些运营商集体签署一项行为准则,承诺"收到举报后 24 小时内屏蔽和删除相关仇恨言论"。[②] 2012 年 12 月 28 日,全国人大常委会通过《关于加强网络信息保护的决定》,确定实行责任追究制度,实行网络实名制。

除了对个人信息提供保护以外,国家的信息安全也成为政府规制必须关注的问题。维护信息的正常流动,免遭外界的不当攻击;保证信息的完整性与准确性;抑制各种违法信息的传播;保护信息所有人的合法权利;保护信息基础设施等,都是政府面临的艰巨挑战。既要促进信息的自由流动,又要维护信息安全,两者之间必然会产生一些矛盾和冲突。如何在维护信息安全的同时又不破坏信息的自由流动,不影响其他的价值追求,这时常困扰各国的立法者。发展中国家所面临的困难将会更多。首先,以网络为代表的信息化并不是一个孤立的技术创新现象,它与经济全球化和政治民主化有着内在的紧密联系。信息

[①] 李文明,吕福玉.三网融合的内容监管挑战[J].网络传播,2010(12):26.
[②] 何志鹏,姜晨曦.网络仇恨言论规制与表达自由的边界[J].甘肃政法学院学报,2018(3):20-31.

化、全球化与民主化可以说是当代社会发展的"三个车轮",信息化推动全球化,全球化推动民主化,民主化促进全球化和信息化。对于发展中国家而言,如何适应经济全球化与政治民主化的浪潮,本身也是非常严峻的挑战。

从更深的层次看,它体现的是自由与控制、共享和利益的矛盾。互联网从诞生之日起就体现了开放、自由、共享的价值观,网络空间契合了人类孜孜以求的自由梦想。但网络世界并不是世外桃源,它的主体依然是现实世界中形形色色的、有着不同利益取向的人。网络空间因此与现实社会一样充满了利益冲突。控制与反控制的斗争难以调和。而且,信息技术的发展日新月异,网络法规的完善程度远远要落后于技术进步的速度。因此,需要认真研究网络的特点,用前瞻性的眼光和统筹的方法,借鉴当今世界发达国家的成功经验,构建符合中国国情的网络传播法律体系。

随着用户数量的膨胀、信息海量的增加,三网融合在带来网络价值增长的同时,内容安全也面临严重挑战。三网融合后,随着网络的开放性、交融性和复杂性不断提高,传统互联网内容安全、手机短信安全,特别是视频音频的内容安全,将进一步延伸和扩展。融合的网络将面临巨大的信息安全考验。信息源和信息传播范围扩大,使产业规制面临考验。① 除此之外,由于互联网内容服务层出不穷,三网融合后,信息安全还可能面临其他新问题。2016 年,我国《网络安全法》为个人信息保护和网络安全保护提供了法律依据。② 如何在政府规制上适应新形势、新需要,这要求今后内容规制的模式需要不断创新。

四、我国内容规制的制度完善

由于所有制与国体的特殊性,中国的广播电视机构长期实行政府创办和政府管理的单一体制。广播电视长期以来肩负着党和政府的宣传"喉舌"的职责。这种"管办不分、政事不分、政监不分"的体制越来越不能与社会经济发展和人民群众文化需要相适应,所以,中央提出了文化体制改革。正在进行的广播电视产业改革,很多省、自治区、直辖市都是从管办分离开始,将省级广播电台和电视台从省、自治区、直辖市广电厅(局)中剥离开来,成了一个独立的省级广电总公司。这样省、自治区、直辖市广电厅(局)不直接从事经营业务,专门从事业务管理,省级广电总公司独立经营。至于广播电视机构所有制问题,在广电体制改革中没有涉及,仍坚持国有体制。广播电视的内容规制模式也没有改变。三网融合后,尤其是互联网业迅速发展,互联网提供内容服务给传统的广播电视带来了竞争压力。在三网融合产业中内容竞争将居于主导地位,"内容为王"

---

① 李文明,吕福玉.基于三网融合的视音频内容监管问题研究[J].电视新闻,2011(1):65-68.
② 2016 年,我国《网络安全法》第 42 条规定,网络运营者不得泄露、篡改、毁损其收集的个人信息;未经被收集者同意,不得向他人提供个人信息。

的主张得到普遍认可。目前,在中国,既要探讨现有的广播电视和互联网内容规制的政策存在是否适合三网融合的发展,以及是否会阻碍创新和新服务的发展,还要逐步完善内容规制的制度。

(一) 区别对待互联网与传统广播电视

我国对互联网内容规制和广播电视节目内容规制采取不同的态度。随着三网融合业务的不断发展,互联网在线内容会不断冲击传统的电视节目,形成一个通讯传媒的市场。我国对于传统的电视节目继续保持严格的内容规制,而对于互联网内容节目则要宽松一些。我国在三网融合内容规制立法时,要求对传统的电视节目的规制应明确具体,而互联网规制多规定规制原则、程序和方法,概括授权给规制机构依法行使自由裁量权。

(二) 注意文化的多样性

随着三网融合全面推进,我国三网融合产业必然会出现从网络市场进入发展到多媒体融合的混业经营的情况,也就是说,三网融合产业的运营商更多的竞争体现在提供的多媒体的表达形式以及多媒体呈现的内容方面。网络的可竞争和开放经营导致三网融合产业的自然垄断性不断弱化,内容竞争显得更为重要。人们也应注意到基础网络的自然垄断属性虽然在削弱,但是其自然垄断属性仍然存在,并不会消失。这样,在三网融合后,现有的运营商以及今后要进入的运营商,只要被有权机关许可,就可以从事电信、互联网和广播电视业务中的一种或几种业务。网络融合背景下,如果主导电信运营商与重要内容提供商合作排挤第三者,那么第三者很难进入市场;即使能够进入市场,也很难与之竞争。尤其在中国电信网与因特网不能完全分开的情况下,主导电信运营商一旦与重要内容提供商合作则会垄断当地电信、互联网和广播电视市场。还有一种情况,某一产业主导运营商同时进入另外一个或两个产业经营,也就是说该运营商同时经营三网融合产业中的两个或三个产业,将其现有产业的优势带到其他产业的领域中,从而扩大其影响力。从传输网络角度看,对于这种独占或联合的方式垄断行为应受到反垄断审查。从内容规制角度来看,某一个或几个主导运营商控制广电传媒和互联网内容,这样必然会影响社会和文化的多样性。

人们的文化水平高低导致媒体受众是分层次的,媒介群落也是分层次的。国家的法律法规与政府规制必不可少,但这不能替代文化包括媒体自身的力量。"实际上需要三种力量,一种是市场的力量;一种是法律和法规,现在缺的就是一个有公信力,真正符合中国特色社会主义需求,也符合文化、艺术规律的文化力量。"即一种引导和平衡的力量,善于将对主流价值的传播,做得像涓涓细流,点点入心、口口相传、人人想看,为受众喜闻乐见。[①]

---

① 王蒙.公信力、包容性和人文精神[N].人民日报,2011-06-07.

目前的社会和文化目标是内容规制的主要动力,从而需要对融合是否要求实现这些目标的政策发生变动进行评估。同样,需要对内容严格的规制是否会阻碍创新和新服务的发展进行评估。中国是多民族的国家,各地经济文化发展不平衡,地方文化遗产保护等因素要求网络内容应维持一定的当地文化节目,以促进文化多样性。所以,在网络融合过程中,注意文化的多样性是一项重要内容。

(三) 关注未成年人保护和个人隐私权

要加强网络信息安全规制,保护个人隐私权,保护青少年合法权益,防止网络犯罪。在网络融合过程中,我国要加强立法,加强未成年人的保护和个人隐私权的保护。采取立法措施,减少儿童通过手机接入互联网而受到的不良影响的机会,儿童使用手机,其定制服务必须由父母完成。在《刑法》中要增加涉及保护儿童免受色情污染的相关规定。对于个人隐私的保护在法律上要明确界定,并加大法律惩处力度。

(四) 建立政府规制与自律相结合制度

对社会政治影响巨大的业务(如地面无线节目),可以继续严格规制,包括市场准入和行为规制等。对社会政治影响小,但经济意义大的业务,可以放松规制。从限制性规制朝着鼓励和扶持性规制方向转变。从资金和政策上给予国产节目大力扶持,提高国产节目的竞争力。在一个健康、有序的媒介世界里,新闻传播机构的自律是一种自我净化与反馈提振的力量。我们透过一般的社会文化批评,更容易看清媒介的平衡、导向与引领作用。实践表明,媒介批评,即业内的一些人,凭着对某一个传播领域、某一个传播题材潜心关注,所发表的批评意见总是切中要害,而且具有可操作性,更重要的是具有建设性,为同行掌眼把关,充当的是义务的教练与裁判。德国商业广播电视媒体还建立了自律机构——电视行业自律组织(FSF),负责对剧情片播出前进行分级。因特网内容提供商也建立了一个类似的组织——多媒体行业自律组织,负责确保因特网内容提供商提供的内容合规。[①] 总之,政府规制与行业自律应共同发挥作用。

(五) 完善网络内容的规制法律

中国的信息内容市场规制面临着与国际接轨的艰巨任务。世界贸易组织的协议要求缔约国按照法治原则,规范信息内容市场规制事务,以确保个人及法人的自由和权益得以实现,并为信息内容产业的公平、自由竞争提供法治环境。根据国际法优于国内法的原则,以及条约必须遵守的国际法准则,我国有义务采取必要措施实现信息内容市场规制法律与国际接轨。而现行的信息内容市场规制模式无法适应法律全球化及与国际接轨的要求。所以,必须尽快完

---

① 顾芳.德国广播电视监管和法律制度研究[J].新闻大学,2007(1):63-71.

善既符合国际公约及协定要求,又适合中国国情的规制信息内容的法律。

第四节　网络规制与内容规制的协调

网络规制与内容规制是分立还是融合,不同国家或者同一国家在不同时期的政策有所不同。网络规制和内容规制协调主要有两种模式:一是两个以上的独立规制机构之间的协调;二是同一规制机构内部相对独立部门之间的协调,如果是同一机构的内设部门就不存在协调问题。同时,还要注意政府规制与行业自律的协调。

一、分立规制模式

我国三网融合的内容规制和网络规制是分属不同的机构。在市场准入方面,运营商如果同时经营网络传输服务和内容服务,需要向规制机构分别申请许可证牌照。一个传播机构同时进行传输服务并提供自有内容服务时,在我国需要三张许可证,即传输服务许可证、媒体内容播放许可证和内容制作许可证。这些许可证按照法律规定的不同条件、要求和程序予以申请和颁发。法律对于媒体或媒体内容制作的许可规定了标准条件。目前,许多国家的电信服务使用一般授权许可证方式。但是在申请广播电视服务许可时,这种程序并不一定适用。

内容层面规制多采取分类规制。视听业务分为非线性业务和线性业务。非线性业务是指按照用户定制需求传送的内容,例如,定制的电影或者新闻业务。经营非线性业务无需许可,只需要遵循基本义务和一些简单的特别义务(只针对非线性业务)。线性业务是指向传统电视、互联网、手机等终端按照节目单传送的业务。经营线性业务需要许可,除遵循基本义务外,线性业务还需要遵循较多的特殊义务。线性业务基本义务包括:

(1) 透明义务,所有的相关数据都要进行标识,以保证可以找到并追究法律责任。

(2) 一般内容标准,即不得包含任何激起种族、性别、宗教和民族仇恨的内容,商业性视听节目不得损伤人类尊严,不得鼓励有损健康和安全的行为,不得鼓励妨碍环境保护的行为,不得对未成年人的身心健康造成伤害。

(3) 对赞助性视听服务和节目的限制条款。

(4) 鼓励服务提供商采取措施保证有视听障碍的残疾人能获得其服务。

(5) 版权保护,不经持有人同意不得传输其持有的影视作品。

非线性业务的义务包括:一是保护未成年人的义务;二是促进文化发展义务,非线性业务应以恰当的方式促进文化作品的生产和推广。

我国采取内容和网络分立规制的方式,应对内容规制进行区分,即根据业务性质(究竟是线性业务,还是非线性业务),采取不同的规制方法和力度。

二、构建网络和内容规制机制

建立规制协调的长效机制,已经成为各方的基本共识。加强和完善规制协调机制建设、促进规制机构信息共享,避免规制真空,提高规制效率。内容规制与网络规制并不能完全独立,内容规制的一些措施还需要网络规制来配合。因此,需要建立协调内容与网络的规制机制。在规制机构方面,国家要建立网络规制机构与内容规制机构之间的常设的规制协调机构。该协调机构制定一些网络规制和内容规制的行动指南,指导两个规制机构之间的协同执法,同时解决两者之间的执法冲突。

为了更好地加强对网络内容的规制,有学者提出"双重把关人"制度,广电部门在内容传播上"起到第一把关人"的作用,电信部门肩负起"再把关人"的职责,从而制定"双重把关人"的制度[①]。在确保传播内容健康的前提下,降低互联网信息规制难度。网络服务商由于网络上信息的无限性、无国界性和网站经营者对网上部分信息的不可控性,如发表信息的人有可能因为其身份是虚拟的,对于在网上发布危害国家安全和侵害公民人格权益的当事人很难追查,所以同时应赋予网络服务商一般审查义务,一旦发现或是经人通知,应立即采取措施,如删除该信息或者禁止该信息被第三者访问。网络规制机构要求网络经营者承担一般注意义务,即网络经营者以及产业组织也应对于内容规制尽到注意义务,内容规制机构对于网络内容发出者及播放者行为进行规制,这样在网络规制中筑起两道"防火墙",以保证网络的内容安全。

---

① 王军,张寅."双重把关人"制度解决三网融合监管问题[J].通信世界,2010(13):19.

第六章　三网融合规制的手段和程序

随着市场经济的发展,我国政府越来越重视依法规制市场竞争。2014年,《国务院关于促进市场公平竞争维护市场正常秩序的若干意见》指出,要坚持运用法治思维和法治方式履行市场规制职能,加强事中、事后规制,推进市场规制的制度化、规范化、程序化,保证政府规制标准公开、程序公开、结果公开。在产业规制的过程中,形式理性是保证其体系化、规范化的重要因素,也是保证产业规制能否向社会公众提供普遍性、可预期性、明确性的社会规范的关键方法。德国著名学者马克斯·韦伯认为,现代以来,西方法律制度秉承理性主义和科学主义的大旗,形成了"形式理性"的基本品格。我国法学界对形式理性法律给予了极高的地位,并将其预设为法治建设的追求目标。但产业规制作用对象的多变性和不确定性以及实施中的时机、工具、手段和方式等诸多要素的不确定性,使得其难以实现严格的形式化要求,否则会导致适用中的僵化和不公。[①] 政府规制作为维护公共利益的重要手段,其规制领域有着越来越宽泛的趋势,其目标随着社会和经济的发展内涵愈加丰富。然而,原本催生政府规制的原因并没有消失,市场有其固有的缺陷和力所不能,没有政府规制,市场实际上是不可能正常运行的,尤其是2008年的金融危机,使得新古典自由主义的规制实践告一段落。我国产业规制是在市场化改革进程中逐步建立起来的,规制手段和程序还不能满足规制的实际需要。政府需要完善规制法律、保障规制法的灵活性和拓展规制方法。三网融合产业在可预见的未来仍是以政府规制为主、自我规制为辅,所以,本书在论述中以政府规制为主线。规制机构要主动改进规制手段和程序,以适应三网融合业务兴起和发展的需要。

---

① 王德凡,靳文辉.公共规制的形式理性追求及其限度[J].甘肃社会科学,2017(5):142-147.

第一节　产业规制手段检视和创新

作为规制者的政府机构,其能力有限,同时其他主体也在某种程度上具备规制能力,传统狭义规制观念已经受到越来越多的挑战。

一、政府规制与自我规制

在传统观念里,"规制是政府专业机构的职能,体现为制定相关法规,强制执行基本标准,对市场主体进行检查和监督等。政府规制的目的在于促进市场主体的自律,但是作为私人治理形式的自我规制,凭借其独特的优势,逐渐成为规制体系的重要治理主体"。[①] 立法机关、行政机关、司法机关在政府规制中扮演着重要的角色,它们一起构成了政府规制的主体。政府规制要继续发挥作用,同时又要重视自我规制的作用。

(一) 政府规制

政府规制主体因回应产业经济的发展而呈现日趋多元化。政府规制功能的实现有赖于多个机构的实施。从各国规制实践来看,规制机构一般包括法院、独立管理机构或委员会、执行机构等。让·雅克·拉丰和让·梯若尔则认为规制主体包括作为规制制度创始人的立法者(立法机关)、制度指令的执行者(规制机构)和规制活动的内外部监督者(公共审计员、消费者)以及防止立法者和规制机构滥用权力的司法机构。[②] 他们认为立法机关也属于政府规制机构,与行政机关、司法机关起到一样的重要作用。总而言之,政府规制包含立法、行政和司法等形式。

1. 立法机关是规制法律的提供者

产业规制的一大特点就是规制机构依据法规纠正市场失灵。产业规制首先解决的问题就是法规的供给问题,只有立法机关提供法律保障,政府规制机构才能依法履行职能。法律在建构、限制规制机构并使其负责,从而保证政府规制具备合法性方面发挥着重要作用。因此,立法机关在政府规制中扮演着重要的角色,因为良法是善治之前提。立法机关制定的法律是规制机构权力的来源,也是其权力有效运行的保障。规制机构制定的规章必须在法律授权的范围内制定,且不得与法律相冲突。

[①] 刘亚平,游海疆."第三方规制":现在与未来[J].宏观质量研究,2017(5):106-116.
[②] 拉丰,梯若尔.政府采购与规制中的激励理论[M].石磊,等译.上海:上海人民出版社,2004.

2. 行政机关是规制法律的执行者

规制机构是指具有一定独立性,通过依法制定规制标准对市场经济主体行为及其产生的外部效应进行规范和控制,并通过准司法的行政程序执行和发展这些标准的机构。规制机构不仅拥有一般行政机关的执法权,还取得立法机关的法规(政策)的立法权和准司法权。虽然厂商、消费者、潜在的市场进入者也会参与规制活动中,但行政机关是规制的主体。在不同的规制机构模式中,规制机构与一般行政机关之间的关系会有所不同。美国联邦和州成立独立规制委员会不属于行政系列,直接向国会负责。英国的政府规制机构属于行政机构。我国政府规制是从指令性、行政的计划向立足于市场、顺应的市场规制转变而来的,与英美等国的发展路径相反,他们是因市场约束或私人诉讼等治理手段失灵而出现政府规则。我国的规制机构通常是依据国务院定职能、定机构、定编制的"三定方案"设立,与西方国家"先行立法"而后成立不同。我国政府规制相对处于主导地位,更多依赖行政机关执法,自我规制有待进一步发展。

3. 司法机关是规制法律的守护者

现代国家的经济发展具有复杂性和变动性,立法机关无法也不可能制定详细的规制法律。规制机构被授予广泛的自由裁量权,已经成为各国通用做法。自由裁量权能够解决法律的不完备性的缺陷,发挥执法机关的主观能动性。但它是一把"双刃剑",也可能带来权力滥用、滋生腐败,从而导致不能规制的目标无法实现。如果规制法律和政策缺乏充分考量,以及论证本身就存在问题,那么规制机构的自由裁量权极易引发企业或公众的质疑,因此,司法机关必须发挥司法审查的功能,以便对规制中的冲突和矛盾进行调解或裁决。

(二) 自我规制

自我规制是20世纪以来在欧美国家兴起的一种新的规制形式。国家治理现代化的建设,政府权力让渡一部分给社会组织,充分发挥个人和社会组织在现代治理中的作用。英国伦敦政治经济学院 Julia Black 教授认为,由于自我(self)意味着两个层面的涵义,作为个人的自我和作为集体的自我,因此,自我规制也常常包含两种含义:一是指经济主体出于社会责任感、建立声誉和声望或自律等动机,对自己行为的自我约束和规范;二是指一个集体组织对其成员或者其他接受其权威的相关人员进行的约束和规范,即自我规制组织或者协会进行的规制。[①] 从这个含义可以看出自我规制包含两种形式,一是个人自我规制,另一个是社会组织规制。自我规制和政府规制不能绝对的分开,应该说,在许多产业规制中,当今世界许多国家的基本模式同时采用自我规制与政府规

---

① 李洪雷. 论互联网的规制体制:在政府规制与自我规制之间[J]. 网络信息法学研究,2017(1):31-53.

制。只是各国的政治和经济制度不同,以及历史文化背景差异,在两种的使用上侧重点有所不同。自我规制与政府规制是一种互动、融合、互补的关系,自我规制有利于延伸和发挥政府规制的功能,有利于弥补政府规制的缺陷,而政府规制则可为自我规制提供动力与制度保障。①

在中国,私人规制和治理正在日益勃兴。例如,国家正在由社会团体协调相关市场主体,自主制定发布团体标准,供社会自愿采用;又如中国社会科学院法学研究所受国务院办公厅政府信息与政务公开办公室委托,发布政府信息公开工作第三方评估报告,对国务院部门、省级人民政府、计划单列市政府的信息公开工作进行评估。② 2017年11月4日,我国颁布了《标准化法》,赋予团体标准以法律地位,构建了政府标准与市场标准协调配套的新型标准体系;另外,还取消了企业标准备案制度,取而代之的是团体标准、企业标准自我声明公开和监督制度。③ 社会团体作为市场主体的组织者和中介,在标准制定上具有一些先天的优势。但在过去,标准化领域的标准制定由政府"包办",社会团体的作用没有发挥出来。从新的标准化法来看,除了赋予社会组织的规制职能外,还鼓励企业采取企业标准自我声明公开和监督,发挥企业的自我规则的作用。

三网融合进入媒介融合时代,互联网新媒体形式多样和内容丰富,单靠政府规制并不能满足市场需要。只有发挥企业、社会组织和公众的自我规制,才能在政府规制的框架内,实现对三网融合产业的网络和内容的规制目标。

二、政府传统规制手段

无论从广义抑或狭义层面上理解规制,其从根本上都是关乎控制、调控或改变行为。传统的规制进路优先以详细的规定性规则为主要手段,明确被规制者必须做什么或者具体规定产品特性或过程参数。准许性规则,即授权从事特定活动,也是政府规制规则的一个重要方面。无论规则以何种形式存在,规制过程的目的导向性意味着规制应当服务于规制体系的目的或目标,并且所追求的结果与所制定的规制应该存在相对程度的契合性。此外,还要考虑规制的操作性和透明度,例如,规制的制定、理解与实施在何种程度上简单易操作?规制在多大程度上具有透明性?当然成本和实施的可行性也不能忽视,一条详细具体的规则可能与规制体系的目的十分契合,但是如果其成本高昂或者实施困

---

① SENDEN L. Soft law, self-regulation and co-regulation in European law: Where do they meet? [J]. Electronic Journal of Comparative Law, 2005(1):123-130.
② 宋华琳.迈向规制与治理的法律前沿:评科林·斯科特《规制、治理与法律:前沿问题研究》[J]. 法治现代化研究,2017(12):182-192.
③ 施京京.清晰市场政府定位 释放制度创新活力:新版中华人民共和国标准化法解读[J]. 中国质量技术监督,2017(11):16-17.

难,那么该规则就可能缺乏有效性。

在欧盟和美国范围内已经出现制定一般化规则的趋势,以减少规制制定的复杂性,同时降低制定成本。规则已经向程序化和更为一般性原则描述的方向转变,此处的预期是通过实践来确立具体要求,或者通过企业、协会或标准化组织制定的详细标准来进行补充。一般化的原则会使得对被规制主体的要求缺乏透明性。风险在于企业与规制者都不了解应该做什么,优点在于双方理解和认同则会更好实施规制规则。与之对应的是,规制权力有逐渐集中的趋势,综合性规制机构增多。

对于规则调整行为有效性的质疑,已经使得规制者在试验其他行为调控措施。其中,尤为重要的当属基于市场的机制,这些机制旨在激励所预期的行为而抑制不当行为。课税和补贴存在于现有市场之中,也有可能通过创造市场去调控行为。

如果考虑所有规制人行为的方法,除以规制为依据的强制过程和以市场为基础的竞争过程以外,还有一种重要的行为调控模式,这种模式建立在社会规范和社群体系基础之上,即利用对行为的观察去鼓励,而非要求人们改变其行为。2015年,美国政府颁布行政命令,要求公共政策在制定过程中必须将行为科学发现纳入考量范围。①

(一) 行政规制

行政规制路径具有事前规制的特点。由政府在事件发生前,以事件总成本最小化为目标,通过成本-收益分析,确定一个社会最优的行政规制标准,并由行政机关负责实施该标准。常用命令-控制工具,这是现行立法上规制最强的一类实施工具,也是世界各国最常用的行政规制工具。

1. 行政决策

政治学和行政学学者们分别就决策理性、合法化、程序化、参与者等若干领域展开行政决策研究。法学研究则对此涉猎不多。② 行政决策法律产品供给不足,但它是行政规制的起点,决策是否正确直接影响到行政规制的后果。为了保证行政决策的正确率,一般行政决策应经过调查研究、论证、决定和公布四个环节。在调查研究阶段,要在充分调研规制事项的实际情况基础上,从决策的必要性和可行性角度进行分析,给出决策调研报告。依据决策调研报告,确定其目标和实现手段,并拟定决策草案。在决策论证阶段,要就决策草案向社会公开,广泛征求意见,汇总各方意见作为决定时的依据;同时要听取专家学者从专业角度分析决策的科学性以及经济效益评估方面的意见;还要由法律专业人

---

① 斯科特. 规制、治理与法律:前沿问题研究[M]. 安永康,译. 北京:清华大学出版社,2018.
② 朱海波. 地方政府重大行政决策程序立法及其完善[J]. 广东社会科学,2013(4):225-231.

员审查决策的合法性,最后形成行政决策的方案。在决定阶段,决策程序分集体决策和个人决策两种。中国的行政决策一般采取集体决策的方式,按照法律规定和决策议事规定,决策者各自发表意见,充分讨论,最后形成决定。公布阶段,采取法定的形式将行政决策公布于众,让利益相关者按照决策调整自己的预期目标和行为模式,有利于行政决策的目标实现。

为了解决行政决策问题,2010年国务院在《加强法治政府建设的意见》中提出加强行政决策程序建设,健全重大行政决策规则,推进行政决策的科学化、民主化、法治化。中共中央、国务院印发《法治政府建设实施纲要(2015－2020年)》(以下简称《实施纲要》)提出健全依法决策机制。《实施纲要》指出,完善重大行政决策程序制度,明确决策主体、事项范围、法定程序、法律责任,规范决策流程,强化决策法定程序的刚性约束。随着法治政府建设的深入和公民权利保护意识增强,政策决策科学化、民主化和法制化的要求更高。对于试点工作要达到的目标以及怎样达到目标这些基本问题都没有经过广泛的讨论和征求意见,做出的行政决策实施效果不理想。从当初政策出台备受质疑到后来进展缓慢的现实来看,不难发现当初的行政决策缺乏科学性和民主性。比如,2010年6月9日,国家广电总局正式下发了《广电总局关于进一步规范婚恋交友类电视节目的管理通知》文件,对于越来越"出位"的节目着手整饬。其实这不是第一次。2007年,国家广电总局叫停重庆电视台选秀节目"第一次心动"。2017年6月23日,新闻出版国家广电总局通报,一些电视台存在以节目形态变相发布、时长超时等严重违规行为,要求立即停播。广电总局多次叫停电视台的栏目,但取得的效果并不明显。为了追求收视率,电视台不断变换花样,这就需要反思规制决策的科学性和有效性是否存在问题。要解决行政决策问题需要采取以下措施:一是完善听证制度,扩大听证事项范围,制定听证规则,听证代表遴选具有代表性,听证会书面记录要作为决策的依据。二是发挥专家的作用,在制定决策时要重视专家的论证意见。产业方面专家从产业技术和管理方面提出意见来保证决策的科学性,法学专家要审查决策的合法性。以法律制度保障咨询机构的独立性,发表专家咨询意见时不受任何机构和个人的影响。目前,中国的咨询专业机构发展与发达国家还有一定的距离,发达国家的咨询机构在一些领域占有优势。不过,我国政府已经注意到国外咨询公司从事咨询活动时可能危害中国安全的问题,所以,中国政府应积极培育、发展半官方和民间咨询机构,尤其是近年来极力推动高端智库建设,以适应行政决策的客观需要。三是健全行政决策程序制度,包括听证制度、专家咨询制度、说明理由制度、决策经济效益分析和评估制度、公示制度等。四是建立健全决策责任追究制度。

2. 行政许可

行政许可是当今世界各国普遍采用的一种管理社会经济、政治、文化等事务的手段。[①] 处于社会转型期的中国,行政许可更是被倚重。行政许可是电信业、互联网和广电业的政府规制重要手段之一。从实践来看,虽然通过多次行政许可制度改革减少许可项目,但在三网融合产业内行政许可依然大量存在,实施许可的范围过宽。在市场进入方面,依照我国《电信条例》规定,除了运用新技术试办《电信业务分类目录》未列出的新型电信业务只需向省、自治区、直辖市电信管理机构备案外,经营电信业务,不管是经营基础电信业务,还是增值电信业务,都必须取得国务院信息产业主管部门或者省、自治区、直辖市电信管理机构颁发的电信业务经营许可证。但目前即使具备足够的经济实力、技术人员储备等各种条件,也几乎不可能获得经营基础电信业务的许可。相对于电信业,广电业的市场准入制度更加严格。在服务价格方面,工信部、国家发改委决定自2014年5月10起对所有电信业务均实行市场调节价。电信价格放开包括固定和移动的本地、长途、漫游语音,短消息,数据业务等所有电信业务资费,而广播电视服务价格尚未放开。对行政许可性质的认识不到位,在政府与市场之间关系方面,过于依赖政府行政许可,而对于市场配置资源功能不信任。这样导致了行政许可范围扩大和许可项目种类繁多的局面。以电信资费为例,基本上可以通过市场竞争来定价。三网融合产业规制部门与其他行政机关一样"重许可轻规制"倾向明显,重视事前的许可,而不重视事中和事后规制。许可主要针对被许可人的主体资格及实施条件审查和核准。实际上,在许可后被许可人的危害性行为的规制更加重要。

面对三网融合产业行政许可中存在的上述问题,可从以下几个方面解决:

(1) 发挥市场配置资源的决定作用,缩小实施许可的范围并放松市场进入规制。

行政许可是政府干预市场的一种具体手段。这一规制手段的运用是有限度的,只有在市场调节失灵并且需要干预时才能使用,因为它是一把双刃剑。如果运用得当,有利于弥补市场的缺陷,维护市场有效竞争,保护社会公共利益,以及消费者的合法权益;如果运用不当,则会破坏市场经济环境,限制市场竞争,并导致"制度性腐败"。针对中国电信市场的现状,借鉴域外的做法,可以在增值电信领域放松规制,将目前的许可制改为登记备案制。对于基础电信业务领域应该准许更多的运营商进入,形成市场竞争格局,促进产业融合和发展。对于电信资源的使用权,应该多采取拍卖等市场化手段,而不是一味地使用批准、指配的方式来确定。针对更加严格的广播电视产业行政许可,在"网台分离"和"制播分离"的改革基础上逐步放开市场准入。三网融合进程中,电信与广电业之间业务相互进入,更需要缩小行政许可的范围,让新业务和融合业务

[①] 崔卓兰,吕艳辉.行政许可的学理分析[J].吉林大学社会科学学报,2004(1):31-38.

能够健康和快速发展。

(2) 树立行政许可的正确观念。

行政许可虽然是从授予特权经营开始的,但现在的含义与过去有本质不同。许可不是行政机关赋予或设定权利的行为,而是被许可人本身所具有的权利,只是在市场竞争存在缺陷时,为了维护市场竞争,而采取的禁止和限制其权利行使的措施。针对目前三网融合产业许可中错误的"赋权观",需要认清其错误根源和本质,树立正确观念。这样,在行政许可改革中才能大刀阔斧,不断放开许可限制,开放市场竞争。

(3) 强化许可行为的规制。

行政许可并非简单地将管理手段前置,将许可证发放完毕即了事的行政行为,其实施是一项全程的规制活动,既包括事前的限制,也包括事中规制和事后制裁。比如,对许可证实行定期审验,随时监督和检查被许可人是否在许可的范围内行为,对不按许可限定进行的活动予以处罚等。① 针对当前三网融合相关产业许可中不重视许可实施后规制的倾向,一方面应明确规制机构的事后规制职责,并通过健全考评机制加以规制实施;另一方面也应注意到规制机构存在规制人力不够、规制手段配备不全等客观原因,这些都需要加以解决。

3. 行政处罚

行政处罚同样是各国行政规制机构的重要手段。即使在英美等国,行政处罚权逐渐也出现了由司法机关向行政机关局部转移的趋势。② 在电信业规制中,域外电信规制机构一般都拥有行政处罚这一手段。比如,德国电网署(BnetzA)可以实施罚款,中止电信运营商的运营业务等;法国电信规制机构(RCEP)可以对违规的运营商课以罚款,取消其占有的频率、码号资源等。③ 我国《电信条例》也以较大的篇幅规定了警告、罚款、没收违法所得、责令停业整顿、吊销营业执照等处罚种类。评估当前电信规制中的行政处罚手段,其存在的问题集中在两个方面:第一,《电信条例》规定的处罚存在威慑力不足、实践中难以实施等问题。比如,该条例第72条、第73条规定罚款的最高额度是100万元,而违反互联互通规定的最高罚款额度为50万元,显然这种罚款的威慑力不足。又如,《电信条例》第72条、第73条规定的责令停业整顿和第78条规定的吊销电信业务经营许可证,在实践中对于基础电信运营商来说很难实施。目前中国仅有三家拥有基础电信经营许可证的企业,每家都有庞大的电信用户群体,一旦停业整顿或被吊销许可证,将带来严重的后果,甚至会引发社会动荡。《广播电视条例》也存在同样的问题。第二,重事后的处罚,轻事前的预防监督。

---

① 崔卓兰,吕艳辉. 行政许可的学理分析[J]. 吉林大学社会科学学报,2004(1):31-38.
② 姜明安. 行政程序研究[M]. 北京:北京大学出版社,2006.
③ Holznagel B. 中欧电信法比较研究[M]. 续俊旗,译. 北京:法律出版社,2004.

针对前述两个方面的问题,一是需要修改现有法律规定,增加法律威慑力和可操作性。比如,对于违法行为可以考虑建立惩罚性赔偿制度;对于基础电信运营商的违规行为可以规定"双罚",既处罚公司,又处罚企业最高负责人;对于责令停业整顿和吊销许可证的处罚,在基础电信运营商方面,可以考虑改为规定其在一定期间内不得发展新用户等限制经营活动。二是要树立事前预防胜于事后处罚的理念,加强事前的预防和日常的监督。

(二) 行政立法

产业规制机构通过制定大量的行政法规和规章来实现其规制目标。盖尔霍恩曾指出,"在过去的20年里,行政法最重要发展之一是行政机关日益依赖于规则制定——将其作为制定政策的一种手段。"[1]西方发达国家行政规制机构制定的法规在规制过程中发挥重要作用,甚至在20世纪七八十年代出现规制机构过分依赖规章制度,从而导致规则泛滥的现象,引发放松规制的呼声。我国规制机构也越来越重视行政立法,目前行政立法包括制定行政法规和规章两个层面。[2] 针对三网融合产业规制来说,国务院有权制定行政法规;国务院的电信业规制机构、广电业规制机构以及其他国务院组成部门和直属机构都拥有行政规章制定权。实践中,我国三网融合产业的规制在法律层面上尚没有出台一部法律,在行政法规层面仅有《电信条例》和《广播电视条例》等,所以立法不足现象严重,目前三网融合产业的规制主要依赖大量的行政规章[3],这些规章在产业融合发展和规制过程起了不小的作用。但是,目前在这些规章中存在一些难以适应三网融合发展的问题,突出表现在三个方面。

1. 缺乏全局性和前瞻性

电信(含互联网)法规和广播电视法规的制定没有站在全局的角度,常常出现从本位出发而立法的现象。国务院制定的条例一般先由产业的主管部门起草,再提交国务院审议和通过。在融合的进程中,工信部和广电总局从部门利益出发,出台相关的规制方面的规章,客观上在某些领域可能会影响三网融合的进程。例如,广电总局多次下发通知禁止电信企业与广电企业合作从事IPTV业务,规制机构立法以及缺乏前瞻性现象,因事立法,立法规划没经过科学论证,常常出现不同规章之间相互冲突以及出台的规章不能回应三网融合业务发展的要求。种种现象的存在,势必会严重减损法律的效力。

---

[1] 盖特霍恩,等. 行政法和行政程序法概要[M]. 黄列,译. 北京:中国社会科学出版社,1996.
[2] 按照我国《立法法》第71条的规定,国务院各部、委员会、中国人民银行、审计署和具有行政管理职能的直属机构,可以根据法律和国务院的行政法规、决定、命令,在本部门的权限范围内,制定规章。
[3] 比如,《电信服务质量监督管理暂行办法》(信息产业部令第6号)、《中国互联网域名管理办法》(信息产业部令第6号)、《广播电视节目制作经营管理规定》(国家广播电影电视总局令第34号)、《〈广播电视广告播出管理办法〉的补充规定》(国家广播电影电视总局令第66号)。

2. 缺乏公众参与

公众参与是现代国家民主决策中的核心概念之一,是一个国家民主程序的重要衡量指标。我国《规章制定程序条例》也对规章制定中的公众参与做出了规定。[①] 但是,由于规定的笼统性,很难对行政立法主体构成实质性的约束力,再加上中国行政权力强势的传统以及对立法进行司法审查的制度缺失,更易于使其规定流于形式。实践中,三网融合有关规章是由有权制定规章的行政部门主导制定,采取先由其内部职能部门起草规章的草案,再邀请专家论证和内部征求意见,最后由该制定机构决定。这种不向社会公开征求意见的做法,汇聚的意见范围有限,是一种公众参与欠缺的立法模式。"关门立法"使得制定出的规章不能反映三网融合企业和消费者的利益,民众的认同感低。

3. 欠缺成本效益分析

在经济学上,成本效益分析一般是指通过权衡成本与收益来评价公共项目可取性的一种系统经济分析方法。而规章制定中的成本效益分析,则是指在规章制定的决策过程中,通过比较规章制定的预期成本和预期效益,[②]以决定是否要制定这个规章,如何制定规章,并且在规章生效之后,政府还要对其进行评估,考察其是否取得了预期绩效、达到了预期目标。国外许多国家和地区在行政立法时都会进行成本收益分析,尤其是随着行政权的扩大,行政规章数量越来越多,涉及社会各个方面,立法的成本收益分析成为必不可少的程序。中国政府在行政立法中明确提出成本效益分析制度的时间相对比较晚,直到2004年国务院发布的《全国推进依法行政实施纲要》才首次明确提出,在政府立法项目,尤其是经济立法项目中,发挥成本收益分析法的作用。2010年,国务院关于《加强法治政府建设的意见》中又进了一步积极探索成本效益分析范围,并扩大到所有的政府立法过程,另外还要开展社会风险评估和实施情况后评估工作。[③]这表明我国政府已经将立法成本效益分析工作摆上议事日程。

针对三网融合行政立法存在的问题,需要从以下三个方面加以解决:

(1) 规范规章制定的行为。

规制机构制定的规章应严格按照立法的要求制定,加强规章制定的科学性和必要性论证,纠正规章制定的不当行为。目前,我国司法审查规章立法的制度尚未建立,上级规制部门还要肩负规制下级制定规章的责任。

(2) 强化规章制定中的公众参与。

---

① 《规章制定程序条例》第14条"起草规章,应当深入调查研究,总结实践经验,广泛听取有关机关、组织和公民的意见。听取意见可以采取书面征求意见、座谈会、论证会、听证会等多种形式。"

② 曾祥华.行政立法的成本与效益分析[J].成都行政学院学报,2004(2):17-20.

③ 参见:《全面推进依法行政实施纲要》(国发〔2004〕10号)第17条和《国务院关于加强法治政府建设的意见》(国发〔2010〕33号)第7条。

规章制定需要公众参与。公众参与是现代政府服务性质的基本要求,公众参与可以分为事前参与、事中参与和事后参与。规章制定和行政决策时要求事前公众参与。在制定规章时要公众参与,这有利于规章内容符合三网融合客观实际需要,反映融合各方的利益诉求,保护其合法权益。这样立法的科学性才能得到保障,不至于发生由于错误的立法和成本过高而导致法律实施有难度。公众参与可以克服部门立法的信息不对称问题,通过社会上专门机构和人员的广泛参与,有利于弥补规制机构对规制对象和行为的信息不充分和知识不足问题。公众参与立法有利于其自觉遵守法律,培养法律意识。在公众参与方面,美国的协商制定规章程序[1]值得借鉴。通过细化公众参与的具体制度与程序来保障公众参与正常和有效运作。

(3) 建立绩效评估机制。

引入规章制定绩效评估机制,积极开展成本效益分析,进行社会风险评估和实施情况后的绩效评估。为了防止部门立法成本效益分析的片面性,可以借鉴域外的经验,在三网融合规章制定过程中,立法部门可以委托独立于政府之外的专业咨询机构进行分析与评估,并提交评估报告供立法部门参考。立法部门综合各方的意见,最终决定是否采纳。

(三) 行政裁决

行政裁决是指行政主体根据法律的授权,对作为平等主体的当事人之间发生的,与行政管理活动密切相关的民事纠纷进行审查,并做出裁决的制度。[2] 行政裁决是现代行政发展的产物,由于行政权的不断扩大,涉及的社会领域事务增多,并且许多与行政规制活动密切相关的民事纠纷具有很强的专业性、技术性,传统的行政执法调查与行政决定合一的方式不能适应,需要有专业的人员来裁决。另外,为了保护行政相对人的利益,防止行政执法人员的个人偏见和恣意,由专门的行政裁判人员独立裁决更符合法治精神。根据传统的法治理论,查明事实和适用法律解决纠纷是法院的权力。由于法院诉讼程序琐碎、缓慢且费用昂贵,以及司法资源的有限及法官知识的局限等因素决定了司法途径解决的弊端。而具有专业知识的行政机关恰恰在这一方面有独到之处,能够迅速解决纠纷。正如著名法学家威廉·韦德所言:"20 世纪的社会立法设立裁判所仅仅是出于行政上的原因,是因为它能够提供一种较为迅速、经济,也更为便

---

[1] 按照标准的协商制定规章程序,行政部门在制定规章时,设立一个由相关企业、行业组织、公民团体及其他受影响的组织代表、行政部门选派的代表组成的协商委员会,委员会举行公开会议,为形成一个拟议规章而进行协商,如果达成合意,行政部门采纳合意的规章作为拟议的规章,然后进入公告—评议程序。

[2] 姜明安.行政程序研究[M].北京:北京大学出版社,2006.

捷的公正裁判。"[1]

作为行政权适应现代社会的要求向司法领域扩张之产物的行政裁决在英、美、日等国得到了很好的运用。在三网融合产业政府规制中,虽然《电信条例》和《广播电视条例》等法律法规中没有直接使用"行政裁决"一词,但实际上许多条文也都涉及行政裁决。比如,在《电信条例》第74条、第75条中就有相关规定。在规制实践中,中国行政裁决存在的主要问题:一是没有设立专门的行政裁决机构,一般在机构内部设立一个相对独立的部门负责行政裁决;二是行政裁决的事项范围不清,法律法规没有明确规定哪些事项属于行政裁决的范围;三是行政裁决的程序不规范,没有制定行政裁决的相关法规,只是机构内部制定的内部操作规范。

高效的纠纷解决机制是良好行政规制重要的一环。为了发挥行政裁决在三网融合产业规制中的作用,需要从以下四个方面加以改进:

(1) 建立独立的行政裁决机构。

行政裁决机构主要有三种形式:一是在行政机构内部设置专门的行政裁决机构;二是设置专门的行政裁判机构;三是设置类似于英国行政裁判所的机构。在中国,目前只能选择第一种方式,因为电信业和广电业分属不同的规制机构负责。

(2) 明确裁决事项范围。

可以将电信(广电)企业与电信(广电)用户之间、电信(广电)企业相互之间发生的与电信(广电)规制有关的民事纠纷纳入。

(3) 制定裁决程序规则。

行政裁判实质上是准司法制度,借鉴了司法程序,具体包括申请、受理、听证前的会议、听证、裁决、送达、执行等环节。

(4) 处理好裁决与诉讼之间的关系。

除法律规定属于行政机关最终裁决的具体行政行为外,行政裁决可提起行政诉讼。行政裁决一般情况下不作为提起行政诉讼的先行程序,当事人可以不经裁决而直接起诉。这样的规定对于行政裁决的法律效果会产生不利影响,当事人可能从时间效率角度考虑会选择直接诉讼,因为经过行政裁决后如果一方提出行政诉讼,则前面所经过的裁决程序就失去意义且耽搁了时间。为了改变这种弊端,在法律中规定,行政裁判查明的事实可以直接在行政诉讼中直接确认其效力,原则上当事人只能对行政裁决适用法律问题提起诉讼,法院只审查法律而不对事实问题进行审查。

纵观全球三网融合产业的发展,经历了由自然垄断逐渐走向市场竞争的过

---

[1] 韦德. 行政法[M]. 徐炳,等译. 北京. 中国大百科全书出版社,1997.

程,传统规制的手段受到挑战,需要做出现实回应。

三、政府规制手段的拓展

为了追求公共利益的最大化,我们要么通过政府以"命令-控制"的方式将公共利益作为政府规制的直接目标,要么通过明晰私有产权的方式让自由市场达至一个福利最大化的状态。政府规制经过长期的发展,规制这种以问题为导向的治理模式向我们提供了新的启示,除了通过直接明晰产权和通过政府的"命令-控制"模式之外,还存在着其他治理模式,即通过事前合理规则的确定,形成一套有利于高效利用资源的规则。规制机构处理违法行为的手段和措施要适当、适度,尽力避免或者减少对当事人权益的损害。传统规制手段依赖于强制性手段,而非强制手段在我国由学理解释上升到法律规定,确立了"非强制相对于强制的优先使用"的执法原则。[①] 为了提高规制的效率与效果,在三网融合产业政府规制中,规制机构可以不断拓宽规制手段。

(一) 特许投标

特许投标是迄今在理论模型和实际操作方面均较成熟的激励性规制手段[②]。特许投标理论强调在政府规制中引进竞争机制,通过拍卖或招投标的方式,让多家企业竞争某一产品或服务的特许经营权,在一定的质量要求下,由最有效率的企业取得特许经营权。可以将它视为是一种行政奖励。国外,在通讯传媒产业中普遍实施频率特许投标制度,因为频率是稀缺资源,通过拍卖让广播公司交回不需要的频率从而鼓励频率交易。频率拍卖费用可以支持普遍服务的实现。我国可以考虑在三网融合政府规制中引进该手段,在号码、无线电频率、空间轨道等有限电信资源的使用中实行特许投标,通过经济效益来引导运营商的经营行为,提高规制的效率。我国在电信3G、4G牌照发放时还是行政分配方式,今后应多引入市场机制,通过拍卖或招标方式来颁发。当然,需要指出的是,特许投标在竞争的充分性、资产转让、特许合同等方面会存在一些问题,三网融合产业规制实践中对特许投标的使用应充分考虑到这些问题,并采取措施加以消解。

(二) 规制合同

相对于政府规制的传统方式及合同制度的传统理念而言,规制合同无疑是个"新东西"。规制合同在一些西方国家已经制度化、规范化,其理论相对成熟。

---

① 2011年《行政强制法》第5条规定,采用非强制手段可以达到行政管理目的的,不得设定和实施行政强制。

② 激励性监管是政府为纠正市场失灵、提高经济效益,通过激发、引导的方法使市场主体自愿按照政府意图进行经济活动的一种监管行为。参见:郭志斌.论政府激励性管制[M].北京:北京大学出版社,2002.

域外法、德、日、美等国都极为重视规制合同的运用。国家通过主张基本财产权以控制经济活动,如电视或者铁路,但是经由合同将这种供应此类服务的权利在一段有限时间内授予一个私人商业主体。合同的条款、商业特许的条款,包含于大多数对公共部门提供服务的具体规制,因此,公共规制通过合同披上了自我规制的形式。① 政府对社会政治、经济、文化事务,特别是对与公共利益相关的社会事务,由无为而治转向积极干预,政府规制的手段和模式也由早先的单一化、命令性向多样性、灵活性转变,规制合同的出现便是这种转变的主要标志。现代行政的日趋复杂和专业化以及行政资源的有限性使得行政主体乐意选择规制合同,获得规制相对方的合作,以提高行政效率。中国三网融合政府规制可以借鉴国外规制的实践经验,在服务质量、普遍服务等领域尝试运用行政合同手段。例如,在电信普遍服务中,规制机构可以通过规制合同的方式进行规制,这样可以克服目前采取的传统规制手段所带来的弊端。需要注意的是,基于规制合同尚未建立起严密的理论体系,实践中应重视经验的总结和理论的提升。正如毛德尔教授所指出的:"尽管不时存在着批评或者反对的论调,现代的主要课题不是行政合同原则上的适法性,而是行政合同法的理论细化,特别是明确行政合同的合法要件、法律形式和违法后果。阐明这些问题是行政合同在实践中得到有效适用的前提。"② 在我国,规制合同在规制实践中的大量存在是不争的事实。

(三) 信息工具

基于信息视角的行政规制,包括政府提供的教育指导、信息发布、强制信息披露制度和信息提供激励制度,学者称之为市场规制中的"信息工具"③。信息工具不同于传统的行政规制工具,它是一种新生的"市场友好型"规制工具,它通过向市场主体传递信息来辅助其做出更理性的决策,信息工具的柔性特征可以避免政府直接干预市场运行所带来的诸多负面影响。信息工具手段包括教育指导、政府信息发布、强制信息披露、信息提供的激励机制等形式。三网融合产业市场同样存在明显的信息不对称问题,比如,在电信一般运用成本、互联互通中接入方的互联成本、不同地区实施普遍服务的成本、计费话单准确率、主干网络拥塞情况、拨号音时延、呼叫失败率、故障发生率、信息传递质量等专业名词,电信运营者处于绝对的强势地位。规制机构对于电信运营商的内部信息了解不透彻,难以全面掌握这些信息。即使具备相应的专业知识,并花费大量的人力、物力与财力,规制机构也很难准确掌握所有信息,因此,对于一般消费者来说那就更加困难。规制机构要想对电信运营商做出正确的规制决策,就必须

---

① 科林斯. 规制合同[M]. 郭小莉,译. 北京. 中国人民大学出版社,2014.
② 毛雷尔. 行政法总论[M]. 高家伟,译. 北京. 法律出版社,2000.
③ 奥格斯. 规制法律形式和经济学理论[M]. 骆梅英,译. 北京:中国人民大学,2009.

对电信资费、互联互通、服务质量等信息有充分的了解。德国《电信法》赋予规制者强制要求电信运营商披露有关信息的权力。比如,德国 BnetzA 可以要求电信运营商披露其经济状况、运营记录等信息。为了提高规制的质量与效率,在中国电信资费、互联互通、信息质量规制中可以采用这一手段。当然,按照有关法律规定,属于商业秘密等不得公开的事项,规制者应遵守相关保密规定。

(四)信用工具

信用工具,是规制主体对规制相对人的"公共信用信息进行记录归集、评价分类、共享公开,并据此实施分类规制和联合奖惩的新型规制工具"。[①] 信用工具能够有效整合多元治理主体和多元规制工具,为公民创造更多可利用的信息选择,是确保行政义务履行制度的新发展。面对纷繁的规制对象、复杂的规制任务,行政手段的匮乏成为规制实践面临的主要难题之一,而信用工具正是在规制机构应对纷繁复杂的规制任务、寻求有效事中事后规制手段的背景下兴起的。国务院将"信用约束"与"职责法定""协同规制"和"社会共治"并列为加强事中事后规制的基本原则。[②] 实践中,政府规制存在公共信用信息范围被不适当地扩大的问题。三网融合产业规制中,要充分利用信用工具,将规制对象分类规制。工具是行动者采用或者在潜在意义上可能采用来实现一个或更多目标的任何东西,三网融合规制政策工具多种多样,规制机构应综合运用。

除上述规制手段之外,还有行政指导、资金资助、标准设定、民营化、个别审查等方面优化政策工具,拓展规制方法。[③]

第二节 三网融合政府规制的程序

正义是人类社会最崇高的力量,也是评价人们行为的重要道德标准。程序正义是实质(实体)正义的前提和基础。所以,政府产业规制面临必须重视程序正义的问题。三网融合产业规制要适应经济市场化的要求,完善规制程序。规制程序的设置要充分吸纳利益相关者的意见,本着公开、公平、公正的原则,建立产业规制的利益表达机制,从而消除市场准入壁垒,引入竞争机制,通过制度建设把产业规制控制在合理范围内。

---

① 王瑞雪.政府规制中的信用工具研究[J].中国法学,2017(8):158-173.
② 2015 年 11 月 3 日,国务院发布《国务院关于"先照后证"改革后加强事中事后规制的意见》(国发〔2015〕62 号)。
③ 刘水林.论政府规制的目标及实现方式[J].兰州学刊,2016(2):108-114.

一、政府规制程序的原则

政府规制权作为一种公共权力,直接作用于社会公众,政府的规制程序作为一种制度构建,它的存在是具有价值的,即其存在的合法性、合理性。"人们通常将(价值)区分为工具价值与固有价值,亦即作为方法的善和作为目的的善"。[①] 规制程序的价值表现为内在价值和外在价值。内在价值为程序价值,是规制程序自身所表现出来的价值,是法的精神的表现,是对人的需求和欲望的满足。外在价值则表现为行政程序的功能和作用,是通过外在结果来表现的。程序的价值要通过原则和制度设计来实现和保证。政府规制程序的原则应包括以下四个方面:

(一)程序法定原则

程序法定原则是指规制程序法律关系主体在做出有关规制行为或参与有关规制行为时应遵循的步骤、方式、方法、顺序、时效等程序规则,必须明文加以规定,并且必须得到严格遵守。[②] 程序法定原则是政府依法行政观念的体现,展现了法律的公平正义,规制程序作为一种对规制权力的制约力量,对规制权力的滥用和膨胀起到了遏制作用。它作为一种法律运行轨道的设定,既能保证政府规制行为的连贯性,又能保护规制相对人的合法权益不受侵害,还可避免政府规制行为的随意性。这就要求政府在实施规制行为的过程中必须要按照法律规定的方式和步骤进行,如有行为违反了法定程序,应依法加以撤销和追责。

(二)公开原则

阳光是最好的消毒剂,一切见不得人的事都是在阴暗角落里干出来的。[③] 民主的实现需要公开原则的保证。公开原则要求政府在行使规制权力的过程中,将执行的程序和结果向规制相对人及相关公众公开,保证权力行使的透明性。过程公开是结果公正的前提,公开原则能保证规制相对人参与到政府的决策中来,集思广益,发表不同看法和建议,为民众参政意愿的表达提供了制度化的渠道,缓和了社会矛盾,同时也避免了政府决策的片面性和单一化,提高了行政效率,促使行政结果的科学公正。公开原则是保证民众知情权的重要原则,民众参与到政府的规制过程中去,不但是其民主权利的体现,还增强了政府行为的公信力和权威性。20世纪中叶之后,公开原则作为行政程序法的基本原则得到了普遍推广,世界许多国家都很重视行政公开。我国《行政许可法》《政府信息公开条例》的公布都是公开原则的体现。依据公开原则,政府在实施规制

---

① 不列颠百科全书编者委员会. 不列颠百科全书:第4卷[M]. 北京:中国大百科全书出版社,1985.
② 杨海坤,黄学贤. 中国行政程序法典化:从比较法角度研究[M]. 北京:法律出版社,1999.
③ 王名扬. 美国行政法[M]. 北京:中国法制出版社,1995.

的过程中,所制定的法规、规章、制度等都应向相关对象公布,除有保密要求外,政府与相对人利益密切相关的行为程序、标准也应该予以公开。

(三) 公正原则

在西方,"公正"和"正义"常常联系在一起,被认为具有同样的含义。公正是一个历史范畴,随着时代的变迁,其含义也被赋予了不同的内涵。现代意义上的公正,主要表现为权利和义务的统一、对他人权利的尊重,强调的是社会利益在不同群体之间合理平等分配。公正原则作为法律正义的表现,是法律的生命所在,要求规制机构在做出规制行为时,要平等的对待当事人,对不平等的因素要加以排除,避免歧视和偏见。行政公正原则既包括实体的公正,也包括程序的公正,它是政府在民众心目中公信力的来源和基础。政府规制程序的公正原则主要体现为,政府的规制行为要赋予规制相对人平等的权利和义务,不应当差别对待。同时,针对相对人之间的矛盾和纠纷,应当公正裁决,不徇私偏袒,让当事各方都能充分的陈述与申辩。程序公正原则主要通过一系列相关制度来表现,例如,回避制度、听证制度等。

(四) 效率原则

效率是一个经济学概念,不仅指以最快的速度完成最多的任务,也指以最小的成本获得最大的收益。强调效率是时代发展的需要,政府的规制行为是一个复杂的体系,出于节约行政成本的考虑,行政程序制度的设计就不能忽视效率原则。效率原则是行政程序法中最早制定的原则。[①] 西方国家有这样一句谚语:"迟来的正义不是正义。"政府规制程序的效率原则要求其在执行规制行为的过程中,要树立效益观念,包括政治、经济和社会的效益,同时要设计相关的制度来帮助效益的实现。值得注意的是,公正与效率是对立和统一的关系。单纯的重视公正或效率而忽视另外一方面,都是毫无意义且不实际的。理想的规制程序应该是公正与效率相兼顾,但这在现实中往往很难实现。因为效率原则强调的是获得价值的最优和最大化,为了节省时间和成本,在规制过程中往往要求简化程序和赋予一定的自由裁量权,而公平原则要求在行政程序上仔细谨慎,注重过程和细节,但这对效率的提高又有可能构成阻碍。但是,两者并非不能共存,从总体上来说,两者是统一的,关键在于注重处理好两者之间的关系,找到一个平衡点。

二、三网融合规制程序制度的完善

规制程序制度是现代法治的核心机制。具有独特理性价值的规制程序制度,既可以成为规制活动合理化和正当化的源泉,又可以满足社会对规制活动

---

① 张树义.行政法学新论[M].北京:中国政法大学出版社,1991.

的功能期待。为了实现对电信业、互联网和广电业的良好规制,需要建立健全政府产业规制程序制度。随着三网融合的推进,三网融合产业规制程序制度颇受关注和亟须完善,尤其是信息公开制度和听证制度。

(一) 信息公开制度

政府规制信息公开是政府信息公开的一种形式。所谓政府信息公开,是指国家行政机关和法律、法规以及规章授权和委托的组织,在行使国家行政职权的过程中,通过法定形式和程序,主动将政府信息向社会公众或依申请而向特定的个人或组织公开。[①] 政府信息公开是第二次世界大战以后行政程序法发展的重要方面,20世纪60年代在国际上形成高潮,成为当代公共行政的重要原则。政府信息公开要求行政机关的一切行政活动,除涉及国家安全或国家秘密并由法律规定不得公开的以外,一律公开。它包括两个层次的内容:一是行政机关的行政决策活动以及过程公开;二是行政机关制定或决定的文件、资料、信息情报公开。[②] 信息公开是公民知情权的体现,也是政府的一项义务。现代宪法所确认的知情权是信息公开的宪法基础和最基本的法律依据。美国在此方面起到典范作用。在其影响下,20世纪70年代以来各国纷纷制定法律建立信息公开制度,即使是传统上以"规制机构和被规制产业间封闭的讨价还价"为特点的英国也于2000年通过了《信息自由法》。2008年5月1日,我国开始实施《政府信息公开条例》(以下简称《条例》),其为电信业和广电业政府规制初步确立信息公开制度提供了法律依据。2017年12月6日,国务院常务会议部署加快推进政务信息系统整合共享,以高效便捷的政务服务增进群众获得感;确定推进公共资源配置领域政府信息公开的措施,推动规范化、透明化。

1. 中国信息公开制度存在的问题

中国政府一直重视信息公开制度,但从条例实施以来的电信和广电业规制信息公开实践来看,信息公开制度还存在不少问题,突出表现在以下几个方面:

(1) 法律制度存在缺陷。

中国的政府信息公开制度建立较晚,相比一些西方发达国家,还存在一些差距。

第一,《条例》的颁布仅仅是一种过渡机制,由于在我国宪法中还没有关于知情权的规定,因此,《条例》的立法基础是比较薄弱的,还没有上升到国家法律的高度,法律效力也较低。

第二,《条例》的内容本身也存在不完善和矛盾之处。例如,《条例》第13条

[①] 刘恒. 政府信息公开制度[M]. 北京:中国社会科学出版社,2004.
[②] 应松年. 当代中国行政法[M]. 北京:中国方正出版社,2005.

的规定,限制了第9~12条所规定的政府信息公开的范围,它所体现的立法原则实质上是"不公开是原则,公开是例外"。在内容规定上,《条例》对政府机关公开什么、不公开什么、如何公开、何时公开并没有明确的规定,对于应当公开却没有公开的行为没有明确具体的处罚,这无形给政府机构屏蔽信息提供了便利。

第三,信息公开制度的相关配套法律法规仍不完善。处于《条例》上位法的《保守国家秘密法》和《档案法》的立法指导思想都是以"不公开为原则",这与当下政府信息公开立法之理念显然产生冲突,政府行政机关常以保密为借口不实施信息公开制度。

第四,救济机制不到位。《条例》规定了举报、行政复议、行政诉讼等救济方式,其中行政诉讼当属最有效的方式。但是在媒体报道的许多信息公开案中,法院总是迟迟不予立案或不作裁定,当事人的合法权益难以得到及时有效的救济。

(2) 政府信息公开理念不到位。

政府公开信息是政府满足公众知情权的一种法律责任。但是,在实践中,政府信息公开往往被视为一种政府办事制度,被认为只是政府自己的事情,是政府机关的一种"社会承诺",甚至是对公众的一种"恩赐",没有意识到公开信息是民主社会中政府的责任。另有一些政府人员存在长期封闭管理的惯性思维,甚至是出于掩盖管理过失、决策失误以及保留特权等考虑,本能地对信息公开抱抵制的态度,对很多应该公布的政府信息刻意隐瞒。

2. 中国信息公开制度的实施措施

美国著名政治家、思想家詹姆斯·麦迪逊曾言:"政府如果不能为公众提供充分的信息,或者公众缺乏畅通的信息渠道,那么所谓的面向公众的政府,也就沦为一场滑稽剧或悲剧或悲喜剧的序幕。"[1]切实保障公众对三网融合规制的知情权,政府规制机构需要采取以下措施健全现有的信息公开制度:

(1) 对政府信息公开制度的立法。

首先,通过《宪法修正案》在《宪法》中明确规定公民的知情权,从法律层面上将其认定为中国公民的基本权利。事实上,明确公民的知情权在宪法中的地位是非常必要的,因为"由非宪法性的规范来界定和创设属于基本人权的知情权,会使基本权利丧失固有的尊严,架空宪法上的权威性"[2]。

其次,制定《政府信息公开法》。现有《政府信息公开条例》位阶不高,应从法律的层面规定范围、方式、程序以及相关部门违反信息公开制度不向公众提

---

[1] 斯蒂格利茨.自由、知情权和公共话语:透明化在公共生活中的作用[J].宋华琳,译.环球评论,2002(3):263-273.

[2] 颜海娜.论公民知情权的宪法确认[J].国家行政学院学报,2003(5):67-70.

供信息时应负的具体责任。同时通过政府规章将三网融合规制中的信息公开制度具体化、明确化。

再次,完善政府信息公开制度配套的法律法规,修改《保守国家秘密法》和《档案法》,排除其对政府信息公开的不合理障碍。

最后,信息公开救济法律的配套立法也要完善。因为,只要存在权力的地方,就需要救济的存在。只有司法救济作为保障,行政机关才不会任意践踏公民的知情权和从政府依法获取信息的权利,公民才能真正享受民主政治下的各项权利[①]。应出台审理信息公开案件的详细的司法解释,以有效救济公民的知情权。

(2) 加强法治教育,树立公共服务的意识。

政府信息公开推行阻力很大程度上来自于规制机构人员观念上的误区,因此,需加强规制机构人员的法治教育,帮助其树立"有限政府"的观念,从全能的家长式管理者转变为市场的宏观调控者,学会适当放权。

(3) 更新政府信息公开行为的法律救济制度。

对我国政府信息公开行为的法律救济涉及行政复议、行政诉讼和国家赔偿制度,所以要不断完善这些救济制度。

(二) 公共听证制度

行政听证有广义和狭义两种。广义的行政听证是指行政机关听取当事人意见的程序;狭义的行政听证特指行政机关以听证会的形式听取当事人的意见程序。我国立法对听证采取了狭义的理解,《行政处罚法》中规定的"听证"是指,在行政机关做出行政处罚决定之前,由行政机关指派专人主持听取案件调查人员和当事人就案件事实及其证据进行陈述和辩论的法定程序[②]。在公共行政领域,有一个正在兴起的典范,它提倡通过更多的回应与多渠道的沟通创造出一个对政府所服务的公众以及内部雇员都更加有效的行政,威姆斯雷和沃尔夫称之为"民主行政的重建"。

1. 中国听证制度存在的问题

近年来在三网融合产业政府规制中,中国规制机构也引入了听证制度。听证制度还在初步创立阶段,主要存在以下五个问题:

(1) 听证范围相当有限。

目前三网融合产业的听证范围仅仅局限在垄断性价格的确定上,而更为重大的事项并没有举行听证。在电信资费方面,分别于 1998 年、2000 年和 2008 年举行了三次有影响的资费听证。对于电信业几次企业重组涉及财产、

---

① 石高隆,邓博. 我国政府信息公开的价值、困境与出路[J]. 江西行政学院学报,2009(4):5-9.
② 杨惠基. 听证程序理论与实务[M]. 上海:上海人民出版社,1997.

人员和业务的变动,尤其是重组对于未来市场竞争格局的影响,却没有举行听证会。此外,在中国广播电视网络有限公司成立前,对于该公司成立有没有必要性?该公司成立后需要投资建设电信宽带主干网络是否是资金浪费?对于这样重大的事项却没有召开听证会。中国铁塔公司的设立同样没有举行听证会。

(2) 听证代表遴选机制欠缺。

听证代表遴选机制应法定化,遴选的程序应公开化和透明化。听证代表的资格标准、名额确定及分配方式、产生方式等事先都要公布。听证代表遴选机制的不合理,使得民众的利益输送渠道受阻,听证制度所承载的民主精神难以实现。以2008年手机漫游费听证为例,听证代表遴选没有公开,事后发现18名代表中除了5名消费者代表是由中国消费者协会推介,并由工信部和国家发改委最终确定之外,其他代表都是由举办方指定。这样一来听证代表的产生就没有体现出民主性和广泛性,必然影响到听证会的权威性。

(3) 听证会信息披露不充分。

听证代表对于听证事项做出正确判断的前提是对听证材料充分了解。但一般听证会将听证材料提交给代表的时间太晚,所以代表无法全面掌握有关信息。以2008年手机漫游费听证为例,听证会于1月22号举行,而四川消费者代表黎香友收到听证材料的时间是1月17号。另外,听证材料与听证代表名单不事先对外公布,这导致消费者无法向听证代表传达对听证议案的意见。

(4) 听证主持人地位不独立。

听证人制度设计的首要目标是确保主持人具有独立、超脱的地位。由公正、超党派的审讯官主持的公正听证是行政裁决程序的精髓。如同法院的法官所作的裁决一样,行政官员在听证中所作的裁决也必须由公正、超党派的审讯官做出。如果审讯官或行政机关受到法律偏见的影响,那么行政裁决则是无效的。[①] 当然,在中国不存在超党派问题,但听证主持人和听证会组成成员的独立性还是不能忽视的。在2008年手机漫游费听证中,听证的主持人为国家发改委和工信部的工作人员,而他们又同时是经营方的规制机构,这难免会引起人们的质疑。

(5) 听证笔录效力不足。

听证笔录是听证主持人或记录人对听证过程所作的客观书面记载。中国的听证制度及相关的法律文件缺少关于听证笔录效力的明确规定。[②]

---

① 施瓦茨.行政法[M].徐炳,译.北京:群众出版社,1986.
② 王湘军.电信业政府监管研究:行政法视角[M].北京:知识产权出版社,2009.

2. 中国听证制度的完善措施

针对听证制度存在的问题,应从以下两个方面解决:

(1) 制定听证制度的相关法律。明确听证的范围、听证代表遴选条件和程序、听证主持人相对独立地位、听证材料提供要求和期限以及听证笔录作为行政决策的依据等内容。

(2) 建立听证制度的追责制度,规定违反听证制度应承担的行政责任和法律责任。

第七章 规制三网融合产业规制者

产业规制实质是公权力对市场经济的干预,直接影响到被规制的市场主体的权利和义务,所以规制权力行使必须受到限制,这也是规制者再规制问题受到学术界关注的重要原因。产业规制因市场失灵而产生,人们对其必要性已形成了共识,可在产业规制的实际效果上却有不同的声音,不断受到质疑。20世纪初期,扩张和强化规制似乎成为一股不可抵抗的风潮。20世纪30~70年代一度出现繁荣景象。到20世纪80年代,规制本身不完美趋向产生不利结果:在社会性规制领域,具体标准的大行其道以及事前批准手段的大量使用;而在自然垄断问题上,则几乎完全依赖国有化。① 由于规制失灵导致美国出现"去规制"化倡议,并对全球政府规制产生较大的影响。为了促进我国三网融合产业发展,完善规制体制和相关法规,加强产业规制是题中之义;同样也要看到其他国家出现规制失灵现象在中国同样出现,所以对三网融合规制者的再规制问题亟须解决。

第一节 规制者的再规制是现实回应

一、政府规制失灵的表现和原因

20世纪70年代,英美等发达国家出现一股以规制失灵为由强烈反对市场规制要重回到亚当·斯密自由主义的思潮,纷纷放松规制的规制改革。

(一) 政府规制失灵的表现形式

规制的公益理论仍然被法律人奉为正统。根据公益理论,规制的正当性基础在于发现市场运作中的缺陷并予以纠正。规制是为了矫正市场失灵问题而设立的,是希望通过规制来弥补市场配置资源的不足。人们希望通过规制来克

---

① 奥格斯.规制法律形式和经济学理论[M].骆梅英,译.北京:中国人民大学,2009.

服市场失灵带来的弊端,避免经济危机和社会危机的出现。当初主张规制的人对于规制制度和规制者的能力过于乐观,他们相信人为设计的规制制度能够合理有效,以及个人的理性能够正确行使规制权。法院通过司法审查可以约束规制机构的裁量权的行使,使其服务于相关立法所追求的公益性目标。在发挥政府规制的同时,也逐渐更多地依赖自我规制。然而,当人们沉醉于规制有效性时,规制的副作用出现了。这种现象产生了一系列更为严峻而迫切地控制和责任问题。布坎南认为政府规制所产生的缺陷和市场本身的缺陷一样严重。[①] 批评者认为,这些规制不仅不能成功实现纠正市场失灵的目标,而且还会出现无效率,导致资源错误配置,或者纠正措施的成本与社会收益不成比例。

政府失灵的表现形式在不同的场景下有所不同,学术界很难达成统一的认识。有经济法学者将政府规制失灵情况归纳成以下六种具体形式:① 政府运行效率低下;② 政府权力扩张需求和权力限制缺位下的过度规制;③ 公共产品供应不足;④ 拥有规制权的机构或者个人的权力寻租;⑤ 预算分配偏离社会需要;⑥ 政府不受产权约束。[②] 这些具体形式从不同的侧面反映出政府失灵的境况。归纳起来,政府规制失灵包括政府规制错位、政府规制缺位和政府规制失效三种形式。政府失灵是由政府本身局限性造成的后果,因为任何组织和个人的理性都是有限的。任何规制者的认知都是有限的,规制者不可能在任何时候都能做出正确的判断和公正有效地执行规制法律和政策。

(二) 政府规制失灵的原因

20 世纪 70 年代,人们开始反思规制。因为人们发现,规制很可能是没有效率的,甚至是成本高昂的。政府规制失灵原因主要包括以下三个方面:

(1) 政府规制因信息不对称和被规制者的机会主义行为导致可能没有效率,即政府规制并没有实现纠正市场失灵的规制目标。

在自然垄断产业的规制过程中,规制者与被规制者之间存在信息不对称的现象。规制者难以获取被规制者的信息,而被规制者则不主动提供信息,甚至提供虚假信息,可能导致政府规制出现决策失误。有些被规制者站在机会主义的立场,针对政府的规制政策和行为,采取行为回避政府规制。我国自然垄断产业从计划经济转轨并发展而来,尚存在一些计划经济时期的痕迹,一些在位企业企图凭借垄断地位来获取高额利润。在规制三网融合产业过程中,政府同样会也因信息不对称而出现缺乏规制、过度规制和越位规制的问题。严格的市场准入规制导致外资和民营资本的参与比例仍然较低,在很大程度上抑制了市场自我调节作用的发挥。要充分认识到经济性规制不能被某些产业利益代表

[①] 布坎南.自由、市场和国家[M].吴良健,等译.北京:北京经济学院出版社,1998.
[②] 李昌麒.经济法学[M].北京:法律出版社,2007.

和在位经营者以保护市场、保护竞争为理由,用来损害经济自由、维护其垄断。有些垄断经营者常用民族企业和国有企业之名,呼吁政府进行规制,实际上是为其私人利益服务。

(2) 政府规制可能代价太高。

政府为了执行相应的规制行为,必须建立相应的机构,由此会产生人员工资成本、行政机关运转费用等成本,并且这种行政成本常常存在着一种自动扩大的趋势。多元规制机构的规制权力配置模式会增加政府规制协调成本。一般来说,政府规制权力的事前配置包括横向配置和纵向配置两种,其中,横向配置是指规制权力在同一层级的不同部门之间的分配。例如,工信部与国家广电总局分别拥有对于电信业、互联网业和广电业的规制权。纵向配置是指规制权在同一部门内部的不同层级之间的分配,例如,视听新媒体产业的规制权在国家级、省级和省级以下各级广电管理部门之间的配置。在规制实践过程中,若规制机构之间发生冲突,则协调规制机构的行为势必会增加成本。规制者在对某些产业实行经济性规制时,为收集相关信息往往需要付出一定的成本。按照行政比例原则,如果通过规制所获得的收益尚不足以弥补为实施规制所付出的成本,则这种规制没有意义。比如,以互联网网速和费用为例,电信规制部门在规制时存在信息不完全和信息不对称的问题,即不可能详细了解互联网网络经营商和服务运营商的信息,而制定规则和决策需要获取相关的信息资料必须付出成本。政府规制部门、经营者与消费者对于信息的掌握和控制是不对称的,三者之间经营者处于优势地位、政府规制部门次之、消费者处于最弱的位置。所以说规制是有成本的,需要平衡规制成本和社会收益两者的关系。

(3) 政府在规制中可能被"俘虏"。

规制者的规制权力一旦被受规制者"俘虏",政府规制就会失去合法性和公正性,导致政府规制失灵。政府规制的权力来源于法律授权,而政府规制实施需要组织和人员。规制机构本身以及工作人员在规制过程中有可能出现"私人利益",如果不能有效遏制规制机会主义,就不能保证规制机构的职能能够被公正独立的行使。所以,政府规制也可能产生道德风险,规制者在规制过程中可能"寻租"或"创租"。这种行为也可用"经济人"假设理论来解释。西方国家利益集团规制理论就是建立在政府的基础性资源是强制权,能使社会福利在不同的人之间转移,以及规制的需求者与供应者都是理性的"经济人",可通过选择行为来谋取自身福利最大化的基本假设之上,包括传统规制俘获理论、规制"过桥收费"理论、"铁三角联盟"理论和新规制经济学规制俘获理论等。以拉丰、泰勒尔为代表的新规制经济学俘获理论对作为规制供给方的规制机构进行了进一步的分析,将规制机构划分为两层:规制机构(规制者)和国会(委托人)。因而,在规制过程中形成两层委托代理关系:规制机构与被规制企业之间的委托代理关系和作为政府委托人的国会与规制机构之间的委托代理关系。有学者认为,利益集团的规制理论存在严重缺陷,其所揭示的规制权脱离追求社会福利最大化的目标,有被用来"创租""抽租"的可能性,对揭示规制机构的规制失灵原因具有很强的说服力。在中国,三网融合产业关系到中国的信息产业战略,涉及消费者的物质和精神利益,所以应更加重视对规制机构的再规制,防止利益集团利用规制制度获利。

委托代理理论中,假设政府规制部门对被规制的对象内部信息是了解的,因此,对作为代理人的规制者的规制若不透明,作为委托人的消费者既不了解经营者的信息又不了解规制者的规制信息,那么规制者可能因不愿支付成本而不去了解经营者的信息。这样,规制者在规制中可能出现懈怠行为,甚至为了部门利益最大化而故意不履行规制职责,消费者的利益保护得不到重视。为了防止规制权力的异化,以便达到纠正市场失灵的规制目的,就需要通过建构有效的机制对三网融合产业政府规制权加以规制。

二、规制者的再规制的理论

公共选择学派代表人物布坎南运用亚当·斯密提出的"经济人"假设来分析政府规制失灵时认为,在政治市场上政府官员同样是"经济人",他们同样追求个人的最大利益。政府官员在履行规制职责时常常会衡量自己利益得失,尽可能地追求自己利益最大化。在自然秩序的支配下,个人追求利益最大化的自由行动会无意识地、卓有成效地促进社会公共利益的实现,但他的行为所考虑的不是社会的利益,而是他自身的利益。要保证政府运行的效率,铲除腐败,就必须制定能够约束、规范政府官员行为的规则、制度。[①] "经济人"假设自提出以来,批评声不断,但不可否认的是,该假设获得了广泛的赞同和应用,一直是西方经济学理论中最基本的前提假设,也是西方市场经济制度体系的基石。[②] 虽然"经济人"假设理论不一定全部正确,但利用该理论作为工具分析政府规制还是有参考意义的。依据"经济人"假设理论,电信业、广电业和互联网业的规制者同样是理性和自利的"经济人",如果不在实体制度和程序上制约他们的权力,就可能出现公权力的滥用或不作为的现象。

"规制式政府兴起视为是对法律不完备而导致的威慑失灵现象所作的回应。"不完备法律理论认为,法律是内在不完备的,因此,对于那些法律中缺乏详细规定的问题,它自身无能为力,不能给出答案。立法者想把法律制定的相对完备,然而,无论他们如何醉心于制定一部"完美无缺"的法律,至少在面对变动

---

① 王振贤.经济人假定的演变和发展[J].中共天津党校学报,2002(2):27-37.
② 魏成元."经济人"假定:制度选择与安排[J].经济评论,2001(4):25-30.

不居的外界环境时,他们注定因为法律内在的不完备而遭遇惨败。因此,法律不完备并不代表一种负面的概念,而是代表一种事实。法律内在不完备这一见解意义重大,它是指法律绝不可能在整个社会层面最为有效的威慑各种有害行为。随着社会经济乃至技术变迁的迅速发展,不完备法律问题就越发明显。众所周知,法律发展总是慢半拍,赶不上时代变迁的步伐。这就大大削弱了法律制度有效威慑有害行为的能力,其损害后果不仅涉及个人,而且也波及公共产品提供。

无论是何种法律,对不完备法律引起的威慑失灵的事实回应是创造规制职能,并将这些职能赋予特定的国家机关而不是法院,或者创设新型规制机构,并且授予这些机构兼有立法和执法的权力。规制者克服了完全依赖法院被动执法的法律制度所带来的弊端。法院与规制机构不是相互替代,而是相互补充。与法院职能不同,对特定机构分配立法权和执法权,使得他们能够主动执法。主动执法要求具备独立于其他的程序的执法权,这些权力不仅包括在损坏发生之前下令禁止某种特定行为,也包括对某些具有潜在危险行为采取登记或批准手续。为了充分发挥主动执法的效力,它们通常还必须拥有使现有法律适应环境变化的权力,只有这样,规制者才能够调整规制经营者市场行为所必须达到的披露规则或法律规则。

规制者由于有国家授权作保障,并享有立法权、许可权、处罚权等重要权力,其在多数情况下相对被规制者(即使是实力雄厚的)而言,处于优势地位,而且规制者天生就有权力扩张的倾向,规制机构总在力图使其拥有准入和许可权的种类和数量不断增加。那么问题来了,谁来监督规制者? 为减少或避免规制失灵,构建规制型政府必须对规制者再规制。克里斯托弗·胡德提出了通过监督、竞争、相互牵制、人为随机性等四种方式规制规制者的 12 种手段。监督方式包含层级命令、传票风格、回应主管当局等,竞争包括通过"自然选择"发展、激励风格、需求和保持在积分表中的有利位置等,相互牵制,包括参与式、网络风格、相互影响或劝说等,人为随机性包含无法预期/无组织的、抓阄儿风格、奖励无法预期的风格等。[①] 但是构建面向国家治理现代化的政府与市场关系,规制规制者必须合理界定政府规制的边界,在政府与市场之间做出恰当的选择,并以法律制度规范政府行为。具体而言:一要充分相信市场的资源配置能力,合理界定政府规制的范围。二要合理配置规制者的职能,一个规制者不能拥有多个规制职能。三要建立健全行政程序制度,通过行政程序,既规范市场主体(被规制者)的行为,又要规范政府(规制者)的行为。但是对于规制者规制而

---

① 胡德,等.监管政府:节俭、优质与廉政体制设置[M].陈伟,译.北京:生活·读书·新知三联书店,2009.

言,关键在于使行政程序法典化,为规制权力的行使提供一个统一的准则,使规制者的行为受到事前规定并宣布的规则的约束;四要增加规制活动透明度,强化规制信息公开,让政府规制在阳光下进行,防止利益集团对规制机构的俘虏,抑制规制中的行政机会主义,增强市场对政府的信任。必须指出的是,规制规制者的目的不是力图建构理想的政府去代替不完善的市场,而是在不完善的政府和市场的权衡中,努力探寻政府与市场的均衡点。[①] 最后,完善司法审查制度,保证规制者人人可以追责。

第二节 对规制者再规制的实践

一、国外对规制者再规制的实践

对规制者的规制问题的实质是对规制者的权力行使的规制,而规制权主要是行政机构行使,即是重点对产业规制行政机构的行政权规制。讨论产业规制权的规制应放在整个国家的政治环境框架下讨论,这样更有助于理解对于加强对规制者的规制的重要意义,以及规制机制的构建。在国外,对产业规制机构的规制是在整个国家三权力分立和制衡的大背景下讨论和设计的。政治力量对规制者的影响和制约较大。对规制者的规制主要来自三种力量,即立法机构(国会)、行政机构(总统)和司法机构(法院)。因美国是产业规制的制度开创者,其产业规制的制度包括对规制者再规制的制度,此制度对世界各国影响比较大,故以美国对规制者再规制的实践为例更有参考价值,其再规制的经验值得借鉴。

(一)美国立法机构的规制

立法机构对于产业规制主要采取概括式授权给规制机构的做法,因为立法机关无法承担产业规制的具体立法职责。美国设立独立规制机构来规制产业发展,这些独立规制机构与其他国家的规制机构不同,其他国家的规制机构主体是行政机构,而美国独立规制机构不属于行政系列,直接向立法机构负责。美国国会很少直接制定产业规制法律,以及制定对规制者再规制的法律。美国立法机构主要采取拨款、立法、听证、立法机关否决以及非正式的接触等方法对独立规制机构进行规制。

[①] 黄新华.从干预型政府到规制型政府:建构面向国家治理现代化的政府与市场关系[J].厦门大学学报(哲学社会科学版),2017(3):78-88.

1. 拨款

美国国会对独立规制机构的规制实效进行评价,并根据评价的结果来决定是否拨款,以及拨款金额。美国历史上曾发生过因国会不拨款导致独立规制机构的解散的事实。任何机构的运转都需要经费,经费的多少直接决定了该机构是否能够正常运转。美国国会虽然通过法律授权规制机构的规制权,但常常会通过拨款的方式来对规制机构表达其意愿。国会通过拨款的数额和进度来对规制机构施加影响。比如,若国会对于规制机构的规制行为不满,可以通过削减预算方式来警示规制机构。国会还有随时调整拨款数额,以及增加修订和增加授权附件的权力,也就说国会对于自身已经决定过的拨款有修改的权力。

2. 立法

国会对于规制机构的立法集中在规制机构的目标、时间表等内容上,对规制机构充分授权。在规制实践过程中,有些规制领域出现的问题比较突出,当规制机构的规制程度和程序严重影响到产业的发展时,国会可以通过立法的形式来改变规制机构的行为。因为,规制机构的规制权力来源于立法机构的授权,立法机构当然有权通过立法手段对规制机构的基本目标、规制程序以及具体事项等进行改变。例如,1974 年,美国的 Mahnuson-Moss 法案要求美国联邦贸易委员会(FTC)在确定法规时要召开正式的听证会程序;1978 年的航线放松规制法案(Airline Deregulation Act)甚至改变了国家航空管理局的规制目标,导致了航空业出现放松规制的局面。

3. 听证

国会可以通过听证的方式对规制机构规制行为进行规制。国会可以就某一事项或者某一政策的实施要求举办听证会,规制机构要向国会听证会报告规制具体情况以及成效,并接受当场质询,回答相关提问。听证会对于规制机构的执法压力较大,也是国会评价规制机构的业绩的重要手段。国会对于规制机构的不当行为的惩罚也要通过听证会的形式,听取规制机构的申辩,这样才能保证处罚的合法性和合理性。听证的事项也有可能成为立法的内容,若国会认为有关听证事项需要立法解决,则会启动立法程序。另外,听证会还有公众参与的功能,公众可以通过听证会了解规制机构的规制行为和程序,以及规制的绩效,这样无形中给规制机构施加了压力,有利于规制机构的规制水平的提高。听证也可以通过参与人事任免过程来对规制者施加影响。规制机构的高层人事任免都要经过听证会的确认,在这样的听证会里,国会成员可以表达其政策观点。例如,1983 年,里根总统提名 P. Lamboley 和 J. Holt 为 ICC 的负责人,美国国会却因规制机构的某些政策原因而延迟确认。此后,为避免类似情况的发生,总统在选择规制机构的负责人时通常都邀请立法人员参与。

4. 否决

国会可以否决规制机构制定的法规。国会授权规制机构制定某个产业的法规,但法规生效前有一个国会否决程序。在法规生效前,国会将对其进行投票,如果投票结果是不否决,则生效;如果投票结果是否决,则不生效。法规投票否决的机构也不同,有的是仅需要参议院通过,有的需要参众两院都通过。

5. 非正式的接触

国会成员通过非正式接触的方式对规制机构进行规制,这种方式虽然是隐蔽的、公众无法获知的,但也可会影响规制政策。通过非正式接触方式能对规制机构施加影响,而且规制机构对这种方式比正式方式更加容易接受。

(二) 美国行政机构的规制

美国行政体制实行总统制,行政机构规制是指总统的规制。随着美国行政权不断扩大,美国的历届总统越来越重视对产业规制体系进行干预。这种趋势发展比较明显,美国近几届总统,如乔治·沃克·布什、威廉·杰斐逊·克林顿、贝拉克·侯赛因·奥巴马等都曾参与规制政策的制定。总统干预规制的主要方式有:

1. 总统任命

美国产业规制机构是独立于行政机构之外且由国会立法设立的,对国会负责,但并不意味总统就没有权力规制。总统有任命规制机构的一个或几个主要负责人的提名权,经参议院的确认后,有最终任命的权力。虽然总统的任命需要参议院批准,但总统的提名权非常关键,提名一些与其规制理念相同的人士来担任规制机构的负责人,借此影响规制政策的方向。总统也可能将规制机构的负责人任命当作奖励手段,任命一些对其当选有功人员。总之,总统可以通过提名权和任命权影响规制政策,以及对规制机构进行规制。另外,总统可以制定具有法律效力的公共政策,从而影响规制机构的政策。当然,总统对规制机构的权力,除任命规制机构负责人需要参议院批准外,总统规制规制机构的行为必须符合法律的规定。

2. 预算

所有独立的和非独立的规制机构都需要通过预算的执行来获取资金。资金预算是总统或者其授权人规制的重要手段。总统为了实现政策目标,可以通过削减或者增加某个项目甚至整个机构的资金来影响规制机构的政策和行为。

3. 规制影响分析

由于美国的独立规制机构制定的规章数量越来越多,美国总统设立了专门的部门来评估规制机构制定的规章的合法性和有效性,加强对规章制定的规制。近年来,美国总统检查权力在不断加强,对规制机构进行项目预算、零基预算、成本收益分析等方面的改革。政府系统分析和评估规制机构的规制造成的积极和消极影响,指导规制机构的改革,期待规制绩效的提高。

(三) 美国规制机构的司法审查

司法审查体现法院对规制机构的监督和制约,通过法院审查规制机构行为的合法性，保护公民的权益。我国的行政诉讼与英美法系的司法审查基本同义，但美国的司法审查范围还包括合宪性审查。规制机构制定的规则和规制行为经常性地引起多种争议，如果争议不能得到满意的解决，最后将会诉诸法院。美国法院对规制机构裁定的违规范畴大致包括以下两个方面：

1. 裁定违反程序

美国在实体法方面对规制机构概括授权，目的是为了防止规制权的滥用。美国1946年制定的《行政程序法》是世界最早的行政程序法律。该法阐述了规制机构正确的规制程序，并对西方各国行政程序法影响很大，之后不少国家都制定了行政程序法来保障行政权的运行。美国的独立规制机构，包括美国联邦通信委员会，在制定规则时必须遵守美国的《行政程序法》，同时，还详细规定了独立规制机构在制定、修改或取消规则时的一整套程序。法院在程序上审查规则草案，经初步审查后，再决定是否在联邦公报上登载和寄送有关人士；是否征求有关专业人士甚至公众意见和建议；是否召开座谈会或以讨论会方式来听取意见和建议等内容。法院审查规章制定的程序是公开的并及时向公众反馈意见，也就是公众参与程度问题。当然，规制机构的纯内部性的规则不需要经过公开讨论。

2. 实质性错误

这是法院对规制机构违反实体法的审查。法院对产业规制中实质性错误的审查非常谨慎，因为法院对于专业知识和产业发展情况不熟悉，难以判断规制机构的行为是否是实质性错误。当事人向法院起诉规制机构违法时，虽然法院采取证据倒置原则，要求规制机构举证，但当事人还是要负责提供与规制行为相关的证据，这些相关证据的提供对于当事人来讲，有时难以完成。因为，事实上规制法规的内容都比较宽泛，目的是维护公共利益，所以很难证明规制行为违反法令或者越权，规制机构只需要证明其决定是有实质性根据就可以了。法院只是在规制者超出了其法律限制范围才能比较容易判定规制者是否具有实质性错误。当然，若当事人能够提供证据证明规制者违反了法令或者超出了国会授予的权力，法院就可以依据实质性错误而裁决规制行动无效。有学者认为，法院在审查规制行为时，诉讼程序长且成本高，应考虑司法审查制度是否有存在的必要性。法院虽然可以纠正规制者错误，但通常它能起到的作用只是延缓规制政策的实施。

二、中国语境下三网融合产业规制权再规制

（一）政府规制权再规制机制基本架构

目前，中国没有建立独立的针对产业政府规制机构再规制的机制。政府规制机构在行使规制权时与所有其他行政机关一样接受规制。如今，对政府规制

权的规制主要包括权力机关的规制、行政机关的规制、司法机关的规制和社会的规制。

1. 权力机关的规制

权力机关的规制是我国规制体系中层次最高、最具权威的规制方式,宪法与法律设定了多种权力与方式保障权力机关规制职权的行使,主要有以下几种:

(1) 听取专题汇报。

这是目前权力机关规制的基本形式。在每年人民代表大会会议期间,人大全体会议或各代表团可以听取政府某个部门的工作汇报。人大闭会期间,人大常委会例会可以根据情况的需要听取政府部门的专题工作报告。

(2) 质询和询问。

质询是由人大及其常委会对规制部门的工作提出质问,要求被质询的部门予以答复的活动,是一种相对强硬的规制方式。询问则是人大及其常委会在审议议案或报告时,就有关问题向相关规制机构提出询问,由其派员进行回答、说明的活动。在规制强度上,询问相对于质询要弱。

(3) 调查。

组织特定调查委员会对某一问题进行调查是中国权力机关规制的一种重要方式。我国《人大组织法》《地方人大与地方政府组织法》《人大常委会监督法》等对此做了规定。

(4) 执法检查。

由人大常委会和人大专门委员会对规制部门行使权力的情况进行定期或不定期的检查监督,是权力机关规制的又一方式。1993 年,第八届全国人大常委会通过的《关于加强对法律实施情况检查监督的若干规定》对此作了明确规定。《人大常委会监督法》进一步规定,各级人大常委会每年选择若干关系改革发展稳定大局、群众切身利益和社会普遍关注的重大问题,有计划地对有关法律法规的实施情况,组织执法检查。

除上述方面外,权力机关还可以通过代表视察、罢免、撤销和免除有关违法或失职人员的职务,受理公民申诉、控告和检举等方式规制政府规制权的行使。

2. 行政机关的规制

行政机关规制主要有一般层级规制和专门规制两种类型。其中,专门规制包括行政监察规制、审计监察规制和行政复议规制。

(1) 一般层级规制。

这是行政机关系统内部基于层级隶属关系而由上级行政机关对下级行政机关及其工作人员权力的行使所开展的检查、监督与处理活动,具有规制范围广泛、规制形式灵活多样、规制活动经常化等特点。

(2) 行政监察规制。

行政监察是指国家行政监察机关依法对规制机关及其工作人员行使权力的行为进行综合性的检查、监督、纠举、处理的活动。我国《行政监察法》对监察机关的性质、地位、组织体制、职责权限、工作程序和法律责任等进行了明确的规定。其中,在监察权限方面,监察机关享有检查权、调查权、受理权与检举权、建议权、决定权、列席有关会议等权力。在实践中,从1993年开始,监察机关和中共的纪律检查委员会实行合署办公制。2018年3月成立的国家监察委员会作为最高监察机关,领导地方各级监察委员会的工作,它的成立标志着监察制度的重大改革。

(3) 审计规制。

审计规制是一种专业性很强的专门规制,是审计机关依法对各级行政机关财政财务收支活动的真实性、合法性等进行审核和稽查的活动。依据我国《审计法》的规定,审计机关享有要求报送材料权、检查权、调查权、制止或建议纠正违法行为权、通报和公布审计结果权等权力。

(4) 行政复议规制。

行政复议是根据行政相对人的申请,由法定的行政机关依法对引起争议的具体行政行为重新进行审查并做出裁决的一种制度。该制度是行政机关系统内部一种重要的规制方式,其主要法律依据是《行政复议法》。

3. 司法机关的规制

司法机关规制是司法机关依照法定职权和程序在审判、监察等活动中对行政权的行使是否合法、是否有违法犯罪现象等而展开的规制。其中,法院通过行使审判权来进行规制,主要体现在行政诉讼中;检察院通过行使检察权来进行规制,主要体现在检察院遵守严格的法律程序,是现代社会对公权力最有效的规制方式之一。

4. 社会的规制

社会规制是社会力量对行政权行使的规制,社会规制主体相当广泛。其中,人民群众监督权直接来源于宪法的规定,是人民主体的体现。传媒规制是社会各界和人民群众通过报刊、电视、广播、互联网等媒介对规制权行使进行的规制,是公民言论、出版自由这一基本宪法权利的具体表现形式。随着互联网的快速普及,近年来,网络规制逐步成为一股对规制权再规制的重要力量。

(二) 对政府规制权再规制的机制存在问题

从政府规制权再规制实践来看,现行的规制机制还存在较明显的缺陷,主要体现在以下几个方面:

1. 缺乏专门针对政府规制权的再规制机制

我国目前从表面上看对规制机构的再规制体系比较完备,但实际上还存在许多问题,如整个再规制体系运作不顺畅,效率低下,尚未培育起良性的再规制生态体系。政府规制机构一般是针对电信、电力、银行、产业、保险等特殊产业的进入、价格、质量等方面进行经济规制,或是针对环境质量、安全与健康等特定事项进行社会规制。规制对象一般具有高度的专业性与技术性,远非传统的立法、行政、司法机构所能应付。因此,不仅需要规制机构拥有具备深厚的专业素养、洞悉规制对象内在特质的规制人员,进行高度专业化运作。为了对规制机构权力进行有效规制,同样需要设立有针对性的再规制机制。美国国会就专门设立了一个特别调查委员会(special investigation committee),聘请专业人员对政府规制机构的活动进行调查,防止规制权的滥用。丹麦等国则设立了由法律、经济、技术等方面的专家组成的专门的法院对规制机构进行再规制。中国目前还没有设立对三网融合规制机构进行再规制的专门机构。

2. 再规制机构独立性不强和责任不明

目前对规制机构规制的再规制主体众多,规制方式比较丰富。从理论上分析,这是一大优点,但从规制的现状看,再规制主体的独立性与权威性欠缺,且责任不明确,缺乏规制驱动力,难以发挥整体效果。对政府规制权进行再规制的实质是制约政府权力的行使。能否达到制约政府规制的实际效果,在很大程度上取决于再规制主体的独立性与权威性。在再规制机构的设置方面,我国目前由于实行同级政府和上级业务部门的双重领导机制,再规制主体在人、财、物各方面受制于规制对象,难以有效行使规制权。过去行政监察部门与同级纪委实行合署办公制,进一步限制了行政监察权的行使,弱化了监察职能。现在成立的国家监督委员会将有利于发挥对规制机构的监察职能。受人大在人员构成、运行方式以及规制制度等方面的问题的影响,再规制的权威性与实际效果还存在一定的差距。再规制主体独立性与权威性的欠缺,导致规制疲软乏力,并造成国家监督体制的公信力缺失。

再规制机构的法律责任不明确。如果规制者有违法规制、规制明显不当或不规制等违法失职行为,必须承担相应法律责任,其目的在于使规制者受监督、负起责任。从我国当前有关规制权再规制的规定来看,再规制主体的法律责任很少被提及。例如,人大在再规制过程中,如果没有依法履行规制义务或者在规制过程中有违法操作,甚至侵犯了被规制者的权利,应当承担什么样的法律责任,在现有的法律文件中找不到明确的规定。在其他规制方式中,也大多如此。即使如行政监察再规制等方式中有法律的规定,但亦只是粗线条式的白描,很难操作。在再规制实践中,常出现规制效果评价弱化的现象,虽然有不少再规制部门,但大多形同虚设,再规制人员对该管之事放任不管,却极少被问责。这种情况导致规制主体缺乏约束,整个再规制体制缺乏驱动力,再规制的成效极低。近年来,新闻媒体披露的一些重大违法乱纪案件的处理结果令人震惊,其中也涉及个别的规制机构的非法行为,但是在此之前,对于案发单位和地区的再规制机构对此全然不知。这说明对于三网融合的再规制机构的职责需要进一步明确,同时还需提高他们的执法动力和责任心。

3. 再规制法律不健全和可操作性差

现代法治社会,任何一项权力的行使都应该得到法律的授权。对规制机构行使权力的活动进行再规制应该依法开展。我国应制定一部专门的法律对规制机构的再规制主体的性质、地位、权限,规制的客体,规制的方式与程序等方面做出明确的规定。目前虽然已经制定了一些有关再规制方面的法律法规,但总体来看,一方面数量太少,且有关规范过于笼统,缺乏清晰明确的标准和可供具体操作的细则;另一方面有些重要的规范,如《新闻法》《举报法》《公职人员财产申报法》等尚未出台,致使再规制活动缺乏有力的法律依据。例如,法律规定全国人大对违宪行为拥有规制权力,而到目前为止,全国人大常委会没有行使过违宪审查权。由于《国务院组织法》《地方组织法》对于机构设置和经费分配主要依靠行政手段,包括中央一级政府的权力划分要通过机构改革"三定方案"来划分,而不是由法律来确定。这样造成中央与地方行政权划分不明确,行政组织职权不清晰,使得规制目标不明确,行政机构内部规制难以开展。由于《行政程序法》《政府信息公开法》尚未制定,目前只有国务院制定的政府信息公开的行政法规,权力的运行缺乏透明度,难以在程序上约束规制机构的行为。我国规制机构普遍存在促进产业发展的职能,与其规制职能有时会发生目标上的冲突,这也给再规制机构的执法带来困难。

4. 再规制机构的权力行使单向运行

再规制环节单一、运行单向,规制缺乏全面性。目前,中国再规制体制的重点在于事后规制。科学、有效的规制权再规制机制应当贯穿于行政权行使的全过程,集"事前规制、事中规制和事后规制于一体,集自上而下"的规制于一身。[①]虽然通过加大规制的力度,在再规制方面取得了一定成绩,但在再规制实践中查处的一些违纪违法的典型案例中暴露的问题,就反映了事前规制与事中规制的薄弱。由于再规制权单向运行反映的是再规制机构的意志,不能反映被规制者的利益,从而影响到规制的效果。再规制机构需要协调好事前规制、事中规制和事后规制的关系,还要听取被规制者的意见,避免权力单向运行的弊端。

---

① 王湘军,我国行政执法监督机制研究[J].北京工业大学学报(哲学社会科学版),2011(8):45-49.

第三节 完善三网融合产业再规制机制

针对我国三网融合产业规制权运行的现状,为了保障三网融合产业规制权依法行使,充分发挥再规制机制的应有功效,防止三网融合产业政府规制权异化,应该健全和完善三网融合产业规制权再规制的机制。

一、确立规制权再规制的原则

政府规制作为政府机关基于规则对市场主体的经济活动进行的规范和控制,必须遵循一定的原则。[①] 对三网融合产业政府规制权进行规制是政府在电信和广电领域提供的一种特殊公共服务,其在政府行为中处于很重要的地位,必须遵循以下三个原则:

(一)依法规制原则

对三网融合政府规制权的规制必须依法律、法规进行。首先,规制权力来源合法。规范权力的来源,是一种传统的法律规范机制,也是一种最基本的控制方式。[②] 规制权力的取得均应来源于法律,在权力来源上应当遵守法律保留与授权明确性原则。在三网融合规制机构的再规制上应有合法依据,法律应明确规定相应规制者的再规制权力。在现代政府是"有限政府""有限行政"的观念下,对三网融合规制机构的再规制必须事先获得法律明确授权,其行使的范围和使用的方式均应具有正当性。其次,规制程序合法。程序控制的特点在于从规制行为过程着手,通过对行为程序的合理设计,以免权力的失控和滥用。对三网融合产业规制权的规制,应严格依照法定的程序,在充分对话的基础上实现再规制的科学化、民主化。这样,既能发挥市场在资源配置中的决定性作用,又能发挥规制者的作用,以实现国家治理现代化。

(二)独立规制原则

对三网融合产业政府规制的再规制,是指规制机构既要独立于其政府机构,实现独立规制,使再规制机构的决定既不受其他政府机构的不当影响,又独立于规制相对人。对三网融合产业政府规制权的规制机构,应能够独立地执行再规制权而不受其他部门的干扰。我国三网融合产业都有相应的主管部门,独立的规制者的存在以及确立独立规制原则是非常必要的。一般来说,保证三网

[①] 马英娟. 政府监管机构研究[M]. 北京:北京大学出版社,2007.
[②] 吕忠梅. 经济法原论[M]. 北京:法律出版社,2008.

融合产业政府规制权的再规制机构独立发挥其规制作用,需要确保规制人员的独立性和经费的独立性。这与保证司法独立性而采取相应措施具有相同的法理原因。所以,对三网融合完成后的规制权的再规制机构的设立应考虑其独立性,确保工作人员利益和工作经费得到充分保障。

(三) 参与性原则

要求各规制机构中的人员构成应该考虑到网络、电信、广播电视等各市场主体的利益,各市场主体在再规制机构中都有自己的代表。再规制机构应通过各种方式让公众能够参与到规制决策之中。在法律层面上确立公众参与制度,明确具体的形式,从而保证再规制机构可以听取各方的意见,尽量减少由于信息不对称造成的不确定性。对于规制者的再规制需要被规制者、消费者和社会组织的广泛参与,防止规制机构出现不当的行为。

二、完善三网融合产业再规制机制

(一) 加快对规制权再规制的立法

三网融合产业政府规制权与其他权力一样,其行使必须接受来自各方面的规制。对三网融合后政府规制权的再规制相关法律规范不局限于电信、互联网、广电相关立法,凡涉及对政府及其公职人员权力的规制均应包括在内。目前,中国规制法律制度极不健全,必须采取措施加以改变。在规制权的再规制方面亟须制定的法律是《行政程序法》。由于法律法规的授权是规制机构取得权力和行使职权的基础,基于国家强制力和最高权威的法律为规制机构政令行使提供了公信力的来源,因此,推动规制立法是第一要务。通过规制立法,以法律的形式将政府规制机构的目标、工作程序及其权力确定下来,使规制机构在法律框架下依法行使规制的职能。规制改革本质上也是政府行为法治化的演进过程,是法律关系的调整和法律制度的创新过程。因此,推进规制立法应作为规制改革的基础和先导,并在公正、合理、透明的执法程序的基础上实现依法规制。① 在我国,立法也体现了人大作为权力机构对政府规制的再规制的集中体现。

(二) 强化行政责任追究制度

建立追责制度是对三网融合产业规制机构再规制的重要手段。可问责性的核心问题产生于授权,即通过立法、合同或者其他方式向各种公共主体以及某些私人主体的授权。这样可能出现两难境地,即在赋予被授权主体充分的自治权,以使其能够实现任务目标的同时,还要保证对其实施足够的控制。三网

---

① 宋敏,杨慧.中国规制治理的制度缺陷及其改革模式[J].中国矿业大学学报(哲学社会科学版),2012(12):59-64.

融合过程中的政府规制权实质上是国家强制力的实施,同时具备准立法权、行政权和准司法权,而且较其他行政权更具主动性、裁量性和广泛性。拥有如此权力的规制机构意味着承担着更大的责任。权力过于集中容易产生权力的滥用。规制权力与规制责任是三网融合政府规制机构的"一体两面",如果规制权力运行时没有责任约束,违法行为就不可能得到追究,市场主体的利益就得不到保障。

对三网融合规制机构来说,权力和责任的一致就是问责制的推行。广义上的问责制一般包括四个方面:一是道义上的责任,向社会公众负责;二是政治责任,向执政党和政府负责;三是民主责任,向选民负责;四是法律责任。[①] 确立三网融合政府规制责任需要树立权力与责任一致意识,建立可问责性的具体衡量指标,包括:① 法律明确规定的规制政策的目标及优先顺序;② 正当法律程序、信息的透明度、公众的参与度;③ 规制绩效的评估制度;④ 针对规制权力和规制机构的申诉机制。[②] 对我国的规制机构,尤其是垄断性产业的规制机构来说,由于普遍存在缺乏独立性和法律授权、规制机构的目标多重性、规制机构的权力与职能交叉重叠等问题,导致了实际上对规制机构难以实现可问责性,也为政府部门、规制机构之间乐于争夺规制权力、不承担相关责任提供了一个基本解释。规制机构的责任不能被追究的现象必然导致制定与实施规制政策缺乏透明度与参与性,并进一步恶化腐败问题,进而大大提高了实行"防范合谋"规制制契约的难度。[③] 实践中可考虑构建"结果评价"的责任机制,让规制者从原来的对"规制负责"转向对"结果负责""行政人员对结果负责,而非对恪守一连串不知是否有效的程序负责,被授权的行政管理者应该有更大的自由裁量权,但也更须为政策的结果负责"[④],以此保证政府规制的合理性和有效性。

(三) 完善规制权的司法审查制度

"司法是社会正义的最后一道防线"。在规制领域,司法审查以事后规制的方式与立法机构事前审查的方式互为补充,共同对规制权力进行制约。我国法院和规制部门的关系则基本被限定在行政法和行政诉讼法内,作为规制与被规制者的关系加以讨论。在全世界范围内,政府对市场规制已经成为社会控制的重要手段。随着欧盟一体化进程和欧盟的最终成立,欧盟的超国家规制触及了市场和社会生活的方方面面;各国为执行欧盟法律所制定的政府规制则构成了

---

① 张忠军. 金融监管权的监督问题研究[J]. 首都师范大学学报(社会科学版),2007:105-111.
② 宋慧宇. 行政监管权研究[D]. 长春:吉林大学,2010.
③ 宋敏,杨慧. 中国规制治理的制度缺陷及其改革模式[J]. 中国矿业大学学报(哲学社会科学版),2012(12):59-64.
④ 罗森布鲁姆,克拉夫丘克. 公共行政学:管理、政治和法律途径[M]. 张成福,译. 北京:中国人民大学出版社,2002.

欧洲大陆最重要的政治、经济和社会制度。在美国，相对独立的联邦政府规制部门日益强大，各种规制制度在联邦和各州都成为社会控制最重要手段。在经历了罗斯福新政时代的政府扩张、里根政府时代的规制放松之后，政府对市场各方面的规制又卷土重来，特别是在奥巴马当选总统之后。[①] 具有深厚重商主义传统的英国也没有避开这场规制浪潮。第二次世界大战以后，英国和美国一样也经历了撒切尔时代的规制放松；但随着英国加入欧盟，"规制政府"取代了"有限政府"，取得了强大的公司和行业"自律"。当然尽管英国近年来正在与欧盟进行"脱欧"谈判，但其规制制度仍然得以保留。

我国的历史境遇和制度现状都与美国明显不同：我国法院不享有违宪审查权，对规制部门的司法审查权也极为有限。[②] 三网融合产业政府规制权的行使必然伴随着行政自由裁量权，自由裁量权意味着规制机构及其工作人员在运用权力时拥有较大的自由空间。这种空间的存在既可能使被规制者的权利受到损害，又会对我国的行政法治构成威胁。若对自由裁量权不设定标准即是对专制的认可，所以在我国市场经济体制不断完善的过程中，对规制权的再规制显得尤为重要。由于行政权的扩张性，不能依赖行政权力自我监督，必须有外部力量的规制。为弥补行政自控机制的不足，应确立司法权对行政权的审查，防止行政权力违法行使和滥用，保护私有权利和公共权利。三网融合产业政府规制行为从性质上也可以分为抽象行政行为和具体行政行为。抽象行政行为和具体行政行为都可能损害市场机制，乃至市场主体的利益，二者都应受到控制，即从外部规制来讲，都应接受司法审查。

司法审查的实施，是为因某一特定机构的裁决而为遭受损害的个人提供帮助。"司法审查通过对行政机构决定合法性的独立裁决，来加强其可接受性。在此方面，它又可以促进官僚机构规章的政治合法性。"[③]三网融合规制机构行使权力时的具体行政行为，以及行政时所依据的行政规章是否违宪和是否与上位法相抵触，都应接受司法审查。其中的具体行为在我国基本可以依照行政诉讼程序进行，而对抽象行政行为可以适度扩大审查力度和范围。

另外，在三网融合政府规制中引入公益诉讼。三网融合规制机构所实施的是国家对经济干预的权力，属于经济法范畴。规制机构在履行职务过程中，即使是正当地行使职权，也会打破原有的利益格局，使一部分人受益，而另一部分人受损，更不用说，由于规制权被滥用而造成国家、社会和市场主体利益受损。规制机构在规制过程中，有一部分行为涉及的是具体市场主体的利益，其可以

[①] 布雷耶. 规制及其改革[M]. 李洪雷，等译. 北京：北京大学出版社，2008.
[②] 最突出的问题体现在《行政诉讼法》第2条和第12条第2款，法院仅有权审查"具体行政行为"，而无权审查"抽象行政行为"。
[③] 吉尔霍恩. 美国行政法和行政程序[M]. 崔卓兰，等译. 长春：吉林大学出版社，1990.

依照行政诉讼法程序主张自己的权益。但更多的是涉及不特定主体的利益,或者是所谓公共利益。此时就应发挥公益诉讼制度的作用。公益诉讼制度,即为维护公共利益而提起诉讼及诉讼运行的系列制度的总称。[①] 在经济法学界,对经济规制部门在市场规制中的行为造成的后果提起公益诉讼已基本获得共识,并且随着2012年《民事诉讼法》修订完成而正式得到法律的确认。对三网融合规制中权力行使的规制,完全可以比照《民事诉讼法》所规定的原则,按照公益诉讼来提起诉讼。在涉及不特定多数人,即公共利益时,对三网融合规制机构的不当行为,由符合法律规定的个人或组织作为原告提起诉讼,从而避免因原告缺位致使公共利益受到损害的情形发生。

---

① 韩波.公益诉讼制度的力量组合[J].当代法学,2013(1):31-37.

后　　记

本书脱胎于我的博士论文。自论文通过答辩后,在紧张的工作之余,我一直思考产业规制与监管的问题,时刻关注我国三网融合的进程。感谢学校人才基金的大力支持,我在原博士论文的基础上,进一步研究和思考,最终形成本书。2015年,虽然国务院宣布三网融合进入全面推开的阶段,但产业融合和市场发展都处于进行时,书中关于的三网融合现实和未来趋势的论述难免有判断之误。规制理论从国外引入中国的时间不长,流派众多,中国学者从经济学角度进行论述的著作较丰富,从法学角度的论述相对较少。我对规制法律研究具有浓厚的兴趣,不仅关注国内外规制理论,还关注中国规制法律的理论和实践。由于学术水平有限,文中难免有错漏之处,请读者批评指正。

感谢徐淑萍教授对于本书内容的指导,感谢史际春教授、王源扩校长、李明发教授、程雁雷教授、华国庆教授、张宇润教授、李胜利教授等对本书的出版提出的宝贵意见和指导,感谢曲建平老师、刘雯老师、张冰老师的关心和帮助,衷心感谢给予我教导和帮助的各位老师。感谢李世军、王宇松、王小丽、胡承华、陈发源等同学提出的宝贵意见,感谢我的同事李建瑞在资料收集和整理方面给予的大力支持,最后感谢我的家人的辛勤付出和大力支持。